GUOJI ZHONGWEN JIAOYU LILUN YU SHIJIAN

国际中文教育理论与实践

HANYU ZHONGJIEYU YULIAOKU JIANSHE YANJIU

汉语中介语语料库建设研究

张宝林 著

商务印书馆
创于1897　The Commercial Press

图书在版编目(CIP)数据

汉语中介语语料库建设研究/张宝林著. —北京:商务印书馆,2022
ISBN 978-7-100-21821-4

Ⅰ.①汉…　Ⅱ.①张…　Ⅲ.①汉语—中介语—语料库—建设—研究　Ⅳ.①H1

中国版本图书馆 CIP 数据核字(2022)第 215645 号

汉语中介语语料库建设研究
张宝林　著

商 务 印 书 馆 出 版
(北京王府井大街 36 号　邮政编码 100710)
商 务 印 书 馆 发 行
北京虎彩文化传播有限公司印刷
ISBN 978-7-100-21821-4

2022 年 12 月第 1 版　　　开本 880×1230　1/32
2022 年 12 月北京第 1 次印刷　印张 12¾
定价:78.00 元

目　　录

序一

学习新知识，更上一层楼

张宝林教授的《汉语中介语语料库建设研究》一书就要出版了，这是张宝林教授多年研究成果的结晶，我对他表示热烈的祝贺。张宝林教授要我为此书写序言，我就欣然答应了。

多年来，我一直关注着汉语中介语语料库的建设，参加相关的会议，做主旨报告，积极在会上发言，为会议论文集写序言，从中学习到不少关于中介语语料库的知识。

20世纪60年代末以前，在第二语言教学中，与听说教学法有关的偏误分析和语言对比研究，是建立在结构主义语言学和行为主义心理学的基础之上的。结构主义语言学和行为主义心理学认为，语言学习者在第二语言学习的过程中之所以出现偏误，是由于母语的干扰，这种干扰叫作负迁移，因此，只要通过语言对比研究，找出语言学习者的母语和第二语言之间的差异，预测出语言学习者在学习中的难点以及可能出现的偏误，对于已经出现的偏误就可以通过语言对比的方法加以解释和分析，克服负迁移，从而提高第二语言学习的效果。

在乔姆斯基（N. Chomsky）的生成转换语法和认知心理学

的影响之下，赛林克尔（L. Selinker）在 1972 年提出了"中介语理论"（intermediate language theory）[①]。这种理论认为，第二语言学习者在学习过程中，会形成一种特定的语言系统，这种语言系统包括语音、词汇、语法、文化、交际等方面，既不同于第二语言学习者自己的母语，也不同于他们所学习的目标语，而是一种随着学习过程的发展而逐渐地向所学习的目标语的正确形式靠拢的、动态的语言系统。由于这是一种介于母语和目标语之间的语言系统，所以叫作"中介语"（intermediate language）。中介语的研究证明，学生在第二语言的学习过程中之所以出现偏误，其原因除了母语的干扰之外，还存在其他方面的因素。

中介语理论认为，学习第二语言的过程具有特定的阶段性，这种特定的阶段性同以这种语言为母语的儿童习得母语的阶段性相似，只是操不同母语的第二语言学习者通过某一特定的阶段所需要的时间不完全相同。

中介语理论考虑到第二语言学习和教学的多种因素，以语言习得研究为中心，把语言对比、偏误分析、比较文化研究与语言习得研究有机地结合起来，试图建立第二语言学习者学习语言的动态系统，这样的研究对于语言学、心理学、比较文化理论与语言教学之间的联系，对于发展普通语言学理论和语言学习理论，都是具有积极意义的。

---

① 　L. Selinker (1972) Interlanguage. *International Review of Applied Linguistics* (3): 209-231.

美国语言学家阿杰缅（C. Adjemian）进一步提出，中介语具有三个特性：可渗透性、"化石化"现象、反复性。[①]

所谓"可渗透性"，是指中介语会受到来自第二语言学习者的母语和所学习的目标语的规则或形式的渗透。从母语方面来的渗透，就是正负迁移或干扰的结果；从目标语方面来的渗透，就是对于已经学过的目标语的规则或形式过度泛化的结果。

所谓"化石化"现象，是指中介语的顽固性。一方面，学习者的中介语在总体上总也达不到与目标语同样的水平；另一方面，某些第二语言学习者在语言的某些具体形式上，当语言水平达到一定的程度之后，往往就停滞不前，难以进一步提高了。

所谓"反复性"，是指中介语逐步向目标语接近的过程是反复而曲折的，某些已经得到纠正的偏误会有规律地反复出现。

国外中介语理论的这些研究成果，当然是值得我们在第二语言教学中借鉴的。

传统的语言材料的搜集、整理和加工完全是靠手工进行的，这是一种枯燥无味、费力费时的工作。计算机出现后，人们可以把这些工作交给计算机去做，大大地减轻了人们的劳动。后来，在这种工作中逐渐创造了一整套完整的方法，形成了一门新的学科——语料库语言学（corpus linguistics），并成为了自然语言处理的一个分支学科。

把中介语理论与语料库语言学的方法结合起来，建立中介语语料库，有助于克服传统语言学中完全靠手工方式处理语言

---

①　C. Adjemian (1976) On the nature of interlanguage systems. *Language Learning* (26): 297-320.

材料方法的主观性。这样的中介语语料库具有大规模和真实的特点。

1992 年，北京语言学院汉语中介语语料库系统项目立项，这个项目是国家教委"八五"人文社会科学科研规划项目，也是国家对外汉语教学领导小组办公室的"八五"科研规划项目，这个项目的加工语料规模有 104 万字，具有书面文本断句、分词和词性标注等功能，在汉语中介语的偏误分析、汉语作为第二语言习得顺序的研究方面取得了很大成绩，于 1995 年 11 月 15 日通过专家鉴定。这个项目开汉语中介语语料库研究之先河，具有开创之功。这是汉语中介语语料库研究的 1.0 时代。

2006 年，HSK 动态作文语料库研制成功，这是母语为非汉语的人参加高等汉语水平考试（HSK 高等）作文的答卷语料库。2018 年 1 月，针对网络安全问题，重新开发了软件系统，提高了系统的安全性，增强了系统功能，规模为 424 万字。该库始终坚持资源共享的理念，面向全世界免费开放。汉语中介语语料库研究进入了 2.0 时代。

2012 年 6 月，"全球汉语中介语语料库建设和研究"作为教育部重大课题攻关项目正式立项，于 2019 年 3 月对外开放。全球汉语中介语语料库由北京语言大学牵头，由国内外众多的院校师生和学者参加，共同建设。该库的标注语料规模约为 1.26 亿字，包括笔语、口语、视频 3 种语料，是世界上规模最大的汉语中介语语料库。为了实现全球共建、全球共享的理念，使不同城市、国家和地区的参与单位能够统一进度、统一管理，还开发了汉语中介语语料库建设与应用综合平台。该库的语料样本多，规模大，来源广，阶段全，背景信息完备，标注内容全面，标注质量优异，设计周密，功能完善，检索便捷，能够反映各类汉语学习者的汉语学习过程与特征，也可以满足科学研究的需求。

本书详细地、系统地介绍了汉语中介语语料库建设的 1.0 时代和 2.0 时代，使我们对于汉语中介语语料库建设获得了完整的了解和认识。

语料库的建设是非常艰苦的工作。英国著名语料库语言学家利奇（G. Leech）说过："只有对收集与建立计算机语料库有第一手经验的人，才能充分地理解建库过程中的艰苦。建立一个对质量、设计标准等给予恰当注意的语料库，比起预先估计的复杂程度，总是要多花费一倍的时间，有时甚至多花费十倍的时间。"在此书出版之际，我向参与汉语中介语语料库建设与研究的人员，表示衷心的感谢，你们辛苦了！

在语料库语言学研究中，国外有的学者对于使用带标注语料库的方法提出质疑。英国伯明翰大学著名语料库语言学家辛克莱（J. Sinclair）提出"干净文本原则"（clean text policy）。他指出，"最安全的原则是依靠原样的文本，不做任何的处理，不包含任何的标记代码"。他又说，"我们用来描述英语语言的范畴和方法不能适应新材料。我们需要全部推翻现有的描述系统"。[1] 他认为，语言学理论应当直接地来自于对干净文本语料

---

[1]　J. Sinclair (1985) Selected issues. In R. Quirk & H. Widdowson (eds.), *English in the World*. Cambridge: Cambridge University Press.

库的观察。在他看来，基于语料库的研究虽然注重语料库的真实证据，应用实证的方法来验证理论和假设，但是，由于他们所依赖的理论和假设本身不是直接产生于语料库的证据，而是一种先入为主的假设性的理论，不足以用来描述和解释语料库证据的复杂性和变异性。辛克莱在 2000 年退休后，离开了伯明翰大学，协助他的妻子托戈妮妮（Tognini-Bonelli）在意大利的托斯坎成立了托斯坎词中心（Tuscan Word Centre）。该中心的目的是培养语言教师和语言学研究者使用语料库。在辛克莱的影响下，托戈妮妮主张"语料库驱动"的方法（corpus-driven approach），首次对"基于语料库"（corpus-based）和"语料库驱动"（corpus-driven）的研究范式进行了区分。她指出，基于语料库的研究范式利用语料库对于已有的理论和假设进行探索，目的在于验证和修正已有的语言学理论；而语料库驱动的研究范式则以干净的语料库文本作为研究的出发点和唯一的观察对象，不受原有的语言学理论的任何干预，完全摆脱了"先入之见"，这样就能对语言中的各种现象进行全新的界定和客观的描述。

面对国际上语料库驱动与基于语料库两种范式的争论，汉语中介语语料库建设采取了"浅层标注"的原则。本书认为，片面追求"标注深度"缺乏可行性，还会加重标注人员的劳动强度，影响标注结果的一致性，增加标注的先入之见和主观性。浅层标注可以简化标注的繁难程度，提高标注的准确性、一致性和客观性，进而推动语料库建设与应用研究的深入发展，更好地为教学与研究服务。

赛林克尔提出的中介语理论注重偏误分析，着重研究学生在第二语言学习过程中出现的偏误，不太关注学生在第二语言学习过程中已经掌握的正确的语言知识。本书提出了"偏误标注＋基础标注"相互结合的标注模式，不仅进行偏误标注，同时也注意基础标注；不仅进行偏误分析，也可以进行表现分析；不仅进行横向的断面考察，也可以进行纵向的语言习得研究，检验中介语的可渗透性、"化石化"现象和反复性，从而全面地反映中介语的面貌。这是本书对于赛林克尔的中介语理论的重要发展，也是对于国际第二语言习得理论研究的创新性贡献。

汉语中介语语料库标注的内容，笔语语料包括汉字、词汇、短语、句（句式和句子成分）、语篇、语体、辞格、标点符号等 8 个层面。口语和视频语料除和笔语语料相同的 6 个层面之外（口语语料、视频语料无需进行汉字、标点符号两个层面的标注）还有语音标注，视频语料还有体态语标注，共计 10 个层面的标注。这是目前的汉语中介语语料库中标注内容最全面的，可以满足教学与研究的多方面需求。

在标注方式上，全球汉语中介语语料库采取了"在线标注＋多版／分版标注"的方式，标注人员可以根据自己的意愿选择标注内容，用户可以根据自己的需要选择查询。在检索方式上，本书提出了多种不同的检索方式，用户可以使用各种方式来查询自己关注的内容。这些都是本书的重要创新。

现在我们已经进入了人工智能的时代，自然语言处理成为了人工智能皇冠上的明珠，语言学研究与现代科学的联系越来越密切。希望中介语语料库的研究人员在现在已有成果的基础

上更上一层楼，不断地进行更新知识的再学习，努力学习新的
理论和方法，把我国的中介语语料库建设推向新的高度。

冯志伟

2022 年 4 月 10 日

于北京后拐棒胡同陋室

序二

筚路蓝缕，披荆斩棘

国内第一个汉语中介语语料库是由储诚志、陈小荷主持开发的汉语中介语语料库系统。它主要是单机版的语料库，于1995 年通过鉴定，后来由陈小荷教授继续开发。后来，几位研究者相继离开了北京语言大学，语料库的开发和应用留下了巨大的空白。2002 年我接受国家汉办的委托开发 HSK 动态作文语料库，当时我担任北京语言大学汉语水平考试中心的主任，张宝林教授是我的同事，于是我把这一任务委托给张宝林教授具体负责。现在时光已经走到了 2022 年，回首过去 20 年我们一起走过的路，可谓百感交集。自从张宝林教授踏入语料库语言学这个领域以来，筚路蓝缕，以启山林，披荆斩棘，砥砺前行，在汉语中介语语料库的建设和研究方面取得了优异的成绩。如今我们都已过了花甲之年，可以坐下来对过去 20 年的研究做个回顾和总结了，很多经验和教训对未来者将会有所启迪。

中介语是第二语言学习者说出来、写出来的句子或者语篇，这些句子或者语篇与目的语有一定的差距，把它们记录下来整合在一起，做成语料库检索系统，它们就会成为中介语研究和第二语言教学研究的重要资源。汉语中介语语料库的建设与研究，经历了从无到有、从简单到复杂的过程。在过去的 20 年里，我一直关注语料库语言学和汉语中介语语料库的建设，并参与了 HSK 动态作文语料库和全球汉语中介语语料库（QQK）的开发和建设工作。从这个意义上来说，我既是汉语中介语语料库的建设者，也是汉语中介语语料库的用户。HSK 动态作文语料库上线以来用户数量不断增加，为很多学界同人和研究生的学术研究提供了中介语的数据支持，这是我们引以为自豪的地方。我们开发和建设语料库的初衷是为一线教师和研究者提供服务，因此语料库建成之后，会免费提供给大家使用。张宝林教授在过去的 20 年里，不忘初心，一直在孜孜不倦地钻研语料库的问题，先后设计了多个语料库：HSK 动态作文语料库、HSK 动态口语语料库、外国留学生汉语学习过程语料库、首都外国留学生汉语文本语料库、全球汉语中介语语料库、少数民族 HSK 作文语料库、澳门多语多态平行语料库。可以这样说，在汉语中介语语料库的建设和研究方面，张宝林教授已经成为国内这个领域首屈一指的专家。

语料库的建设与研究是一项系统工程，涉及多方面的工作。

首先是语料库的整体设计，这涉及以下一些问题：要建成一个什么样的语料库？该语料库应该具备哪些功能？这些功能的实现路径是什么？语料库的服务对象是谁？语料库建设所采取的技术路线是什么？语料加工和处理采用什么标准？

第二项工作是语料的采集，这是一项很有难度、有挑战性的工作。我们开始的时候依托汉语水平考试考生的作文语料，省去了语料采集的麻烦，但是汉语水平考试的作文语料内容比较单一，主题受限，而且都是笔语语料，其丰富程度是远远不够的。在全球汉语中介语语料库的建设过程中，我们采取了多方合作的模式，语料的丰富性和语料的数量得以大大提高，但是所采集的语料内容驳杂，质量不一，有些语料所带的属性特征也不完备，为后来的语料加工带来了很多的麻烦。

　　第三项工作就是语料的加工处理，这项工作有两个困难之处。第一个困难之处就是先要制定语料加工的标准，例如分词和词性标注标准、结构分析和标注标准、常用构式标注标准、离合词标注标准、偏误标注标准、错别字标注标准、语料来源标注标准等等；第二个困难就是具体的标注工作，有了标准还不够，这些标准还必须具备可操作性，否则的话，在实际标注的过程中还会碰到很多拿不准的问题。事实上也是这样，我们的标注工作请了很多研究生来做，尽管在开始标注之前都做过培训，但是我们仍然发现标注的结果五花八门，必须要进行过程监测和后期干预，尽管如此，语料库标注还是有很多不能尽如人意的地方。我们都知道，如果语料库的标注出现了错误，那么检索的结果就会大打折扣。汉字的偏误是最难处理的，第二语言学习者汉字偏误的类型很多，有很多类型是我们母语者不会有甚至想象不到的。另外，如果要造字的话，图形文件所占的空间巨大，会影响检索速度，花费的时间成本也很高。所以我们在 HSK 动态作文语料库中干脆把整个语篇的扫描件放在语料库里，用户可以自行检索。口语语料的加工和处理也是相当困难的，口语录音需要进行转写，而在转写的过程中会不经意间过滤掉很多副语言信息。如果我们要对口语进行多模态的研究，这些副语言信息也是很有价值的。

　　第四项工作就是语料库的检索系统软件的研发，这项工作需要计算机技术工作者参与，由我们提出目标和要求，然后请技术人员来实现这些目标和要求。这需要语料库的设计者、建设者和技术人员不断沟通。语料库在使用的过程中发现了很多问题，我们会与技术人员坐在一起，共同讨论如何解决这些问题。

　　第五项工作就是用户反馈的处理。语料库上线之后很多问题会一个一个地暴露出来，这时候就要对语料库进行修改和后台维护，这个过程要持续两三年。如果是一个小型的语料库，后台维护的工作量没有那么大，假如是一个大型的多功能语料库，那么后期维护的工作量就非常大了。张宝林教授不仅要对语料库的建设过程进行质量监督，还要负责对用户的问题进行反馈。我很遗憾没能为张宝林教授配置更多的助手，以至于让张宝林教授早生华发。他自己虽然说乐在其中，但我们都知道，苦亦在其中矣！

　　第六项工作是语料库的安全问题。语料库上线之后会受到黑客的攻击和勒索者的觊觎，保证语料库的安全是极其重要的问题。我们都知道数据安全问题是一个不容忽视的问题，也是一个困难重重的问题。道高一尺，魔高一丈，黑客和勒索者如果找到我们的漏洞进行攻击，将会给我们造成不可估量的政治损失和经济损失。

　　语料库语言学是近30年来蓬勃发展起来的一个分支学科，

在这个分支学科里有很多学术问题需要探讨。这些问题包括语料库建设的标准、语料库建设的原则、语料库整体设计与检索平台的搭建、语料库建设的可持续发展、语料库的应用与研究等等。张宝林教授在这些方面都有过深入的思考，更为可贵的是，他会把自己的思考应用于实践当中。因此他的研究都是很接地气的。中介语语料库的开发与建设是要为国际中文教育事业服务的，因此满足一线教师和研究者的需求就是语料库建设者的最高目标。那么一线教师和研究者的需求是什么呢？这是一个很不容易回答的问题。因为他们的需求太多元化了。一线教师在备课的时候遇到困难会想到利用语料库进行检索，从而发现一些语言本体在结构上和运用上的规律性，研究者在研究问题的时候也要考虑能否利用语料库来解决这些问题。一线教师备课的时候遇到的问题是原子主义的，非常分散，很难聚焦，语料库可以在多大程度上给他们提供帮助，取决于语料库的功能。一线教师碰到最多的问题是同义词和近义词辨析的问题，同义词和近义词在意义上的区别，可以通过查阅词典来解决，但是在用法上的区别需要到语料库中去找答案。研究者遇到的问题更加具有挑战性，假如一个研究者要研究汉语第二语言学习者的习得过程，那么他可以到语料库中来寻找线索；假如一个研究者要研究非汉字文化圈的二语学习者汉字习得的困难，他也可以到语料库中来寻找线索；假如一个研究者要研究某一个具体的构式，他也可以到语料库中来寻找线索，他可以从中介语的偏误中发现这个构式在结构和意义方面的问题，以及学习者的难点等等。语料库的规模也是一个很值得研究的问题，我们在实践中认识到，语料库并不是规模越大越好，够用就好。那么多大规模的语料库才算够用呢？这也是需要我们认真研究的问题。我们在利用大规模语料库进行研究的时候往往会发现，所检索出的例句远远超出我们的需求，而我们还必须对检索出的这些例句进行二次加工，用抽样的办法选出我们想要的数量。假如语料库在建设的时候就考虑到这一点，我们就可以对语料库进行分级加工，分出不同规模的语料子库，让用户多一种选择。

语料库的建设与研究已经进入了 2.0 时代，我们希望有更多的后来者能够加入这支队伍，在语料库的建设与研究的过程中能够为中国语言学的发展做出独特的贡献。

是为序。

崔希亮

2022 年 3 月 28 日

于京华朝暾堂

第一章　汉语中介语语料库建设总论

本章从宏观角度讨论汉语中介语语料库 [①] 建设的总体性问题，包括下列三个方面的内容：

一、语料库的建设与发展。汉语中介语语料库建设发轫于 20 世纪 90 年代并非偶然，而是有其深刻的时代背景，是对外汉语教学形势深入发展、学术研究需求迫切、语料库语言学迅速发展等因素共同作用的结果。其从简单粗放的 1.0 时代到精细而丰富的 2.0 时代的发展过程体现了对外汉语教学／汉语国际教育的不断进步、需求变化与深入发展。认识其发展规律，对语料库建设乃至应用研究，都有其重要意义。

二、语料库建设现状与问题，包括口语语料库建设的现状与问题。任何事物在其不同发展时期，会呈现不同的面貌，面临不同的问题。而针对不同的形势与问题分析原因，对症下药，制定解决问题的策略与方法，进而在实际工作中解决问题，不断进步。这是事物发展的共同规律，语料库建设亦不例外，只能在这样的循环往复中不断得到进步与发展。

三、语料库建设的基本原则。语料库建设中的某些基本要

---

① 以下简称"语料库"。如无特别说明，本书所谓语料库均指汉语中介语语料库。

求，例如语料的真实性、系统性、平衡性，语料标注的科学性、
"偏误标注＋基础标注"的标注模式、"人标机助＋机标人助"
的标注方法，语料库使用的开放性、便捷性等，皆为语料库建
设的重要原则，在建库过程中必须遵守。本章先做整体性阐述，
后面一些章节在谈论相关具体问题时还会论及。

　　讨论上述问题的目的，是便于读者对语料库有一个总体
上的认识与把握，能够更好地了解、认识与使用语料库，并更
加深入地理解与探究本书后面五章所讨论的语料库总体设计与
功能、语料标注、建设标准、软件系统研究等四个方面的具体
问题。

第 1 节　建设与发展

一、汉语中介语语料库的产生与意义

（一）产生

　　1995 年，汉语中介语语料库系统问世。该语料库是中国国
家教育委员会"八五"人文社会科学科研规划项目，中国国家
对外汉语教学领导小组办公室①"八五"科研规划项目，北京语
言学院"八五"科研规划重点项目，于 1992 年底立项，由北京
语言学院储诚志、陈小荷主持建设，1995 年 11 月 15 日通过专

---

　　①　以下简称"国家汉办"。

家鉴定。其原始语料来自北京语言学院、首都师范大学、中国人民大学、北京大学、北京师范大学、安徽师范大学等9所高校，作者包括96个国家和地区的1635位外国学生，语料性质为成篇成段的汉语作文或练习材料，规模达到5774篇，约353万字。以此为基础，根据抽样方案抽取了740位作者的1731篇约104万字的语料作为样本加工入库。（参本刊记者，1995）对这些语料做了"断句、分词和词性标注等加工处理"（陈小荷，1996a）。

（二）原因

该语料库系统的问世绝非偶然，而是有着深刻的学术背景。我们认为，下面三个因素对其具有重要影响。

1. 国内外母语语料库建设与语料库语言学的影响。

详尽地、大量地占有材料，以求在理论上得出一个比较有限而可靠的结论，一向是中国语言学研究的优良传统。但"传统的语言材料的搜集、整理和加工完全是靠手工进行的，这是一种枯燥无味、费力费时的工作。计算机出现后，人们可以把这些工作交给计算机去做，大大地减轻了人们的劳动。后来，在这种工作中逐渐创造了一整套完整的理论和方法，形成了一门新的学科——语料库语言学（corpus linguistics），并成为了自然语言处理的一个分支学科"（冯志伟，2002）。例如语言科学史上第一个大型计算机语料库——SEU语料库以及布朗语料库均为100万词次；COBUILD语料库为2000万词次；朗文语料库为2800万词次；英国国家语料库（BNC）达到1亿词次；国际英语语料库（ICE）达到 2 亿词次。（参黄昌宁、李娟子，2002：44-46，55-67）国内早期的语料库，例如武汉大学建设的汉语现代文学作品语料库（1979 年），527 万字；北京航空航天大学的现代汉语语料库（1983 年），2000 万字；北京师范大学的中学语文教材语料库（1983 年），106.8 万字；北京语言学院的现代汉语词频统计语料库（1983 年），182 万字；北京语言学院还建设了当代北京口语语料库（1992 年）。（冯志伟，2002）

　　这些语料库的建设标志着语言研究手段的科学化与现代化[①]，它终结了语言研究处理资料的"卡片时代"，极大地提高了语言研究的效率和水平。它使语言研究、语言教学与习得研究和统计分析相结合，具有了实证研究的性质；为汉语中介语语料库的建设提供了理念、方法和技术保障，奠定了坚实的物质基础。

　　2. 中介语研究的需求。

　　孙德坤（1993）指出，与国内儿童习得汉语的研究相比较而言，"外国人的汉语习得研究几乎还是一片空白"。"无论研究哪种学习对象，对他们语言状况（中介语）的描写都是一项首先要做的基础工作，而要客观地、准确地描写出他们的中介语，从语料搜集到语料分析直至中介语的最后确定，我们都面临着一系列还未解决的理论和方法上的困难与问题。因此寻求有效的研究方法，是当前和今后一段时间内的艰巨任务。"鲁健骥

---

　　① 　关于语料库和语言研究、语言研究手段现代化的关系，详见吕叔湘（1983）。

（1993）认为，在对中介语进行描写时，中介语的阶段划分、难点的确定、中介语实证研究中的随机取样等都是很困难的。而汉语中介语语料库恰恰可以为这些研究工作提供方便，满足其十分迫切的研究需求。

3."语言学习理论研究座谈会"的影响。

该会议于 1992 年 5 月在北京举行。会议宗旨是为了进一步深化我国的语言教学理论和教学法研究，推动我国语言学习理论研究的开展。长期以来，汉语教学领域的研究重点集中在学和教的内容以及执教者怎样教这两方面，学习者怎样学则成了理论研究最薄弱的环节。由于对学习者的学习规律知之甚少，对语言教学规律、对语言本身的认识都受到了限制。与会者提出，语言学习理论研究在我国现阶段的紧迫任务之一，是切实有效地开展语言学习理论的研究工作。要以课堂教学为立足点，以中介语研究为突破口，有重点地开展长时间、全方位、多角度、大规模的调查实验工作。（参张旺熹，1992）这种调查实验工作对汉语中介语语料库的需求已经呼之欲出，是汉语中介语语料库产生的直接原因。

（三）意义

1. 填补空白，开创了汉语中介语语料库建设与研究的先河。

该系统鉴定委员会的专家们认为，系统的研制成功，标志着我国对外汉语教学领域的语言学习理论研究开始进入一个实质性阶段。它不仅是对外汉语教学研究、中介语研究和汉语研究、偏误分析的宝贵资源，而且也为汉语中介语的研究、汉语本体研究提供了科学便捷的集成环境和先进技术手段。该系统的研制填补了汉语中介语语料库研究方面的空白，在汉语作为第二语言教学领域里取得了开创性成果，达到了国际领先的水平。（本刊记者，1995）

2. 提出了汉语中介语语料库建设为对外汉语教学与研究服务的理念，为后来的语料库建设者所继承，并发扬光大。

"研制该软件旨在为研究汉语学生学习和习得汉语的规律提供有关学生书面语言表现的各种单项的或综合的资料和信息，从而为建立和发展作为外语或第二语言的汉语学习理论，为丰富和完善对外汉语教学理论作一些基础性的准备工作。""在教学实践方面，它可以帮助教师了解学生，了解汉语学习过程和影响学习的各种因素，从而有效地优化学习条件，自觉地按照学习规律来组织教学、提高学习效率；在学科建设和理论研究方面，一个有相当规模的语料和较完备的语篇属性信息的汉语中介语语料库，可以成为建立和发展汉语学习理论的坚实基础，为对外汉语教学的总体设计、教材编写、课堂教学、成绩测试和水平考试等各个环节的研究工作提供依据，从这个意义上说，该系统是对外汉语教学学科理论建设的一个基础工程。同时，该系统也可以从汉语中介语这一特殊角度为一般的汉语研究提供新的思路和新的切入点，因为不少汉语事实和规律是深藏在本族人的语感背后，为本族人所习焉不察的，汉语中介语语料可为语言学家研究这种规律提供启发和线索。"（陈小荷，1996a）这些论述阐明了汉语中介语语料库建设的目的与宗旨，应该起到的作用与效果。后来的建库者很好地继承了这些理念，例如张宝林、崔希亮、任杰（2004）、杨翼等（2006）、张宝林（2010a、2013）、张宝林、崔希亮（2015）都曾阐述过这一理念，并进一步将其概括为"积极主动地、全心全意地为全世界的汉语教学与研究服务"（张宝林、崔希亮，2015）。可见，为对外汉语教学服务、为汉语国际教育服务，是汉语中介语语料库建设的初衷，始终是语料库建设的首要目的。（张宝林，2019a）

3. 语料库设计先进、全面、细致，为后来的语料库建设树立了典范。

例如该系统的语料背景信息十分详备，含全部语料的 23 个属性，包括：作者姓名，性别，年龄，国别，是否华裔，第一语言，熟悉的其他外语，文化程度，性格类型，学习汉语的动机，写作语料时所在学校，年级，学时等级，所学主要教材，入校时间，原汉语学时，原汉语学校，原汉语教材，本篇语料类型，话题类别，语料长度，写作时间，提供者。（本刊记者，1995）其中是否华裔、第一语言、熟悉的其他外语等与学习者的汉语表现和成因关系密切，对中介语分析具有重要意义。今天的语料库建设，虽然也很重视各种背景信息的收集，但能具备这些背景信息的语料库十分罕见，其收集难度很大。

4. 基于该语料库，产生了一批很有影响的研究论文。

陈小荷（1996b）、熊文新（1996）、王建勤（1997）是依据该语料库最早产出的研究论文。陈小荷（1996b）对学习者副词"也"的偏误情况及影响因素进行考察；熊文新（1996）对学习者的"把"字结构进行表现分析；王建勤（1997）考察学习者对汉语"不"和"没"否定结构的习得情况。这些研究得出了一些新的结论，深化了对相关问题的认识，集中体现了该语料库的应用价值。

赵金铭等（2008）、张博等（2008）是基于该语料库取得的系统性研究成果。前者对包括差比句、"得"字补语句、趋向补语句、否定句的偏误现象与习得情况，以及介词、副词、量词的句法表现进行考察，发现了"纯粹定性研究中一些易被忽视的问题或不符合实际的地方"（赵金铭等，2008）。后者针对汉语中介语词汇研究中存在的问题，"首次对汉语中介语词汇和与此相关的汉语词汇问题及词汇教学问题进行了较为全面系统的探讨"（张博等，2008），在汉语中介语易混淆词、多义词、同义词、反义词、汉外词汇对比等方面，以及词典与教材的研究中取得了多方面的创新性成果。

虽然该语料库尚存在诸如语料规模不够大、语料加工的广度和深度还不够、语料检索速度不够快的问题，（参陈小荷，1996a）但其首创之功享誉学界，至今仍有其使用价值。

二、汉语中介语语料库的 1.0 时代

（一）1.0 时代语料库的特点

汉语中介语语料库的建设与应用历程，可以分为开创、发展与提高三个阶段。开创阶段专指汉语中介语语料库系统的问世，其开创之功将永载对外汉语教学 / 汉语国际教育史册，而其筹划、建设、问世与形成学术影响的全部过程大致占据了 20 世纪 90 年代。

　　进入 21 世纪之后，语料库建设呈现加速发展的态势，特别是进入 21 世纪第二个十年之后，更是蓬勃发展，数量与规模有了较大的增长。另一方面又存在简单粗放、使用不便等问题与不足，尚不能满足教学与研究的多方面需求。在语料库的应用研究方面，汉语中介语的偏误分析、汉语作为第二语言的习得顺序研究取得了很大成绩，得到了迅速发展，在一定程度上为第二语言习得研究提供了新的认识与支持。另一方面，又陷入了套用中介语理论的偏误分类与原因解释的窘境。这种情况一直延续到 2017 年。这一阶段可以视为语料库的初步发展时期，或称草创时期。套用互联网领域的名词，可以称为汉语中介语语料库的 1.0 时代。

（二）语料库的建设情况

　　汉语中介语语料库系统的问世及在其基础上取得的众多研究成果，引起了学界的广泛关注，激励更多的学者和单位投入语料库建设，建成与在建的语料库数量之多、类型之全，令人瞩目。例如笔语语料库有 HSK 动态作文语料库（北京语言大学）、首都外国留学生汉语文本语料库（北京语言大学）、留学生中介语语料库（中山大学）、外国学生汉语中介语偏误信息语料库（南京师范大学）、韩国留学生汉语中介语语料库（鲁东大学）、外国人汉语习得动态语料库（上海交通大学）、外国留学生汉语笔语语料库（北京华文学院）、TOCFL 学习者语料库（台湾师范大学）等，口语语料库有汉语学习者口语语料库（北京语言大学）、小型外国学生口语中介语语料库（苏州大学）、语言习得汉语口语语料库（LAC/SC，香港中文大学）、根据电话口语考试建设的语料库（北京大学）、汉语中介语口语语料库（南京大学）等，汉字偏误语料库有华语文学习者汉字偏误数据资料库（台湾师范大学）、汉字偏误连续性中介语语料库（中山大学）、非汉字文化圈国家学生错别字数据库网络应用平台（北京语言大学）等，笔语+口语的语料库有留学生汉语中介语语料库（暨南大学华文学院）、Guangwai-Lancaster 汉语学习者语料库（广东外语外贸大学—兰卡斯特大学），笔语+口语+视频的语料库有全球汉语中介语语料库（北京语言大学+国内外多家汉语教学单位），语音语料库有汉语单音节语音语料库（北京语言大学）、面向计算机辅助正音的汉语中介语语音语料库（北京语言大学）。语料库建设还采取了校际合作、国际合作的方式，扩大了语料来源，进而提高了语料库的使用价值。

可以毫不夸张地说，这个时期"汉语中介语语料库建设渐成高潮，'成为语料库研究中的热点'（谭晓平，2014），正在跨入一个繁荣发展的重要时期"。（张宝林、崔希亮，2015）

（三）应用研究

语料库建设的发展，推动了基于语料库的汉语作为第二语言的习得研究，取得了众多重要的研究成果，可谓丰硕。代表性著作成果有赵金铭等（2008），该书基于汉语中介语语料库系统进行了汉语句法习得研究；张博等（2008）基于同一语料库对汉语词汇习得情况进行了专题研究；肖奚强等（2009）依据外国学生汉语中介语偏误信息语料库专门探讨外国学生汉语句式学习难度及分级排序问题；张宝林等（2014）则是按照中介语句式习得现状、成因、对策的思路，基于 HSK 动态作文语料库对汉语句式习得情况进行研究。

代表性论文成果仅以依据 HSK 动态作文语料库[①]进行的研究为例。该语料库 1.0 版收入高等汉语水平考试的作文答卷 10740 篇，约 400 万字，于 2006 年 12 月上线；于 2008 年 7 月升级为 1.1 版，收入作文答卷 11569 篇，约 424 万字。

依据该语料库进行研究发表的各类论文，在中国知网（CNKI）的全部文献中以同一句中含有"HSK"和"动态作文语料库"为条件进行查询，则各类论文达 3937 篇。（截至 2019 年 7 月 23 日）若以同一句中含有"HSK"和"语料库"为条件查询全部文献，则各类论文达 4587 篇。（截至 2019 年 7 月 23 日）[②] 以往我们都是按第一种检索条件进行查询，但我们知道，"HSK"和"语料库"的组合所指一定就是 HSK 动态作文语料库，因此，后面一个数据反映的情况可能更客观。不过，为了保持同一标准下的数据连续性，我们仍然采用最严格的查询条件得到的数据，即 3937 篇。下面分别是该数据的相关分析图。

从图 1-1 来看，语料库于 2006 年底上线之后，于 2008 年开始出现明显增长，2011 年开始显著增长。此后每年的发文量都达到几百篇，于 2015 年达到峰值。2016、2017 发文量开始回落，2018 年更是明显回落。

---

① 在本书中，根据表述需要使用全称"HSK 动态作文语料库"或简称"HSK 语料库""HSK 库"，网址：hsk.blcu.edu.cn。

② 截至 2022 年 4 月 24 日，上述两个数据已分别更新为 6074 篇和 7046 篇。

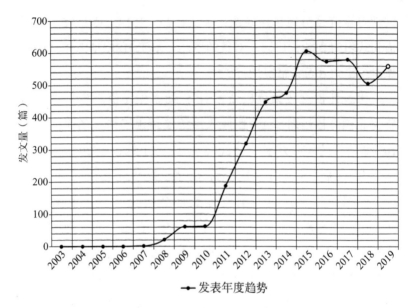

图 1-1　年度发文量统计图

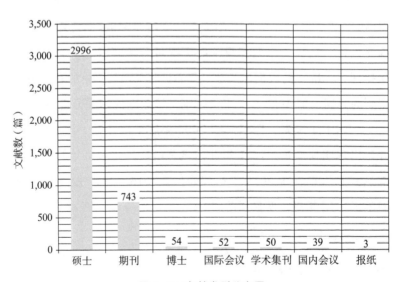

图 1-2　文献类型分布图

　　从图 1-2 来看，推高年度发文量的主要是硕士研究生的学位论文，约占总发文量的 76.1%；其次是期刊论文，约占18.87%；两项相加占比达 94.97%。其他来源的发文量都很少，合计约为 5%。

　　上面两图呈现的只是数据，如何评估是一个有待研究的问题。然而联系对外汉语教学领域在汉语中介语语料库出现之前的教学与习得研究情况看，语料库确实是把过去那种小规模、经验型、思辨性研究提升到了一个新的水平，即基于大规模真实语料的、定量分析与定性分析相结合的实证性研究，极大地提高了研究结论的客观性、稳定性和普遍性。

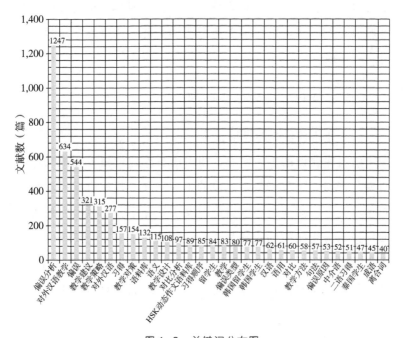

图 1-3　关键词分布图

图 1-3 显示，"偏误分析""对外汉语教学""偏误""教学建议""教学策略""对外汉语""习得""教学对策"等词高居关键词的前 8 位，其中 7 个关键词都与对外汉语教学领域的偏误分析相关。其他一些关键词，如"教学设计""教学""教学方法""偏误类型""偏误原因"等也是这样。这表明偏误分析在基于 HSK 语料库的相关研究中数量最多，占据主要地位。而与习得相关的关键词只有 2 个，且位置靠后，数量较少，表明有意识的习得研究相对较少。从关键词中还可以看到，"偏误分析""对比分析"是主要的研究方法；对韩国学习者的研究最多，不分国别的研究其次，对泰国学习者的研究再次。从 CNKI 中可以得到关键词共现矩阵分析图、关键词年度交叉分析图和主题分布图，都可以作为上述分析的旁证。这里限于篇幅，不再一一展现。

（四）语料库建设的本体研究

1. 关于本体研究的界定。

语料库建设的本体研究，指对语料库建设相关理论问题的研究与探讨。随着语料库建设的迅速发展，其理论探讨逐渐引起学界关注，涌现出一些研究论文。学界十分重视国内外语料库建设与应用研究的沟通与合作，已召开了五届"汉语中介语语料库建设与应用国际学术讨论会"，[①]每届会议都出版论文集，其中部分论文对语料库建设理论问题的探讨，对语料库建设起

---

① 2021 年 7 月中旬在鲁东大学召开了第六届研讨会。

到了很好的推动作用。

2. 整体设计。

提出建库任务，进行整体设计，这是语料库建设的第一个工作环节，决定着所建语料库的功能与架构，对全部建设工作具有制约作用，因此意义十分重大。

这方面的研究，例如《建立"汉语中介语语料库系统"的基本设想》（储诚志、陈小荷，1993）、《关于"HSK 动态作文语料库"的建设构想》（张宝林、崔希亮、任杰，2004）、《建立汉语学习者口语语料库的基本设想》（杨翼等，2006）、《"全球汉语学习者语料库"建设方案》（崔希亮、张宝林，2011）、《TOCFL 作文语料库的建置与应用》（张莉萍，2013）、《"TNR汉语学习者偏误语料库"的开发与实践》（于康，2016）等，都是这方面具有代表性的论文。其中 TOCFL 作文语料库由台湾师范大学建设，采用《欧洲语言共同参考框架：学习、教学、评估》对语言能力的描述作为语言分级的标准。TNR 汉语学习者偏误语料库由日本关西学院大学建设，具有批改学习者的作文、加注正误标签、给正误标签加注各类研究用标签等 3 大功能。另外还有多模态语料库的设计，例如黄伟（2015）、邢晓青（2018）。

3. 标注规范研究。

对基于语料库的研究来说，语料标注具有重要意义，标注内容在很大程度上决定着语料库的使用功能，是语料库建设无法回避的重要问题，因而引起学界极大关注，讨论文章比较多，甚至出现不同意见的争鸣。

张宝林有多篇 / 部论著专门探讨标注问题。例如《"HSK 动态作文语料库"的标注问题》（2006）、《基础标注的内容与方法》（2010b）、《关于通用型汉语中介语语料库标注模式的再认识》（2013）、《关于汉语中介语语料库标注规范研究的新思考——兼谈"全球汉语中介语语料库"标注规范的设计》（张宝林、崔希亮，2018）、《汉语中介语语料库标注规范研究》（张宝林等，2019）等。这些论著提出并阐述了"偏误标注 + 基础标注"的语料标注模式，语料标注的全面性、有限性、渐进性、准确性、系统性、简洁性、开放性、系统化等 8 项原则，以及依据这些模式与原则制定的"通用型汉语中介语语料库标注规范（草案）"。

标注的全面性是一个存在争议的问题。张宝林（2013）提出"作为通用型汉语中介语语料库，语料标注的内容必须全面，应在字、词、短语、句、篇、语体、语义、语用、标点符号等各个层面上对相关的语言现象进行标注，这样才能保证语料库功能的全面，从而更好地为汉语的教学与研究服务"。而肖奚强、周文华（2014）则对全面标注的主张持全面否定的态度，认为由于"支撑语义、语用、文体等标注的理论并不成熟"，"贪大求全并不可取，也不现实"。应"待相关的理论和实践研究比较成熟之后，再进行其他层面的标注"。张宝林、崔希亮（2018）从教学与研究需求、理论与实践关系的角度回应了肖、周的意见，坚持全面性标注原则。毫无疑问，上述探讨与争鸣是有益于对相关问题认识的深化的。

胡晓清、许小星、毛嘉宾（2011）和胡晓清、许小星（2013）

讨论了单国别、单语种语料库的标注问题。其对基础标准与偏误标注接口问题的探讨辩证看待句子的正误判定，对语料标注有其独到的借鉴与指导意义。

冯志伟（2013）介绍了英语词类标注的相关情况，论述了"基于语料库"和"语料库驱动"两种研究范式的区别，提醒学界要警惕与克服语料标注的局限性。文章认为，在语料库标注中应当特别注意标注集的科学性和可靠性，使标注尽可能地反映语言的真实面貌；要特别注意标注的标准化和规范化，进一步提高标注结果的共享程度。这些观点对汉语中介语语料库的标注具有重要的参考价值和指导意义。

（五）问题

在语料库 1.0 时代，语料库建设与应用研究取得了多方面的成果，形成了繁荣发展的大好局面，在学界形成了良好的学术影响，占有了自己的一席之地。因此，成绩是巨大的，发展是良好的。同时也存在一些问题，影响了语料库建设与应用研究的进一步发展，应引起学界的充分重视。

1. 标注内容不全面，不能满足多方面研究需求。例如在国内外汉语学界影响广泛的 HSK 动态作文语料库不但存在语料不全的问题，只有中高级阶段学习者的语料，没有初级阶段学习者语料，因而只能做静态的断面考察，不能做纵向的习得过程考察；而且只有偏误标注，适合做偏误分析，不便做表现分析，因而难以对汉语学习者的习得状况做出全面准确的评价。虽然"这是由中介语的特点决定的，也是学者们研究的需要"（周文华、肖奚强，2011），但毕竟不利于研究的深入发展。

2. 检索方式太简单，不能满足语料检索的需要。例如不能查询"是……的"句、"连"字句、半固定搭配如"爱……不……"、离合词离的用法，更不能按词性、词性组合查询，不能做词语组合查询。

3. 功能设计不友好，不方便。例如查询到的语料不能自动下载，用户对语料库中存在的错误不能加以修正，没有用户与语料库管理维护人员的沟通反馈功能。

4. 绝大多数语料库不开放，语料资源不能充分共享。语料库是语言研究的宝贵资源，汉语中介语语料库是对外汉语教学／汉语国际教育相关研究的宝贵资源，对该领域的教学研究、中介语研究、第二语言习得研究、测试研究、教材与工具书编写等具有重要作用。然而尽管学界呼吁之声不断，然迄今为止，除北京语言大学、中山大学、暨南大学华文学院的语料库之外，其他所有的语料库都不对外开放，而是其建设者的"自留地"。

5. 网络安全达不到相关标准，不能开放，严重影响客户使用。例如 HSK 动态作文语料库由于开发早，技术旧，存在系统漏洞，自 2016 年起频繁停止对外开放，给用户使用造成极大不便；2016 ～ 2018 年据其研究发表的论文量减少与此不无关系。管理人员虽然采取了一些措施，例如把全部语料移至 BCC 语料库，在一定程度上解决了一些问题，但 BCC 是母语语料库，检索方式不同，HSK 语料库的很多标注内容无法检索，使用仍然很不方便。

6. 在应用研究方面，不论是偏误分析，还是习得研究，只要涉及对偏误现象的考察与分析，基本上都会套用遗漏、误加、误代、错序等四大分类和母语负迁移、目的语知识泛化、学习策略与交际策略的影响、学习环境的影响、文化因素的干扰等五大原因，甚至不看论文内容都可以预测到这样的情况，研究已经变成了一种对号入座的过程，失去了应有的意义与价值。

三、汉语中介语语料库的 2.0 时代

（一）2.0 时代语料库的特征

就整体而言，可以说"简单粗放"是 1.0 时代语料库的基本特征。从设计思想和整体规模来看，建设水平低下，使用并不方便，对教学与研究的支持与帮助也比较有限。而 2.0 时代的语料库则具备"精细而丰富"的特征。精细是说语料库的整体设计周密，软件系统制作精良，用户使用方便；丰富则指语料库的功能多样，能够满足教学与相关研究的多方面需求。

两个时代并非截然分开，界限清晰，而是逐步发展，逐渐形成的。《"全球汉语学习者语料库"建设方案》（崔希亮、张宝林，2011）、《"全球汉语中介语语料库建设和研究"的设计理念》（张宝林、崔希亮，2013）两文体现了 2.0 时代的建设理念与设计思想，其主要内容包括：

1. 提出了一个精细化的语料库构想，即"语料样本多、规模大、来源广、阶段全、背景信息完备、标注内容全面、标注

质量优异、设计周密、功能完善、检索便捷、向各界用户开放、能够反映各类汉语学习者的汉语学习过程与特征、可以满足任何研究需求"。

2. 指出了该语料库建设的主要创新点：（1）理念创新：建设最好最大的语料库，实现最充分的资源共享，全心全意地为全世界的汉语教学与研究服务；（2）内容创新：在建设语料库的过程中，进行汉语中介语语料库建设的本体研究，提高语料库建设水平；（3）方式创新：全球汉语学界携手共建，基于 Web 的语料协同标注平台，以及"搭积木式"的动态建设策略等。

真正拉开 2.0 时代帷幕的是 HSK 动态作文语料库 2.0 版的研发。

（二）HSK 动态作文语料库 2.0 版

鉴于 2016 年以来该语料库因存在系统漏洞而无法正常开放的现实情况，该库建设者在语言资源高精尖中心的大力支持下，于 2018 年 1 月至 3 月，采用当前主流的计算机语言，重新开发了语料库的软件系统，形成该库 2.0 版。

此次重新开发软件系统，设定了三大目标：确保系统安全，维持正常运转；增强系统功能，满足使用需求；系统界面友好，方便用户使用。

从实际效果看，完全实现了这三大目标。

1. 安全方面，系统开发完成，经测试，系统漏洞数目为零，确保了语料库对外开放。

2. 功能方面，该语料库 1.0 版和 1.1 版只能按字词句进行一般检索和标注内容的检索。2.0 版则除此之外，还可以进行特殊条件检索，包括句式、半固定搭配、离合词离的用法、复句、词语搭配等方面的检索，例如"是……的"句、"连……也 / 都……"句、"爱……不……"、"不……不……"、"因为……所以……"，等等。其中词语搭配检索具有特别重要的意义，一个词前边或后边能搭配什么词语及其频率，集中反映了它的用法，而词语的用法正是语言教学的重要内容。

这些改进所采用的技术手段是正则表达式①，大大增强了语料库的检索功能。而文科生对正则表达式之类的数理概念并不熟悉，本次重新研发设计的框式检索结构首先将正则表达式文科化，进而又将其大大简化，极大地提升了语料库的检索功能，方便了用户使用。

3. 方便性方面，系统增加了检索到的语料的自动下载功能，用户无须再像过去那样逐页手动下载。增加了用户和语料库管理与维护人员的沟通反馈功能，用户可以随时提出问题、意见和建议，并及时得到相应的反馈。贯彻众包理念，增加了用户对语料的修改功能，用户在使用语料库时如果发现录入或标注错误可以随时改正，管理人员审核确认后即用修改后的语料替换掉原来的语料。用户还可以根据自己的阅读习惯调整语料的呈现方式，例如每页显示多少条，只显示语料本身还是同时显示语料的背景信息，均可自主决定。统计数据方面增加了图形化设计，更为直观显豁。为了便于用户记忆，我们还把该语料

---

① 正则表达式详见本书第六章第 2 节。

库的网址由一大串数字改成了域名形式。

该语料库 2.0 版并没有增加语料数量与规模，只是重新开发并改进了软件系统，其功能却得到了很大的提升，大大方便了用户使用。这使我们深刻认识到软件系统的精细化设计与实现的重要意义。它不仅确保了语料库的重新对外开放，更开辟了语料库精细化发展的前景与途径，更新了语料库设计者与建设者的认识和理念。

正是在这个意义上，我们认为以 HSK 动态作文语料库 2.0 版的开发与推出为标志，汉语中介语语料库建设进入了 2.0 时代，2018 年可以视为语料库 2.0 时代元年。

（三）汉语中介语语料库建设与应用综合平台①

"全球汉语中介语语料库建设和研究"是教育部重大攻关项目，参研单位包括国内外十多所院校。为了实现语料来自全球、全球共建、全球共享的理念，也为了使不同城市、国家和地区的单位能够统一进度，统一管理，在语言资源高精尖中心的支持下，课题组研制开发了汉语中介语语料库建设与应用综合平台。其设计理念与功能要求是：

1. 具有语料上传、转写与录入、标注、检索、统计、管理、众包维护、升级迭代等八大功能，集八大功能于一体，语料库建设操作层面的所有工作都可以在平台上进行与完成。

2. 可以加工笔语语料、口语语料和视频语料。

---

① 简称"综合平台"或"平台"，网址：qqk.blcu.edu.cn。

3. 语料上传分为两种：面向个人用户的单篇语料上传和面向合作单位的批量语料上传。

4. 贯彻全面标注的理念，采取分版标注、部分内容自动标注的方法，标注模式为"偏误标注＋基础标注"。

5. 平台的检索部分即全球汉语中介语语料库。

6. 平台具有开放性和广泛适用性，既可以源源不断地加入新语料，并进行相应的加工处理，也可以使用该平台建设任何其他语料库。

7. 数据统计采取在线实时统计方式。

8. 语料库建设的各个环节，例如语料上传、录入、标注等，完成并经审核确认之后，即自动进入下一个环节；所有环节都完成，即自动入库，并完成相应的统计工作，生成新的数据。

显而易见，这样的综合平台具有一定的自动化功能，并在一定程度上促进甚至实现了语料库建设的标准化。

现在，具备这些功能的综合平台已经建成并投入使用，在全球汉语中介语语料库①的建设中发挥着重要作用。

这样一个平台所体现的是全球化的理念，引导与服务的理念，协同创新的理念，众包理念，品牌理念。这些理念也恰恰是语料库建设 2.0 时代的精髓。

---

① 在本书中简称"全球库"或"qqk 库"，网址：qqk.blcu.edu.cn。

第 2 节　现状与对策

一、现状

（一）语料库建设的发展

从 20 世纪 60 年代开始，经过 80 年代的复苏，以及 90 年代、特别是进入 21 世纪以来的发展，语料库建设已经蔚为大观。其中母语语料库发展极为迅速，不仅数量众多，规模也在不断提升。例如最早的计算机语料库——布朗语料库语料规模为 100 万词次；（杨惠中主编，2002：4）朗文语料库为 2800 万词次；（黄昌宁、李娟子，2002：61）英国国家语料库（BNC）达到 1 亿词次；COBUILD 语料库 1985 年建成时为 2000 万词次，1995 年扩至 2 亿多词次，2003 年达到 5 亿多词次。（王建新编著，2005：34，32）

中国的语料库建设始于 20 世纪 80 年代初期。（张普，1999）虽然出现时间较晚，但同样发展迅速。例如汉语词频统计语料库为 200 万字次；现代汉语语料库为 7000 万字次；（刘连元，1996）台湾"中研院"平衡语料库为 500 万字次；中文五地区共时语料库每年收入的语料达 6 亿至 8 亿多字次；（黄昌宁、李娟子，2002：70、76、88）面向语言教学研究的汉语语料检索系统 CCRL 为 8 亿多字次。（菁灼，2004）

这些语料库在词典编纂、词汇研究、语法研究、语言教学研究等领域中发挥了巨大作用。

"语料库语言学已经成为语言研究的主流。基于语料库的研究不再是计算机专家的独有领域，它正在对语言研究的许多领域产生愈来愈大的影响。"这种观点不仅仅是语料库语言学家们的自誉，而正在成为整个语言学界的共识。（丁信善，1998）

在这种背景下，从 20 世纪 90 年代开始，中国大陆开始建设汉语中介语语料库。经过近 20 年的发展，语料库建设已初具规模，并在对外汉语教学及相关研究领域发挥了重要的推动作用。

（二）汉语中介语语料库建设现存的主要问题

1. 数量较少，规模较小，语料不够全面。

与国内外众多的母语语料库相比，汉语中介语语料库数量很少，据笔者所知，在 21 世纪前十年中国大陆已经建成并可以实际使用的汉语中介语文本语料库只有 5 个。一般来说，这些语料库收集的学习者样本不多，语料规模较小：熟语料[①]多在 100 万字左右；在全球库诞生之前最大的有 400 多万字。

例如北京语言学院 1995 年建成的汉语中介语语料库系统经过处理的精语料为 104 万字，南京师范大学的外国学生汉语中介语偏误信息语料库收入作文、练习 90 万字（周文华，2009），中山大学的留学生中介语语料库 70 万字左右（张舸，2008），

---

① 熟语料指经过处理、加工、标注的语料，又称精语料。与之相对的概念是生语料，指未经任何处理、加工、标注的语料，又称粗语料。

暨南大学华文学院的留学生汉语中介语语料库规模达 300 万字，北京语言大学的 HSK 动态作文语料库 1.1 版收入了 11569 名考生的作文答卷，总字数为 424 万字。

截至 2006 年，汉语中介语口语语料库只有一例，即北京语言大学的汉语学习者口语语料库，收入部分考生参加 HSK 口试的答卷。

语料不够全面主要指两种情况：一是有的语料库（如 HSK 动态作文语料库）只收入了参加 HSK 高等考试的考生作文（HSK 初中等考试没有写作考试），因而只能对高级阶段学习者的习得情况进行横向的断面考察，而无法对初级和中级学习者的情况进行考察，更无法对学习者的整个学习过程进行纵向的全面研究。（张宝林，2008a）二是语料库中收集的语料以韩国、日本、东南亚各国汉语学习者的语料居多，欧美学习者的语料很少，不利于对欧美学习者的汉语习得情况进行全面、具体、深入的考察与研究。

2. 语料库建设没有统一标准，建库实践带有很强的随意性。

汉语中介语语料库的建设目的是明确的，那就是为汉语教学及相关研究提供一个基础平台，使汉语中介语研究、汉语习得研究、对外汉语教学理论研究、对外汉语教材研究、汉语水平考试研究、汉外语言对比研究等建立在更为扎实的基础上，并为汉语本体研究提供参考，使研究结论具有更广泛的普遍性和更充分的科学性。（张宝林、崔希亮、任杰，2004）但是，汉语中介语语料库应怎样建设？建库的基本原则是什么？语料库整体结构应该是怎样的？应收集什么样的语料？语料规模应多大？应标注哪些内容？应采用什么样的方式进行标注？这些问题至今尚未展开充分的讨论，更没有一个为大家普遍接受的公认的标准。

因此，在建设语料库的过程中，就呈现出一种随意状态，不同的语料库建设者基本上是依据自己的主观认识与想法各行其是。其具体表现是：有的语料库语料规模为几十万字，有的则达几百万字；有的语料是学生平时的写作练习，有的是作文考试答卷；有的语料库除计算机录入的学习者语料之外，还有语料的原始图片，大部分语料库则没有原始图片；有的只经过断句、分词和词性标注等加工处理，（陈小荷，1996a）如汉语中介语语料库系统；有的只标出错别字，或部分偏误句；有的则从字、词、句、篇、标点符号等角度对全部语料中存在的偏误现象进行了穷尽性标注，如 HSK 动态作文语料库；（张宝林，2006）而对语料中正确的语言表现，则皆未标注；有的语料库带有的学习者背景信息多达十几项，有的语料库则只有很少几项背景信息，等等。

3. 功能不够完善，有些中介语现象检索不便，甚至无法检索。

有的语料库没有电子扫描的原始语料，也没有字处理和语篇处理，因而无法考察学习者在汉字和语篇方面的习得情况。有的语料库（如 HSK 动态作文语料库）只对语料中的各种偏误现象进行了标注，而未标注正确的语言表现，因而要全面考察学习者的语言习得情况会受到相当大的限制。（张宝林，2008a）由于语料处理方法的缺陷，对有些研究无法提供语料支持。例如在研究"得"字补语句的习得情况时，就无法检索并提取那些该用"得"而未用的补语句。（孙德金，2002）有的语料库查询结果无法输出，有的语料库缺乏统计信息。

这些问题给基于语料库的相关研究造成了诸多困难。

4. 语料标注效率不高，标注质量存在一定问题。

目前汉语中介语语料库除分词和词性标注采用机标人助的方式外，字、词、句、篇、标点符号的偏误识别及标注均采取手工方式进行。相对于机器自动处理而言，这种标注方式的准确性较高，但标注速度很慢，标注符号的一致性较差。虽然可以通过标注工具的帮助，在一定程度上减少标注一致性的差错，但问题依然存在。

手工标注带来的另一个重要问题是标注的质量，如果标注人员没有全面、扎实的语言文字功底，标注中的错误就在所难免。标注后的审核步骤可以纠正一部分错标，但无法完全避免。例如 HSK 动态作文语料库 1.0 版对存现句的判定基本上都是错误的，在 1.1 版中才得到纠正。

更为严重的是，现有的语料库均没有标注错误率的说明。那么在此基础上所做的研究，其结论的可靠性也就大可怀疑了。

标注质量是语料库的生命，是体现其使用价值的一个重要方面。那么，如何对标注人员进行有效的培训，就成为一个迫切需要解决的现实问题。

5. 语料库资源尚不能充分共享。

建设语料库的最终目的是供各界用户使用，其价值与使用人数成正比例关系：使用者越多，则其价值越大；一个语料库如果无人使用，那么也就毫无价值。从目前的实际情况看，有些语料库没有上网，也未向公众开放，一般人无法见到，更无法使用。例如汉语学习者口语语料库完成后即束之高阁，"养在深闺人未识"，没有发挥任何作用。有的语料库（例如 HSK 动态作文语料库 1.1 版）虽然已经上网，向所有对汉语教学和汉语研究感兴趣的人士开放，任何人都可以免费使用，但仍有一定限制，用户尚不能完全自由地使用。语料库资源不能充分共享，语料库的价值就无法得到最大程度的发挥。

二、原因

（一）语料库总体设计不周密，存在先天缺陷

语料库本身是一个多学科交叉的非常复杂的系统工程，技术性、专业性很强。对外汉语教学界对其建设过程缺乏深入的了解，又未进行细致的探讨，因而在总体设计中考虑不周，对一些重要问题甚至缺乏考虑。例如语料库的规模究竟应该多大？决定语料库建设规模的因素有哪些？应该收入平时的语料还是考试时的语料，抑或两者皆收？语料背景信息应该包括哪些内容？语料标注应该依据怎样的模式？偏误标注应该包括哪些内容？基础标注应该包括哪些内容？基础标注与偏误标注应分为两版，还是合为一版？应该制定怎样的标注规范？等等。

以往对这些问题或者没有考虑，或者缺乏广泛而深入的探讨，因此语料库的设计带有许多先天的不足，给使用造成了种种不便。举个最浅显的例子，有的语料库连自身到底有多少个

句子都说不清楚。那么，存在语料不全、背景信息不全、某些语言项目查询不便甚至无法查询、缺乏统计信息等更大的问题，也就不足为怪了。

（二）语料及学习者背景信息收集困难

语料是语料库的核心素材，语料是否全面是体现其使用价值的又一个重要方面。语料库建设者一般首先想到的是从一线汉语教师手中收集语料，但每位教师所能接触到的学生实际上非常有限，所能积累的语料同样非常有限。收集语料是一件存在多方面困难的艰巨工作，对于教师个人来说，即使是有意识地收集语料，想积累十几万字语料也是很不容易的。（张宝林，2009c）

另一方面，教师的教学任务繁重，主要精力忙于教学，对语料库或缺乏了解，或无暇顾及，加之收发作业周期短暂，缺乏方便快捷的语料收集方式，因而很难收集到全面的、成系统的学生语料。

作文试卷是语料的另一个潜在来源。尽管这种语料的"自然性"较弱，（杨惠中主编，2002：66）但却具有来源可靠、水平真实、干扰信息少等非常重要的优点。只是这种语料涉及考试内容，在教材不变的情况下，为了不影响教学及考试的正常秩序，是不宜或不能在语料库中予以公开的。

这就直接造成了语料库规模较小、语料不全的问题。

从另一角度看，仅有语料还是不够的，如果没有语料作者的相关背景信息，研究者就无法对语料作者的汉语习得情况进行全面而深入的分析，也就不能发现造成某种情况的原因，更难以在分析原因的基础上提出相应的教学对策。而获取学习者的背景信息可能比获得语料本身更不容易，因为很多学习者不愿意透露自己的个人背景。

（三）语料标注规范的两难选择

标注规范是语料标注的蓝图，直接决定着语料标注的原则、内容与方法。从建库实践来看，中介语语料库常常标注偏误信息，但标注的广度与深度存在很大差异：或只处理错别字和部分偏误句，或从字、词、句、篇、标点符号等多种角度进行穷尽性的全面标注。需要特别注意的是：语料库的实用价值与标注内容多少成正比，而标注本身的错误率也与标注内容多少成正比。如果减少标注内容，语料标注的正确率可以相对较高，带来的消极影响是语料库实用性的降低；为了提高语料库的实用性，则应增加标注内容，但标注正确率的下降，还是会影响到语料库的实用性。

从某种意义上说，这是一个两难选择。而理想状态是既增加标注内容，又确保尽可能高的标注质量，进而最大限度地提升语料库的实用价值。

这就必然涉及标注人员的专业培训问题，他们的语言学基础、专业水准及工作态度，将直接关系到语料标注质量。显而易见，几次说明性的培训是难以真正提高标注人员的标注水平的。

（四）受技术水平的限制，语料标注尚无切实可行的自动处理方法

毫无疑问，在标注过程中应尽可能发挥计算机的效用。语料库语言学研究的层面确实已经从词和短语上升到句子和篇章，（甄凤超，2004）但鉴于汉语篇章研究的不充分，汉语学习者汉语表达的不规范，以及自然赋码的实际水平，（杨惠中主编，2002：30）在语料库的标注过程中由计算机自动标注的内容并不多，除分词与词性标注可以由机器自动完成之外（仍需人工校正），大部分标注任务需要由人工完成。例如"语误附码目前尚需手工进行，极为费时费力"（王建新编著，2005：70）。而手工标注的必然后果就是效率低下，标注质量完全取决于标注者的能力、水平、工作态度、精神状态和身体情况，在一定程度上存在错标与漏标、代码不一致的现象。有研究认为，为了避免人工标注出现的错误，保证代码的一致性，可以先用汉字标注，然后再以代码替换。（王洁，2008）然而这个方法在实践上很难实行。

三、对策

（一）在需求分析的基础上，确定恰当的建设目标

建设汉语中介语语料库的最终目标，是要满足对外汉语教学及与其相关的一切研究的各种需要。因此应首先进行需求分析，了解学界对语料库建设的期望与要求，进而建设一个能满足其需求的语料库。我们认为，下列问题都是必须考虑并妥善处理的：

1. 学习者类别。汉语学习者可以从不同角度分为不同类别：来华留学生与在其本国学习的学习者，学历生与非学历生，长期进修生与短期进修生，大学生与中小学生，汉语言、中文专业的学生与其他专业的学生，华裔与非华裔，各种不同母语背景的学生，已经取得不同等级的 HSK 证书的学习者和尚未取得证书的学习者，等等。显然，语料库应包括各种各类的汉语学习者，并能从各种不同角度进行查询。

2. 语料种类与规模。应包括来自平时作业、学期课程考试、汉语水平考试的不同语料。

齐夫律（Zipf's Law）的存在使词频和词的排序之间形成反比关系，进而导致了这样一种现象：极少数高频词（型）的出现次数已覆盖了一个语料库总词次数的绝大部分，而词（型）总数中大约一半的词（型）在这个语料库中却只出现一次。一方面，极少数最常用的句法规则就已经覆盖了一个语料库中绝大多数的句法结构现象；另一方面，很多规则在这个语料库中只出现过一次。（黄昌宁、李涓子，2002：30-31）为了适应研究的广泛性，满足对不同语言现象的研究需要，"语料库应该尽可能的大且应该不断增加"。（约翰·辛克莱，2000）我们认为，汉语中介语语料库的总规模至少应在千万字次以上。

3. 学习者背景信息。对研究语料有用的信息皆应收入，以便用户可以从多种角度对学习者信息进行检索，从而为相关的研究提供方便。具体包括：语料作者代码、性别、国籍、是否华裔、母语或第一语言、掌握的其他语言及程度，年级、专业、汉语学习时间、学习地点（国内外、京内外）、学习目的，是否参加过 HSK 考试、参加次数、作文考试分数、考试总分、是否获得水平证书、证书等级，各学期的综合课、阅读课、写作课、口语课、翻译课、词汇课、语法课、修辞课成绩。其中国籍是必备基本信息，母语和汉语水平是非常重要的背景信息。

4. 语料信息。应包括：作文或其他成段表达的标题、文体、写作时间、写作地点（课上、课下、考场等）、作文要求、得分。

5. 语料库整体结构。应包括生语料库、熟语料库、背景信息库三个部分。生语料库用于存放只经过错字处理的语料；熟语料库用于存放经过各种加工处理的语料；背景信息库用于存放学习者背景信息和语料信息。

6. 检索角度及条件。研究者应能从各种角度对语料进行检索，以满足各种不同的研究需要。例如应可以十分方便地进行字、词、短语、句、篇、标点符号等各种语言错误和字数、字频、词数、词频、句数等各种信息的查询、检索、统计，包括对各种偏误和标注进行组合查询，并在此基础上进行各种相关的研究。

总之，汉语中介语语料库应是语料样本众多、规模足够大、背景信息完备、标注内容全面、标注质量精准、检索方式便捷、能够反映各类汉语学习者的汉语学习过程与特征的语料库。

（二）采用先进的技术手段和权威标准，切实解决标注问题

1. 标注模式。

以往的中介语语料库非常重视对语料中各种偏误现象的标

注，汉语中介语语料库也不例外。语误附码是对语料中发现的使用者的语误，例如用词错误、拼写错误、句法错误，在分析归类的基础上用附码的形式进行标注。语误附码是分析学习者语料库的重要前提，对研究学习者的语言特点非常重要。（王建新编著，2005：70）中介语语料库，特别是其中的偏误标注，为偏误分析提供了最佳条件。

然而偏误分析是带有片面性的，因为它"只研究中介语的偏误部分，而且是横切面式的静态分析，并未研究中介语的正确部分"（刘珣，2000：202）。这就难免只见树木、不见森林，看不到学习者全部的语言表现，特别是看不到正确的语言表现，进而夸大偏误的严重程度，使研究者形成不全面的认识。例如学界普遍认为是"难点中的难点"（吕必松，1992：111）的把字句，其难度其实并不是那么突出，偏误也没有那么严重。（张宝林，2011a）

因此，"中介语研究对象应是学习者语言的整体，只有这样，才能认识语言学习过程的全貌"（鲁健骥，1999：6）。在考察偏误的同时，应特别注重考察学习者正确的汉语表达，并将这两方面的表现结合起来进行研究，即把研究从偏误分析提升为表现分析，或称为语言运用分析。

"……语言运用分析方法分析的仍然是学习者的言语结果（product）。与错误分析不同，它不是只注意学习者的错误，而是注意学习者的所有言语（错误的、正确的），试图勾画出学习者语言发展的轨迹。"（孙德坤，1993）这种"轨迹"正是我们所关心的，表现分析才有可能使我们得到更全面、更准确的结论。（张宝林，2011a）为此，在语料库的偏误标注之外，还应该进行基础标注。

基础标注是对语料中正确的语言现象进行标注。具体包括：（1）分词及词类序列标注；（2）句子成分序列标注；（3）句类、句型、句式类别标注；（4）词、句的语体信息标注；（5）语义信息标注；（6）语用信息标注。

基础标注的作用是可以从各种角度对汉语中介语、对学生的汉语习得情况进行全方位的对比、考察与研究，从而彻底避免在以往的研究中存在的一些尴尬现象。例如：查到了学生的偏误，却查不到学生相应的正确语言表现；查到了带有标志词的病句（例如把字句、"得"字补语句），却查不到学生回避了标志词的病句。这样就可以使研究更全面，结论更可靠，从而提高对外汉语教学与研究的水平。（张宝林，2008a）

我们认为，"基础标注＋偏误标注"应成为汉语中介语语料库语料标注的新模式。

2. 标注方法。

（1）标注代码的通用化。

语料标注应使用通用代码，制定业界普遍接受的标注代码，是汉语中介语语料库建设的当务之急。

（2）偏误标注与基础标注。

这两方面的标注都是需要的，在标注实践上可以在同一版语料上进行两种标注，也可以分为两版分别标注。

在目前的汉语中介语语料库中，全球库标注内容最多，标注符号最全，可以以之为基础开发新的通用代码。

（3）采用数字墨水技术。

HSK 动态作文语料库中同时收入了两种语料：原始语料的计算机录入版语料和电子扫描版语料。电子扫描版语料可以使用户直接看到学习者书写的语料原貌，可以满足汉字研究方面的需求。但标注是在录入版语料基础上进行的，这种标注与扫描版没有联系，标注内容在扫描版语料中不能得到体现。而使用数字墨水技术，不但可以直接在扫描版语料中勾画存在偏误的字、词、句、篇，而且可以与录入版语料建立联系，使各种偏误可以在两版语料中同时体现，直接定位。这将为用户检索各类偏误带来极大的方便。（参见图 1-4、1-5[①]）

图 1-4　采用数字墨水技术的标注方法

① 图 1-4、图 1-5 引自北京语言大学信息科学学院苟恩东教授的 PPT 课件，并已征得苟教授的同意。谨向苟教授表示衷心感谢。

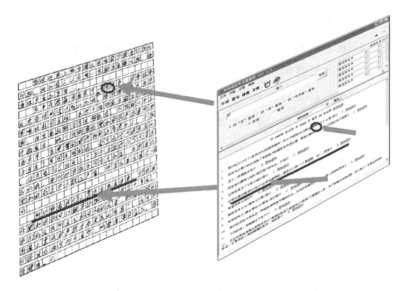

图 1-5　录入版和扫描版语料直接对应

（4）自动标注。

自动标注具有极大的优越性，是语料标注的远景目标，乃至最终目标。目前除分词和词性标注已经达到实用水平之外，其他层面的自动标注尚难以实行，对于存在种种偏误现象的汉语中介语而言，尤其如此。在建库实践中应积极探索，不断尝试，逐步推进自动标注。

3. 标注工具。

标注工具是一个软件程序，是标注人员进行语料标注的得力助手，可以降低他们的劳动强度，提高标注效率，并能够在相当程度上保证在标注过程中代码使用的一致性。

4.分词与词类标记规范。

分词和词类标记是汉语语料库建设的基础环节，是汉语语料库的深加工和汉语句法自动分析等工作的前提，因而迫切需要制定《信息处理用现代汉语词类标记规范》，提供一套面向信息处理的、统一的现代汉语词类标记代码体系，以降低数据转换的代价。（教育部语言文字信息管理司，2007）汉语中介语语料库同样需要这样一个规范，而且是最权威的规范、分词标准及词性标注系统。

5.标注质量。

汉语中介语语料中包含多种语言现象，既有正确的语言现象，也存在大量偏误。要对这些语言现象进行准确的识别与标注，即便是由专业人员进行标注，也殊为不易，并且还存在标注不一致问题。可以通过下列方法来尽最大可能解决标注质量问题：设计完善的、便于操作的标注规范；实施有效的培训；对标注结果进行审核修改；通过软件程序进行标注结果的一致性检验，等等。

（三）多方合作，互利共赢，实现最充分的资源共享

目前，汉语中介语语料库建设多采取"一家一户"的个体生产方式，既不吸纳别人的研究成果、实践经验和语料，也不贡献自己的研究成果、实践经验和语料。我们认为这种状况对语料库的建设和发展极为不利，因为一家的语料总是有限的，其代表性有所欠缺；自己的经验也难免有所不足，很难使语料库建设达到一个很高的水平。因此，语料库建设应打开大门，

与国内外汉语教学单位真诚合作，共襄盛举，互利共赢，以实现最充分的资源共享。

语料是语料库建设的基础，合作应从语料开始。应广泛收集汉语中介语语料，包括国内外的、特别是欧美汉语学习者的语料。这样就可以改变汉语中介语语料库规模较小，语料不够全面的缺陷，甚至可以建成一个面向全球的、语料规模非常充足、可以满足一切相关研究需要的语料库。

合作方式可以是多种多样的。例如可以单纯提供语料，不同单位也可以根据自身条件各负责语料库建设的一个方面，已经建好的语料库还可以搭建语料库网，为用户提供最好最全的研究资源。

合作的前提是平等自愿、互利共赢。不论何种教学单位、不论以何种方式进行合作、不论做了何种具体工作，都是实际参加语料库建设的共建单位，都应在语料库的相关说明中予以公开标示；共建单位的任何人都可以高级用户身份无偿地使用语料库；如果需要，提供语料的单位可以获得一个用自己提供的语料建成的小型语料库，用来研究自己单位的教学情况，研究自己的学生的汉语习得情况。

（四）向所有用户免费开放，同时呼吁相关立法

建设语料库的目的是为全球的汉语教学及相关研究服务，语料库价值的集中体现是使用，束之高阁的东西是毫无价值的，用户越多，语料库的价值就越大。因此，语料库建成后应放置在网络上，向所有用户免费开放，任何用户都可以普通用户的

身份登录使用，进行语料检索。

当然，登录语料库有一个前提，就是限于非商业目的。如果有人试图把免费共享的语料库拿去商品化，我们是坚决反对的，这也是我们把用户分为普通用户和高级用户的根本原因。基于这种考虑，我们在全面开放语料库的同时，呼吁相关立法，以保障知识产权。

只有这样，才能充分实现资源共享，更好地为全世界的广大用户服务。

第3节　口语语料库建设的现状与任务

一、现状

基于汉语中介语语料库的对外汉语教学研究于20世纪90年代中期发轫，20余年来得到迅速发展，取得了众多的研究成果，发表、出版的论著数以千计，并促进了汉语习得研究范式的转变，即从小规模、经验型、思辨性研究逐渐发展为基于大规模真实语料的、定量分析与定性分析相结合的实证性研究，使研究结论具有了较强的客观性、稳定性和普遍意义。

由此可见，汉语中介语语料库在对外汉语教学研究中确实发挥了重大作用。而基于语料库的汉语偏误分析与习得研究的不断发展，又极大地促进了汉语中介语语料库的建设：从20世纪90年代汉语中介语语料库系统的一枝独秀，到21世纪前10

年 HSK 动态作文语料库、留学生中介语语料库、外国学生汉语中介语偏误信息语料库等多个语料库并存，直至今天语料库的"遍地开花"①，十分鲜明地勾勒出汉语中介语语料库的发展轨迹。

然而，这种语料库建设与基于语料库的研究蓬勃发展的繁荣局面仅限于书面语语料库，口语语料库则少之又少。截至2017 年，仅有汉语学习者口语语料库（北京语言大学，2006）、留学生汉语中介语料库之口语语料库（暨南大学华文学院，2012）、语言习得汉语口语语料库（香港中文大学，2010）小型外国学生口语中介语语料库（苏州大学，2010）、根据电话口语考试建设的语料库（北京大学，2011）。其中开放的口语库只有暨南大学华文学院的语料库②。

与口语库建设缺乏的现实情况相对应，基于口语库的汉语口语中介语研究同样很少；对口语语料库建设的研究也不多。我们看到的仅有杨翼等（2006），陆庆和、陶家骏（2011），刘运同（2013、2016），刘喆（2013），李航（2013），周宝芯（2013），张蕾（2016），方淑华等（2016）等。

杨翼等（2006）认为，在对外汉语教学界，有关口语习得和口语测试的研究，在数量和质量上，都处于令人遗憾的状态。大多数研究方法依然是经验型的，仅靠例举少量零散的口耳直觉语料或一次性小规模抽样，得到的是不够系统的、缺乏说服力的定性结果。因此，建立具有一定规模的汉语学习者口语语

---

① 这是在谈及语料库时，张博教授的话。
② 该库在 20 世纪第二个十年间开放，目前处于无法登录状态。

料库就显得十分必要和迫切。

我们认为，这种评价是非常中肯的，从今天口语库的建设与应用情况看，仍有其现实意义。口语语料库建设已经成为汉语中介语语料库建设的瓶颈，严重制约着语料库建设水平的提高，并影响到对外汉语教学效率与水平的提升。口语库建设在汉语中介语语料库建设中有着独到的价值，在对外汉语教学研究中具有特殊的作用。因此，值得充分注意，深入研究。

二、口语语料库的作用与价值

（一）解决口笔语语料库建设的"倒挂"问题，为口语习得研究奠定坚实基础

在人们的日常交往中，口语①始终占据主导地位，是使用最方便、使用频率最高、使用范围最广、因而最重要的交流方式。而书面语②虽然可以打破时空限制，却仍然是使用受限、使用频率相对较低、使用范围相对较窄、因而较为次要的交流方式。在目的语环境中学习汉语的学习者，不论是在汉语学习中还是在日常生活中，不论是在汉语学习的课堂上还是下课之后，其使用汉语口语的几率同样远远高于书面语。然而，不论是以往传统的对外汉语教学研究，还是 20 世纪 80 年代中期以来的

---

① 这里所谓口语仅指自主口头交流形式，包括独白和对话。所谓自主，指自发产出的言语材料，即不包括对书写材料的朗读与背诵。

② 这里所谓书面语仅指自主书写出来的言语材料，包括作文、日记、邮件、微博、便条等。所谓自主，指自发产出的言语材料，而不包括抄写的材料。

汉语中介语研究，都是重书面语，轻口语，并直接影响到汉语中介语语料库的建设，书面语库相对较多，口语库则极为少见。在口笔语的实际使用和语料库建设与相关的应用研究之间，存在着十分严重的"倒挂"现象。这是非常不正常的，也是十分不应该的。这种倒挂意味着以往学界的众多研究所关注的只是学习者使用目的语的次要部分，即书面语；而忽略了其主要部分，亦即口语。倘能加强口语语料库的相关研究，推进其建设，则将为口语教学与口语习得研究奠定坚实基础，有助于解决口笔语语料库建设与应用研究的倒挂问题。

（二）为口语习得研究及其与书面语习得的对比研究奠定基础，进而提升汉语中介语研究水平

在对汉语中介语口语语料库进行深入研究的基础上，建设大规模、高质量的口语语料库，首先可以为汉语口语的偏误分析与习得研究奠定坚实基础，通过基于口语语料库的中介语研究，加深我们对汉语口语中介语的认识，更好地把握其规律，为口语教学提供有益的参考。

另一方面，还可以将这种研究与已经取得众多研究成果的基于书面语语料库的相关研究相结合，进行对比分析，研究口语和书面语习得的相同点与不同点，认识二者在习得过程中的相互作用、相互影响与相互关系，全面掌握作为第二语言的汉语习得特征与规律，进而把汉语中介语的研究水平和对外汉语教学与研究的水平提升到新的高度。

（三）为口语教学、教材编写等提供语料支持

口语语料库中的大规模真实语料，将提供语音、词汇、短语、句子、语篇、语体、语义、语用、修辞等各语言层面的各类偏误与正确的语言表现，经研究可以揭示汉语中介语的全貌与典型的偏误类型。口语中介语的这些宝贵信息，将为口语教学和口语教材的编写提供典型的例句、句群与篇章，从而使口语教学与教材更有针对性，促进口语教学水平与教材编写水平的提高。以把字句为例，研究表明，参加高等汉语水平考试写作考试的学习者把字句的偏误率并不高，虽然在一定程度上存在回避问题，但同时也存在与之相反的泛化问题，且与回避现象相差不到一个百分点。（张宝林，2010c）那么，在口语中把字句的习得情况如何？应予考察。假如同样存在类似现象，那么在教学以及教材编写中再过分强调把字句难学及其回避问题，就纯属误导，很有可能会加重其泛化问题。

（四）为口语测试研究提供参考

基于口语语料库的教学与习得研究，其成果将为口语测试提供重要参考与借鉴。例如研究表明，对于参加高等汉语水平考试写作考试的学习者来说，离合词的偏误率极低，甚至达到了可以忽略不计的程度。（张宝林，2011b：41）假如学习者口语中也呈现出同样现象，也就没必要把离合词作为测试的重点，甚至无须将其作为语法点进行测试。

（五）为语料库建设探索新经验

相对于书面语语料库的建设而言，汉语中介语口语库建设是一个全新的挑战，建设实践很少，相关的研究也很少，成熟的建设经验几乎为零。汉语中介语口语语料库究竟应该如何建设？例如在选取语料方面，是只选取独白语料，还是也选取二人对话语料，乃至三人以上的多人对话语料？多人对话语料如何辨识说话人的身份？如果无法分辨说话人与话语之间的对应关系，这种语料还有无价值？能否补救？采用什么方法补救？在标注方面，是只做语音标注，还是同时进行词汇、语法、语体、语义、语用等多层面语言现象的标注？是只对小规模语料做精细标注，还是对大规模语料做浅层标注？这些问题都需要进行深入研究并得出明确、可靠、可行的结论，并付诸建库实践，逐渐积累经验，掌握相关规律，推动口语语料库建设。

（六）支持教学资源库的建设

除为课堂教学提供语料支持，以及用于数据驱动学习和翻转课堂的教学之外，语料库直接应用于教学的几率并不大。语料库为教学服务的主要方式是间接的，一是通过偏误分析与习得研究为老师们的教学工作提供参考；二是通过二次开发，在语料库基础上建设各种教学资源库，例如不同母语背景的学习者使用汉语的口语词和书面语词对照表、口语句式和书面语句式对照表、所使用到的语法点、项的语法项目表、口语话题表，研发词汇、语法（含词法、句法、篇章语法）、语音（含声、韵、调、停顿、重音、轻声、儿化）、辞格、标点符号、语体、语义、语用的偏误信息库（包括偏误类型与数据、习得顺序、偏误原因、教学建议等）。这些教学资源库均需在语料库基础上进行建设，建成后可以为教师备课提供极大方便，提高教学的针对性和教学效率，对汉语教学具有重大意义。（张宝林，2019a）

三、口语语料库建设滞后的原因与影响

（一）原因

如上文所述，口语库在对外汉语教学与汉语中介语研究中具有十分重要的意义与价值。然而，其建设情况却远远落后于书面语库，基于口语库的相关研究也同样滞后于基于书面语库的相关研究，其原因究竟何在呢？

我们认为，主要有如下几点：

1. 语料获取难。

（1）语料内容过于单一。

从语料内容的角度看，目前收集到的语料中，与教学、测试相关的语料较多，较易收集。前者如教学实况的录音、录像，后者如高等汉语水平考试（HSK 高等）中的独白、C.TEST 考试中考生与主考官的对话，其他口语考试中的独白与师生对话等。而学习者的自然交谈语料很少，谈论学习之外内容的语料很少。这固然与在校生以学习为主的校园生活内容有一定关系，但如果安排得当、引导得法，还是可以收集到学习者更多内容的口语语料的。

不同国家和地区汉语学习者语料不均是老问题，在书面语库建设中已经普遍存在，并已受到学界较多关注，例如任海波（2010）、施春宏、张瑞朋（2013）等。在口语库建设中，此问题更加凸显。整体上看，仍然是东亚、东南亚国家学习者语料多，欧美国家学习者语料少，非洲、南美国家学习者语料更少。新问题是某些国家学习者样本数量太少，在这样的基础上，很难形成具有普遍意义的结论。例如欧洲一所大学可以通过网上辅导和语伴的形式提供其口语语料乃至视频语料，但只有寥寥数人，难以形成大规模真实语料，研究结论的普遍性依然难以保证。

（2）语料质量欠佳。

所收录的部分口语语料声音不清晰，音量太小；多人谈话分不清说话人身份，难以分辨说话人和话语之间的对应关系。这些问题一方面是语料收集者对摄录设备操作不当或缺乏对语料用途的正确认识所造成的，另一方面也需要其他技术手段的支持。例如多人对话只是录音就不够了，还需要录像，收集视频语料。这也是建设多模态语料库的必要性之一。当然，视频语料除学习者的口语表达之外，还能提供表情与肢体动作等非言语信息，这对说话者话语内容的表达具有重要的辅助作用，这也是非常有研究价值的。

2. 语料转写难。

为了对语料进行标注与检索，口语语料需要进行转写，这是口语语料与书面语语料的最大不同点。其转写准确率低，转写后的语料校对也不容易，而且费用昂贵。母语语料库建设即已因此受到制约，汉语中介语语料由于语音偏误的影响，其转写难度更为突出。

3. 标注规范缺乏研究。

口语语料无须汉字标注，这是其简便之处；但增加了语音标注，而语音标注究竟应该标什么？怎么标？并无定论，都是有待研究的问题。例如正常停顿与非正常停顿的时间长度标准如何确定，尚需研究。这是其繁难之处。此外，词语、句子、语体、话语、语义、语用等层面是否应该标注，观点不一，也需要进行研究。

4. 对口语库重要性的认识不足。

从语料库建设与应用研究的整体表现上看，目前学界着力于书面语库的建设与应用研究，对口语库的建设认识不足，重视不够，建设积极性不高。从更深的层次考虑，如果学界满足于书面语库的建设与应用研究的已有成果，因而故步自封，止步不前，那么必将使口语库的建设与研究减缓与停滞，难以推动相关研究的进一步发展，导致更为严重的后果。

（二）影响

口语库建设的停滞不前，对学术发展已造成或将造成如下影响：

1. 对学习者的汉语口语表达状况与能力的研究缺乏足够的研究资料，难以形成具有普遍意义的研究结论，无法全面、准确地了解与把握学习者的口语习得状况。

2. 无法对学习者的汉语口语和书面语表达进行对比分析，无法对其口笔语表达特征进行研究并得到准确的认识。

3. 无法在前述研究的基础上，深入了解与认识学习者汉语口语习得与书面语习得之间的相互作用、影响与关系，进而形成学习者口语习得与笔语习得相互促进的教学方法、体系与模式。

4. 严重影响汉语中介语研究、汉语作为第二语言的习得研究、汉语学习理论研究的发展，严重影响汉语教学水平与效率的提高。

这种影响是很严重的，也是很深刻的。因此，急需开展并大力推进口语库建设的相关研究，积极探索，切实推动口语语料库的建设。

四、口语语料库的标注内容

（一）口语语料的特点及影响

相比于书面语语料，口语语料的最大特点是其有声性。这决定了在标注内容方面，口语语料应增加语音标注。因为口语语料本身无文字表述，为了研究与标注而进行的转写由母语者承担，因而无须进行文字标注。而为了了解学习者口语在词汇、语法、语体、语义、语用等方面的具体运用与表现情况，为了检索与研究的方便，皆需进行标注，这和书面语语料是完全相同的。

（二）语音标注策略

1. 单一标注与综合标注。

有研究依据口语语料的有声性特点主张对口语语料只做语音标注，而不做其他语言层面的标注。我们认为这种认识是非常片面的。有声性固然是口语语料的重要属性，但并非其唯一属性；我们固然关注学习者的汉语语音状况，但也关注其在词汇、语法、语体等方面的实际表现，关注其口语习得的全面情况。为此，就不能只做语音标注，还须进行全面的综合性的语言标注。必须明确认识到，口语语料库并不等于语音语料库，不能像语音语料库那样只做语音层面的单一标注，而要对中介语口语语料进行多层面的综合标注。

2. 深层标注与浅层标注。

从为教学与研究提供更多帮助的角度来看，标注的内容越多、层次越深、越细，可能越有价值。例如语音标注应该把停顿的时长多少、是否算非正常停顿、声调偏误是第几声的偏误乃至应该用第几声、声韵母的具体使用情况都标注出来。我们曾经是这样认为的，也是这样做的。然而姑且不论标注的正确性与一致性问题，仅以语料库使用者的研究需求而言，真的需要做这样深入细致的标注吗？如果使用者所采用的语言知识系统与标注所依据的系统不一样怎么办？如果使用者不认同、不相信标注结果怎么办？倘真如此，所做的全部标注不仅失去了应有的价值，甚至反而成为了使用者使用语料库的障碍，这就完全背离了人们建设语料库的初衷了。

也许，"不替用户做判断"是最明智的选择。语料库的建设者只要标出在母语者看来有问题的停顿、声调、声母、韵母等即可，至于算不算偏误、停顿多长时间算不正常停顿、声韵调等为什么不对、应该用哪个声母、韵母、声调等，皆无须标注，因为这些恰恰是语料库的使用者需要研究与解决的问题，无须建设者代劳。

（三）语料标注的全面性

建设语料库的根本目的是为对外汉语教学及其相关研究服务。从学习者角度看，在汉语学习过程中，在语音、词汇、语法、语体、语义、语用等各个语言层面都可能出现偏误；从教学者角度看，教师和研究者们的关注点和研究兴趣是多方面的。因此，语料标注应包括语言的各个层面，便于教师和研究人员通过语料检索，查询并了解学习者汉语口头表达的各方面情况，并在此基础上进行相应的科学研究。

这就决定了中介语口语语料库的标注必然是一种全面标注，包括语音、词汇、短语、句子、语篇、语体、语义、语用、修辞格等。原则上能体现学习者口语特征的项目都应该进行标注。

语料库的功能只是为教师和研究人员提供检索语料的方便，而不是代替他们的研究工作，并不需要把所有的语言现象都研究清楚，提供彻底而清晰的分类结果。因此，语料标注又只能是一种浅层标注，即以便于检索为原则，能查询到所需要的语料即已达到目的。（张宝林、崔希亮，2018）应尽量少标，避免任何画蛇添足的行为。例如标明某词存在声调偏误即可，至于应为第几声、误读成了第几声，皆无须标注。

五、口语语料库的标注方法

（一）相关理念

根据目前自然语言处理和中文信息处理的研究水平，语料标注想完全采用计算机自动标注的方式是不现实的，而只能采取以人工标注为主、计算机标注为辅的"人标机助"的方式。但摒弃传统而陈旧的人自为战的离线分包方式、采取互联网思维基础之上的"人机互助、人人互助"的在线众包方式则是完全可行的。这种方式不但可以提高语料标注的速度，而且可以改变标注模式，扩大标注的开放性与社会参与度，提高语料标注的正确性和一致性，提升标注的质量与效率。

（二）标注工具

传统的手工标注方式及其采用的表示方法随意性很强，缺乏相应的理据。例如表示不正常停顿，一般的不正常停顿用 1 个后单引号（'）表示，严重的用 2 个后单引号（''）表示，最严重的用 3 个后单引号（'''）表示。停顿正常与否母语者是可以凭语感加以判断的，但其时间长度多长算一般或严重的不正常停顿，则比较主观随意。单靠人工标注，不可能保证标注结果的客观一致性。

软件标注则非常直观，如 ELAN 软件，可以显示声波图、发音时长、停顿时间，可以显示国际音标以及视频图像等，还可以进行多层标注，十分适用于口语乃至视频语料的标注。而且可以更好地体现"不替用户做判断"的理念，软件客观显示了停顿时间的长度，算不算不正常停顿，算何种等级的不正常停顿，语料库建设者都无须过问，而由研究者自己去判断与论证。这也在一定程度上简化了建库程序，降低了口语库的建设难度。

第 4 节　建库的基本原则

在语料库建设实践中，建库原则十分重要，直接关系到语料库的作用、功能与使用价值。本节对语料的选取原则、标注原则、语料库的使用原则等问题进行讨论，以深化认识，促进汉语中介语语料库的建设与发展。

一、语料选取的基本原则

（一）真实性

语料的真实性是建设汉语中介语语料库的基本前提，没有这个前提，语料库就不能反映汉语学习者真实的语言面貌，基于语料库的研究及得出的结论也必然是毫无意义的。

语料的真实性可从语料加工处理的三个阶段加以管控。

1. 在语料收集阶段保证语料的真实性。汉语学习者在自然状态下用汉语所做的语言表述，如即时的自由谈话、私人书信、不借助任何参考文献和工具书的考试作文、课上限时作文、写作练习或作文的初稿均具有较高的真实性。因此，收集语料应以这样的语言表述材料为主，并以复印、扫描或拍照等方式收集最原始的语料，从源头上保证语料的真实性。

2. 在语料录入阶段应采取"实录"原则，以最大限度地保持语料原貌。录入时对语料中字、词、短语、句、篇、标点符号等方面的偏误及书写格式均须原样录入，不能做任何更改，以全面反映学习者的实际语言表现。对于口语语料库来说，在把口语形式的语料转写为书面形式的语料时，还应如实反映口语表达中的停顿、重复、语音偏误等语言现象。对于多模态语料库，还应标明与口语交际相伴随的表情与肢体语言。

语料录入时比较难以处理的是错字，因为"错字"是汉字中不存在的"字"，无法直接录入。与"造字""制图"相比，配附原稿的原始图片是相对较好的处理方法，即把考生所写的每篇原始作文扫描成图片，放在语料库中，并在录入版语料和原始图片之间建立链接。这种方法的优点是能够保证用户可以看到考生所写的汉字的真实面貌，而且相对简单，便于实现。其问题则是图片会占用较大的存储空间，另外录入版语料和原始图片中的错字不能直接对应定位，使用不是十分方便。

3. 在语料标注阶段也要忠实原作，尽可能保持语料原貌。为此目标，语料标注应采取的做法是对各种偏误现象"只标不改"，即只是指出语料中的偏误现象与偏误类型，而不做任何修正，因为修正会导致语料"失真"，影响研究结果的客观性。然而要彻底贯彻"只标不改"的做法是有困难的。详见下文。

（二）系统性

系统的语料能够反映学生的整个学习过程和完整的语言面貌，便于从各种角度对语料进行观察分析，在研究上具有重要意义。

语料的系统性体现在三个方面：（1）语料和学生的背景信息齐全，并能够一一对应；（2）通过考试和未通过考试的考生语料齐全，通过考试的考生中得到 A、B、C 各级证书的考生语料齐全；（3）同一名学生或同一个学生群体在不同学习阶段或不同年级的语料齐全——这部分语料非常重要，它可以使我们看到学生习得语言的各个阶段的具体情况和整个过程。

（三）平衡性

语料的平衡性指不同类型的语料在分布上应尽可能均匀，例如不同国籍、不同母语、不同学习时间、不同专业背景、不同专业方向、不同汉语水平的汉语学习者所产出的语料数量应该完全相同。

然而这样理解平衡性并不恰当。因为一方面现实情况根本无法达到这样"理想化的绝对平衡"。例如 20 世纪 90 年代至 21 世纪初，参加 HSK 高等主观性考试的考生以韩国、日本居多，东南亚考生也很多，而欧美考生很少，非洲、南美洲的考生更少，有的国家或地区甚至只有个别考生。现实情况如此，决定了我们无法从考生国籍的角度保证语料的绝对平衡性。另一方面，"理想的绝对平衡"其实也不应该是我们追求的，因为那并不符合汉语学习者的实际分布情况，也不符合参加汉语水平考试的考生的实际分布情况。

因此，我们必须实事求是地对不同类型的语料在选择上有所区别。例如从学习阶段和年级角度看，初级、中级、高级三个学习阶段、四个年级的语料数量应完全相同。从国别角度看，则应采取分层抽样的方法：考生或学生多的国家的语料多取；考生或学生少的国家的语料少取；只有个别考生或学生的国家的语料则暂时不取，因为研究所依据的语料太少将无法保证研究结论的客观性、普遍性与稳定性，因而是没有意义的。

（四）随机性

语料的随机性指语料不是主观随意地选取的，而是按照随机取样的方法选取出来的，这种取样方法能够保证"取样总体中的所有个体的被选概率是独立且均等的"，所选样本"对于取样总体具有更高的代表性"。（李文玲、张厚粲、舒华主编，2008：35）具体做法可以每隔若干篇抽取一篇，也可以通过计算机程序进行随机取样。在以往的汉语中介语语料库建设中，人们对取样的随机性重视不够，这在一定程度上影响了语料库的建设水平，进而影响到研究结论的可靠性与科学性。随机性是选取语料时极为重要的原则，必须坚决贯彻。

（五）有声性与有图像性

这条原则针对口语语料库和多模态语料库的建设而言。某些已建成的母语口语语料库或设计中的汉语中介语语料库，只是把声音文件转写成文本文件，并没有配备原始声音文件，也未加标注，实际上是文本形式的口语生语料库。没有声音文件，我们就不能了解汉语学习者的实际语音面貌，无法对语料进行声、韵、调等方面的考察与分析；没有视频图像，就不能观察肢体语言对口语交际的影响，不能全面、准确地了解言语交际的实际过程。如果这样就失去了口语语料库和多模态语料库的最大特点，无法体现其不同于文本语料库的最重要的价值。因此，口语语料库必须具备"有声性"特点，多模态语料库还须具备"有图像性"特点，配备与文本文件相对应的声像文件，以满足语音教学与习得等方面的研究需要。

（六）动态性

动态性指语料库中的语料可以按一定周期（例如学期或学年）进行充实与更新。其显著效益，一是可以使语料规模不断扩充，从而使基于语料库的研究及其结论具有更大的普遍性与稳定性；二是保持语料的新颖性，使语料库与时俱进，而不显陈旧。此外，软件系统的改进与升级可以扩展语料库的功能，提升语料库的使用价值，改进语料库的安全性以保证其安全运行，也应属于动态性的范畴。

二、语料加工的基本原则

（一）"偏误标注＋基础标注"的原则

现有的汉语中介语语料库大多对语料中的偏误现象做了不

同程度的标注，满足了偏误分析的需要，对汉语中介语的偏误分析起到了很大的推动与促进作用。然而偏误分析只关注语言学习者错误的语言表现，而完全忽略了学习者正确的语言表现；这种研究只看到学习者没有掌握哪些语言现象，而看不到学习者已经掌握了哪些语言现象，因而其认识是不全面的，其所做出的判断是不准确的。例如学界普遍认同把字句难、学生回避把字句之类的说法，但基于语料库的研究表明，至少对参加高等汉语水平考试的考生来说，把字句并不像人们想象的那么难。（张宝林，2010c）

　　要对汉语学习者的汉语习得情况形成准确而全面的认识，既要看其语言偏误，也要看其正确的语言表现，这就要把偏误分析提升为表现分析，或称为语言运用分析。"……语言运用分析方法分析的仍然是学习者的言语结果（product）。与错误分析不同，它不是只注意学习者的错误，而是注意学习者的所有言语（错误的、正确的），试图勾画出学习者语言发展的轨迹。"（孙德坤，1993）表现分析是从两个不同的角度对问题进行观察，看到的情况更加全面，做出的判断更加准确，因而是更优越的研究方法。（张宝林，2011a）而进行表现分析的前提，就是在语料库的建设中，对语料除了要进行偏误标注，还需进行基础标注。

　　基础标注是对语料中正确的语言现象进行标注，包括分词及词类序列标注；句子成分序列标注；句类、句型、句式类别标注；词、句的语体信息标注；语义信息标注；语用信息标注。

　　为了更好地对汉语学习者的语言表现进行考察分析，从而形成全面准确的认识与结论，汉语中介语语料库的语料标注应该包括偏误标注和基础标注两个部分，形成一种"偏误标注＋基础标注"的加工处理模式。（张宝林，2008a、2010b）

（二）"只标不改"的原则

汉语学习者产出的语料中广泛存在着各种各样的偏误现象，包括文字的、词汇的、语法的、语义的、语用的、语体的、标点符号的等等。对这些偏误的处理有两种办法：一是"只标不改"，即只是指出偏误现象，同时标明其性质与类型，而不做任何更正，其优点是能够"忠实原作"，保持语料原貌；二是"既标且改"，即除了指出偏误及其性质与类型之外，还进行相应的修改，好处是不但可以了解语料中的偏误，还能知道正确的表达方式。

上述两种处理方法各有所长，应根据使用者的实际需要选取恰当的方法。对于广大汉语教师和汉语教学与习得的研究者来说，标明偏误现象及其性质、类型以便于检索即可，无须对偏误现象进行修正。从这个意义上说，"只标不改"是恰当的方法。

"只标不改"可以满足偏误分析的需要，如做表现分析，则还需进行基础标注。基础标注的第一项内容就是由计算机自动进行分词和词性标注，"只标不改"在这里遇到了困难：字、词层面的偏误如果不进行修正的话，机器自动处理的分词和词性标注就将无法进行，或者会做出完全错误的分词与词性标注。因此，在进行字、词层面的标注时，对偏误需要"既标且改"。

（三）"人标机助＋机标人助"的原则

语料标注是一项十分繁重的工作，标注方法迄今为止仍然是以人力手工标注为主，即由人对各种语言现象进行判断，然后用预先设定的一套代码对相应的语言现象进行加工处理。为了减轻人的记忆负担，提高标注效率，也为了保证标注代码形式上的一致性，软件人员开发了一些标注工具，在一定程度上减轻了标注者的工作强度。这就是所谓的"人标机助"。

"机标人助"则是由计算机根据预先制定并植入其中的标注规范自动进行标注，然后由人工进行检查校对和补充修改。目前机器自动标注只在分词和词性标注这一层面上进入到了实用阶段，其他层面的自动标注尚处于实验室水平。

在目前的现实情况下，我们应在总体上采用"人标机助"的标注方式，同时，在分词和词性标注层面使用"机标人助"的方法，并充分发挥人的作用，在机器自动标注后的"人助"环节进行严格的审查与修正。

毫无疑问，随着科学技术的发展，新的技术手段为语料标注提供了更多的方法。例如可以采用数字墨水技术进行标注，以提高语料加工处理的效率与质量；还可以把数百万字已标注语料作为训练语料，尝试进行计算机自动标注。（张宝林，2010a）基于编辑距离算法，通过原句和修正句的自动比对，进而实现偏误自动标注的设想，（王洁、宋柔，2008）也是方法之一。

（四）"一错一标 + 一错多标"的原则

有些偏误现象从不同的角度看，可以视为不同性质与类型的偏误。例如"所以选专业的问题是最重要"，可以视为句尾缺少"的"的缺字偏误或缺词偏误，也可以认为是误加"是"的形容词谓语句的偏误或"是"字泛化的"是"字句偏误句，还可以看作"是……的"框架不完整的"是……的"句的偏误句。

对这类现象可以采取"从大"的原则，即在字、词、句、篇几个层面中，按照"从大到小"的顺序处理：首先看是否语篇的偏误，其次看是否句子的偏误，第三看是否短语的偏误，第四看是否词的偏误，第五看是否字的偏误，按此顺序逐一研判，而以大单位者优先。这种方法可以概括为"从大到小，一错一标"。

也可以采用"多标"的办法，即对同一个偏误现象，不考虑大小顺序，而是把所有可能的判断全部标出。例如上面的句子，可以把缺字、缺词、形容词谓语句偏误、"是"字句偏误、"是……的"句偏误等全部标出来。这是所谓"不分大小，一错多标"的处理方法。

就一般情况而言，采用"一错一标"的方法是完全可以的，这在 HSK 语料库的标注实践中已经得到了证明。然而当某些偏误现象可以为我们带来新的认识时，"一错多标"就很有意义了。例如上面的例子，缺"的"能使我们认识到"是……的"句的问题时，同时标为缺词和"是……的"句的偏误就很有必要。

（五）语料标注的全面性与科学性原则

作为通用型汉语中介语语料库（与专用型汉语中介语语料库相对而言），语料标注的内容必须全面，应在字、词、短语、句、篇、语体、语义、语用、标点符号等各个层面上对相关的语言现象进行标注，这样才能保证语料库功能的全面，从而更好地为汉语的教学与研究服务。

语料标注的科学性首先体现为"标注规范"的科学性。"标注规范"在繁简字体、异体字、数字用法、标点符号用法、异形词的判定方面均应以国家相应的语言文字规范为标准；分词及词性标注应以中华人民共和国国家质量监督检验检疫总局、中国国家标准化管理委员会 2006 年 9 月 18 日发布、2007 年 3 月 1 日实施的语言文字信息处理国家标准《信息处理用现代汉语词类标记规范》为标准；语法系统应以学术影响大、采用范围广、具有行业标准意义的语法著作和语法大纲为主要依据，例如国家汉办组织编写的《汉语水平等级标准与语法等级大纲》（1996）、《高等学校外国留学生汉语言专业教学大纲》（2002）、教育部中外语言交流合作中心组织编写的《国际中文教育中文水平等级标准》（2021）等。

科学性还体现为语料标注的一致性。对同一种语言现象，不论是词性、短语类型、句类句型句式，还是语体、语义、语用，所做的标注都应该是一致的，而不能此处为此，彼处为彼，前后不一，自相矛盾。

标注代码的前后完整，形式统一，也属于一致性的范畴。

语料标注中存在错误是难免的，语料规模越大，参与标注的人越多，就越是如此。从这个意义上说，没有标注错误的语料库是不存在的。问题的关键在于，必须通过制定标注规范、规范标注流程、对标注员进行严格有效的培训等方法，尽最大可能将错误率降到最低。同时应通过检测计算出标注的错误率，并在语料库的说明中明确告知用户，使用户了解依据该语料库进行的相关研究，其结论有多大的置信区间，可以在多大程度上相信这个结论。

毫无疑问，语料标注的全面性是以科学性为前提的。否则，全面性也就失去了其应有的意义。

三、语料库使用的基本原则

（一）开放性原则

目前已建成的汉语中介语语料库大多不向学界与社会开放，只有较少的人能够使用这些语料库。例如北京语言大学已建成的 5 个汉语中介语语料库，只有一个是无偿向全球开放的，即 HSK 动态作文语料库。该语料库于 2006 年末建成 1.0 版，立即向社会免费开放；2008 年该库升级为 1.1 版，同样向社会免费开放，用户分普通与高级两种，前者只能看到 100 条语料，后者则可以浏览全部语料，但不能下载。2010 年应用户要求，该库向全球用户全面开放，所有用户都可以看到全部语料，且可以下载，进一步方便了广大用户使用。2018 年 1 月该库重新开发了软件系统，版号升为 2.0 版。此次升级的原因是原有软件系统技术陈旧，已不能满足继续开放的要求。升级是为了继续开放，满足用户的使用需求。目前，该库注册用户已达 69248 人，访问量达 575159 人次；[①]已经发表的基于该库的偏误分析、表现分析与习得研究类学术论文达 6000 多篇。

我们认为，建设语料库的目的是为全球的汉语教学与研究服务，为广大汉语教师、科研人员、相关专业的本科生与研究生提供教学与研究的方便，这也正是语料库的根本价值所在。崔希亮教授指出：语料库不是艺术品，不是用来收藏的；而是实用性的工具，是供人使用的，其使用价值与使用人数成正比。非常准确地指出了语料库的基本性质与功能。

我们期待更多的语料库向社会开放，实现最充分的资源共享，为推动全球的汉语教学与研究服务。

（二）丰富性原则

即语料库可以呈现的语料内容丰富多样，能够满足用户多方面的研究需求。例如，语料库可供检索的内容应包括生语料、熟语料，偏误标注语料、基础标注语料。检索结果可以句子形式呈现，也可以语篇形式呈现。口语语料库应有音频形式的语料和书面形式的语料，多模态语料库还应有视频形式的语料。此外，语料库还应提供语料和语料作者的背景信息，为相关研究提供尽可能多的分析角度。

---

① 2022 年 6 月 11 日数据。

（三）便捷性原则

语料库的检索界面和检索结果的呈现方式应富于人性化、简洁易懂，使用方便，迅捷高效；用户检索的内容应分类清楚，可以随用户的意愿而分别或同时查询与显现；用户还应可以自主设置显示内容的多少，例如全部显示，部分显示；部分显示可以选取前边的部分，也可以选取后边的部分，还可以设定随机检索。总之，应能高效便捷地为用户服务。

本章小结

一、汉语中介语语料库是在国内外母语语料库建设和语料库语言学不断发展的影响下，因应对外汉语教学、汉语中介语研究和汉语作为第二语言习得研究的实际需求而产生的。它从无到有，从小到大，从少到多，今天已经发展到一个新的阶段，进入了以"精细而丰富"为基本特征的 2.0 时代。正如 Svartvik 三十年前所预言的那样："计算机将运行更快，体积更小，价格更低；语料库将规模更大，质量更好，利用率更高。"（Svartvik，1992）另一方面，教学与研究实践在功能、易用性、安全性等方面对语料库建设提出了更高的要求和新的挑战。汉语学界和语料库建设者应主动迎接这个新的时代和挑战，树立新的理念，用更高的标准进行设计和施工，增强语料库的功能与使用价值，使语料库更好地为国际中文教育的教学与研究服务。

二、毋庸讳言，汉语中介语语料库建设在蓬勃发展的同时还有很多不足之处，口语语料库建设尤其有其特殊性，存在诸多问题与难题。应通过多种渠道与方式研究并解决相关问题，促进语料库特别是口语语料库建设与发展。例如语料来源与分布，可以通过与国内不同高校的汉语教学单位的合作，与国外不同国家的大学中文系、中文部、孔子学院等汉语教学单位进行国际合作，解决语料的平衡性问题。应尽快研制口语语料的收集标准，规定录音的音量、声道、制式等技术标准；研究并制定口语语料的标注规范，包括标注的目的、原则、内容、方法、工具、代码等，以便于建库相关工作的开展，确保工作质量与效率。对口语语料来说，语音和语体是其显著特点，对其标注规范的研究应给予充分的重视。为了提高语料库建设的效率与水平，应开发基于网络的语料库建设平台，包括语料收集与转写转录系统、语料标注与审查系统、语料库管理系统、语料检索系统等，使语料库建设更加便捷、高效。

口语语料库具有十分重要的作用、意义与价值，与书面语 / 笔语语料库相辅相成而不能彼此替代。应充分认识口语库建设的重要性、必要性、紧迫性，积极开展口语库建设，更好地为对外汉语教学与相关研究服务。

三、大数据时代的典型特征是数据公开，资源共享，但在汉语中介语语料库建设与应用研究领域始终未做到全面的资源共享。实际上，对外开放的语料库只有北京语言大学的 HSK 动态作文语料库、中山大学的汉字偏误连续性中介语语料库、暨南大学华文学院的留学生汉语中介语语料库，以及北语牵头国内外众多汉语教学单位参加建设的全球汉语中介语语料库。除此之外的语料库均尚未开放。这是不符合语料库建设的根本宗旨的，也是不符合今天的时代特征与要求的。我们期待并相信，随着时代的发展，观念的进步，会有越来越多的语料库对外公开，实现广泛的资源共享。

四、语料库给汉语作为第二语言的教学与相关研究带来了极大变化，起到了极大的推动作用，把过去那种小规模、经验型、思辨性研究提升到了一个新的水平，即基于大规模真实语料的、定量分析与定性分析相结合的实证性研究，极大地提高了研究结论的客观性、稳定性和普遍性。同时，基于语料库的汉语中介语研究、习得研究面临瓶颈，急需寻求新的突破。根据目前的现实情况，如果对偏误的考察不能摆脱四大偏误类型、五大偏误原因的桎梏，倒不如按照大数据的思路，依据语料库，采用探索研究的方式，通过考察、分析、概括，切实搞清楚汉语中介语的实际情况。然后从学习者的国籍、母语、年龄、学习时间、学习地点、学习方式、学习动机、汉语水平等角度考察与学习者中介语状况相关的因素。搞清这些相关因素对教学无疑是有很大帮助的。至于影响学习者中介语状况形成的真正原因，影响的实际过程，作用大小等，可能有待于新的理论和研究方法的指导与助力。

第二章 HSK 动态作文语料库的设计与功能

HSK 动态作文语料库是母语非汉语的人参加高等汉语水平考试（HSK 高等）[①] 作文考试的答卷语料库，收集了 1992～2005 年的部分考生的作文答卷。语料库 1.0 版收入语料 10740 篇，约 400 万字，于 2006 年 12 月下旬建成上线。2008 年 7 月，经修改补充，语料库 1.1 版语料总数达到 11569 篇，共计 424 万字。2018 年 1 月，针对网络安全问题，该库重新开发了软件系统，语料数量并未增加，但提高了系统的安全性，增强了系统功能，提高了使用的便捷性。

汉语水平考试作文答卷是汉语学习者在参加标准化汉语水平考试时的即时表现，最真实地反映了考生实际的汉语书面表达能力和写作水平。HSK 动态作文语料库的建设是一项基础性研究工作，可以为广大汉语教师、研究人员，以及所有对汉语的学习与研究感兴趣的人士，提供一个研究的平台。该语料库的建立，可以使研究者通过语料库方法深刻洞悉真实的学习者语言特征，最终服务于外语教学。（参甄凤超、张霞，2004）这

[①] 指北京语言大学汉语水平考试中心研制的"老 HSK"。

对汉语二语教学与研究具有重要意义。

语料库自建成之日起，即秉持"为汉语教学与研究服务"的理念，始终坚持免费向海内外各界用户开放，极大地促进了汉语作为第二语言的教学与相关研究，取得了十分显著的学术效益。截至 2022 年 4 月 27 日，注册用户数为 66672 人，访问量达 540543 人次；在中国知网（CNKI）中查询，依据该语料库进行相关研究并已发表的各类论文达 6081 篇①。

在全球汉语中介语语料库问世之前，HSK 库可谓语料规模最大、标注内容最多、背景信息最丰富的汉语中介语语料库。即便在今天，仍然是注册用户最多、访问量最大、产出学术论文最多、最具有影响力的汉语中介语语料库。这样一个语料库产生于何种背景？具有怎样的建设目的？该库 1.0 版、1.1 版、2.0 版的建设构想、设计理念、特色与功能是怎样的？本章即探讨这些问题，说明与解释相关情况。

第 1 节　建设构想

一、建设 HSK 动态作文语料库的意义和用途

HSK 高等汉语水平考试自 1993 年开始正式实施，作文考

---

① 检索范围为总库中文，检索方式为句子检索，检索式为"同一句：HSK、动态作文语料库"。

试作为其中的主观性考试之一，截至 2003 年，经过 11 年的积累，已有 2 万多篇考生作文，字数将近 1000 万，并且还在逐年增加。这些考生作文对对外汉语教学与研究来说是用途非常广泛的宝贵财富，如果加以充分利用，可以发挥十分重要的作用。然而，长期以来这些财富并没有得到及时的整理和充分的开发，甚至可以说完全没有得到利用，而是常年闲置在仓库中，这是非常可惜的。

HSK 动态作文语料库正是针对上述情况，由国家汉办立项、由北京语言大学崔希亮教授主持的一个科研项目。

HSK 动态作文语料库收集自 1992 年以来（1992 年的作文答卷为试测答卷）历年汉语水平考试高等考试中的全部作文答卷，全面而完备；而且，作为动态的语料库，随着汉语水平考试的不断进行，语料的不断增加，语料库将不断得到充实。

该课题初建语料库的建设规模：收集 1 万篇左右考生作文、约 400 万字的语料。其余部分随后逐步建设。

HSK 动态作文语料库的研制，首先将为汉语水平考试研究提供一个基础平台。例如主观性考试的客观化评分问题，特别是利用计算机进行阅卷评分的问题，是一个亟待解决的问题，又是一个很难解决的问题，其主要原因之一是无法对考生的主观性试题答卷进行规模分析。作文考试是主观性考试，目前采用的评分方法是总体等级评分，评分标准共分 5 级，又细分为 12 个小级；由两名阅卷员交叉阅卷，分别打分，最后取平均分作为考生的作文成绩。这样的方法，不仅费时费力，而且往往受到阅卷员的兴趣爱好、欣赏习惯、心态情绪和疲劳程度等多种主观因素的干扰，从而造成评分时的误差，这对考生显然是缺乏应有的公正的。因此，最大限度地降低乃至排除主观性试题评分的主观性，实现客观有效而又快捷迅速的作文评分计算机化，是研制本语料库的首要目的。

要实现这一目标，必须解决两大难题。其一是确立能够全面、客观地反映考生写作水平的作文分项评分标准及各项标准所占的比重，即根据作文评分标准的主要特征，把作文评分标准分解为若干不同的标准项，并按照一定的模式合成分数；其二是计算机能否根据已经确立的作文分项评分标准自动而准确地从考生作文中提取出相关信息，这不仅依赖于汉语本体研究的相关成果，如句法、语段、篇章方面的研究成果，同时也取决于中文信息处理技术的发展水平。

美国 ETS（Educational Testing Service）的作文自动评分系统"电子评分者"（Electronic Essay Rater，即 E-rater）已经研制成功，其与人工评分的相关度在 0.87 到 0.94 之间。HSK 动态作文语料库可以借鉴 E-rater 的理论基础和成功经验，研究把汉语作为第二语言学习者的作文自动评分系统。

HSK 动态作文语料库是母语非汉语的外国人（另有部分国内非汉族考生）学习汉语的中介语语料库。据建库者所知，在 HSK 动态作文语料库之前，国内外汉语中介语料库只有一个，即北京语言学院于 20 世纪 90 年代中期研制成功的汉语中介语语料库系统。汉语水平考试方面的语料库尚付阙如，中介语的动态语料库即可以随时或定期更新的语料库也属未见。因此，HSK 动态作文语料库可以填补国内外汉语中介语语料库研制的一项空白。

运用该语料库，研究者可以进行多方面的研究。例如汉语中介语研究、第二语言习得研究、对外汉语教学理论研究、对外汉语教材研究、汉语水平考试研究、汉外语言对比研究、面向汉语二语教学的汉语本体研究，等等。这些研究对提高汉语教学、汉语测试、汉语本体研究的水平，都具有重要意义。而语料库方法的运用，也将使这些研究建立在更扎实的基础上，使研究结论具有更广泛的普遍性和更充分的科学性。因为"语料库方法在语言研究中的一个重要作用就是可以为研究者提供更一般的、经验的语言数据，这些经验数据可以使语言学家做出的结论更客观"。由于对"语言事实的观察是可以定量统计的"，研究中可以避免对某种语言现象使用"频度和罕见度的主观臆测"。（参黄昌宁、李涓子，2002：153-156）通过字、词、句、篇各种层次上的统计分析，可以充分了解考生使用字、词、句、篇的基本情况，哪些字词句使用频度高，哪些使用频度低，哪些容易出错，哪些错误最为典型，等等，从而为汉语教学与测试提供重要的参考与依据。所谓"例不十，法不立；例外不十，法不破"的做法，以语料库的方法来看，数据规模是十分有限的。

考生作文中包括考生在使用汉语进行书面表达时出现的种类繁多的语病，包括字、词、句、篇等多方面的使用错误，我们可以把它看作非汉语母语者学习汉语的一个"语病诊所"（于根元主编，1999：69）。从这个诊所中，我们可以观察到学习者在学习汉语过程中会在哪些方面出现错误，会出现什么样的错误，并对这些错误进行类型分析，对各种类型的错误进行统计分析，从而得出考生在汉语使用方面的错误序列，以及错误程度、频率方面的序列。这对汉语中介语研究具有重要意义，对汉语教学同样具有重要意义，对汉语测试的积极作用也是显而易见的。

作文语料库不仅是一个包罗万象的"语病诊所"，也是考生学习汉语的一个成果展示场所，作为参加高等考试的考生，除存在的错误之外，更多的是对汉语的正确使用。而中介语研究既要对中介语进行描写，又要对中介语的形成过程进行分析；它既重视错，也重视对，从而发现第二语言学习规律。（鲁健骥语，转引自于根元主编，1999：72）

虽然由于缺乏足够的语境，"迄今，在语用学和话语分析中基于语料库方法的研究还很少"（黄昌宁、李涓子，2002：158），但在书面语语料库中，特别是作文语料库中，已为篇章研究提供了充足的上下文语境，可以进行深入的语段篇章分析。

语料库对教材的编写具有重要意义。它不仅提供了大量的真实例句，而且提供了语句的具体使用环境及用法的多样性，能为语言教学提供更普通的实例，从而有效地避免教材对教学的某些误导。（参黄昌宁、李涓子，2002：159-160）

该语料库是中国汉语水平考试作文考试考生答卷的第一个语料库，将对以往历年考试的作文答卷进行全面整理，将每一张答卷通过电子扫描的方法录入计算机，从而彻底改变以往作文答卷管理中的落后局面。因此，该语料库的建立标志着对考生作文答卷的管理，开始向着规范化、科学化和现代化的方向迈进。

二、主要内容

（一）原始语料

即历年汉语水平考试高等考试考生作文答卷。有手工录入与电子扫描两种版本。

（二）考生相关信息

包括：考生姓名（以代码形式出现）、国别、性别、年龄、母语、汉语学习时间、作文长度、作文分数、口试分数、客观试卷中听力、阅读、综合各部分分数和客观卷总分分数、汉语水平等级、考试时间、考试地点等。

（三）字信息

包括：字量及字频统计、错字数量统计、错字类型分析、别字数量统计、别字类型分析、繁体字数量统计。

（四）词信息

包括：分词、词量及词频统计、词性标注、词类统计、词类偏误类型分析、词类偏误统计分析、词语使用错误类型分析。

（五）句信息

包括：考生使用的汉语基本句型统计、考生使用的汉语特殊句式统计、基本句型使用错误类型统计与分析、特殊句式使用错误类型统计与分析。

基本句型包括：主谓句、非主谓句、动词谓语句、形容词谓语句、名词谓语句、无主句、独词句。

特殊句式包括：把字句、被字句、"比"字句、"连"字句、"是"字句、"是……的"句、"有"字句、连动句、兼语句、存现句。

（六）篇章信息

包括：句间连接手段的统计与分析、句间关联词语使用情况的统计与分析、省略的统计与分析、语义表达手段的统计与分析。

（七）软件研发

编制各种辅助软件、语料库的管理软件和检索软件，解决各个子库及其内容之间的链接问题、各种相关信息的调入与切换问题。

（八）问题研讨

探索动态语料库随着语料的不断增加而带来的语料库动态加工管理办法，解决新增语料的加工处理与分类入库问题。

三、基本结构

第一级：界面，HSK 动态作文语料库。

第二级：粗语料库、精语料库（均以考试时间、地点、考生国籍、考号为序）。

第三级：考生信息库、字信息库、词信息库、句信息库、篇章信息库（粗语料库只有原始语料和考生信息库）。

四、建库原则

（一）真实性原则

由于该语料库把考生作文原件扫描进电脑，作为电子版本存于语料库中，因此本语料库完全保持了考生作文的原貌。考生作文中的全部信息——从汉字的一笔一画到词语的搭配组合，从句子的结构到篇章的安排，不论是正确的表述还是错误的用法，全部得到了保留，从而最大限度地满足了真实性的要求。而在手工录入版本中，虽然录入的是正确的汉字，但给每个实际上是错别字的字都做了标记，看到相应的标记，用户即可到电子扫描版本中去查找对应的文字，以考察考生使用汉字的错误情况。

作为一种参照的对比，该语料库也对一部分（108 万余字，约占全部语料的四分之一）手工录入的考生作文采取了完全"忠实于原作"的录入方法，即对考生作文不做任何修改订正，病句、错字、别字、繁体字、生造字、格式、标点等均原样录入，保持原文原貌。

之所以把真实性作为该语料库的首要原则，目的是要为研究者提供最原始、最准确的研究资料。

（二）全面性原则

语料是描写和研究中介语的基础，如果语料不完整、不系统，那么在此基础上描写的中介语就不准确。（孙德坤，1993）HSK 动态作文语料库大大超越汉语中介语语料库系统 100 万字的规模，达到 400 万字，后将逐步达到 1000 万字左右。而且，作为动态语料库，随着考试的不断进行，语料还会不断增加，从而为各方面的研究提供广泛而坚实的基础。

建库的最终目标是：将历年 HSK 高等考试中的作文答卷、包括 1992 年的试测作文答卷，全部收入语料库，研究者可以查到自 1992 年以来的任何一次考试的任何一篇考生作文。

（三）平衡性原则

按照全面性原则收入的作文语料，首先将建成一个粗语料库，存有历年 HSK 高等考试中的全部作文的原始语料；在此基础上，再按照考试时间、考试地点、考生国别、考生序号等几个角度，随机抽取相等字数的语料进行精加工，建成精语料库。

所谓平衡性原则也就是语料的等量原则，主要指不同国别、不同母语背景的考生的作文数量及字数相等。遵循这一原则的好处是，可以为研究者在不同母语背景的汉语学习者之间进行比较分析时提供极大的方便。

（四）简洁性原则

对语料的各种统计分析结果的说明描述，在保证清楚明确的前提下，尽可能简练。

（五）方便性原则

语料库界面友好，使用方便。按照语料库中的使用说明，可以进行各种相关信息的查询、检索、统计等。除便于读者使用外，对后续语料进行动态加工处理也是非常方便的。

（六）开放性原则

建设语料库的根本目的是促进国内乃至全球汉语教学事业的发展，为此，建库者愿意为广大汉语教师和研究者提供一个基础平台，为对外汉语教学和研究服务。语料库建成后交由国家汉办提供给对外汉语教学的同行们使用，并在国家汉办允许的前提下，把它放在北京语言大学科研互动网的网页上公开展示，供对外汉语教学领域的教师和研究者免费浏览、使用（仅限于非商业目的），也向对汉语教学和对汉语研究感兴趣的其他各界人士免费开放（同样限于非商业目的）。建库者认为，使用语料库的人越多，才越能体现工作的价值，也才能真正发挥语料库的作用。

五、一些可预见问题的处理方法

（一）错别字的处理

在作为参照的对比的那部分语料中，为了保持语料的真实性，在进行语料录入时必须忠实于原作，保持语料文本的本来面目，所有句子（包括病句）都必须按照原样录入，错别字也必须"将错就错"，而不许"改邪归正"。

别字好办，错字则需要利用造字程序进行造字。

如实录入错别字可能造成的问题是，在利用计算机软件对语料进行分词处理和词性标注时，遇到错别字会无法处理或做出错误的处理。

建库者采取的解决方法是，在遇到错别字时，先录入正确的字，然后再录入错别字并以括号标出：错字用中括号标示，别字用大括号标示。如：

1. 罚［X］款，表示把"罚款"的"罚"写成了"X"。

2. 追［Y］求［Z］，表示把"追求"写成了"Y、Z"。①

3. 个［亻＋个］人，表示写"个人"的"个"时多加了一个单人旁。

4. 卫［卫－一］生，表示写"卫生"的"卫"时丢掉了一横。

5. 提｛题｝高，表示把"提高"的"提"写成了"题"。

6. 导致｛至｝，表示把"导致"的"致"写成了"至"。

录入正确的字是为了保证程序能够正确地自动分词和标注词性；录入考生的错别字是为了保持作文原貌。

需要说明的是，括号连同其中的错别字，都可以通过计算机程序自动删除，也可以自动恢复。这样，我们既保留了考生作文的原始面貌，可以对学生的错别字进行检索统计，又可以

---

① 因不便录入，仅以"X、Y、Z"代替实际写错的字。

在分词、标注词性以及词句篇章处理等无须显示学生的错别字时，将这些错误信息删除，以便于迅速而顺利地进行相关处理。

（二）标记符号

［］：错字标记，用于标示不成字的字，笔画部件不完整或多余的字。如：［Ｘ］款（罚款）、［亻＋个］人（个人）。

｛｝：别字标记，用于标示把甲字写成乙字的情况。如：｛题｝高（提高）、导｛至｝（导致）、｛磁｝器（瓷器）。

｛FT｝：繁体字标记，用于标示繁体字。如：记忆｛FT憶｝、营养｛FT養｝。

｛PY｝：拼音字标记，用于标示以拼音代替汉字的情况。如：缘｛PYyuán｝分。

｛KQ｝：空缺字标记，用于标示空着某字不写的情况。

｛CB｝：错误标点标记，用于标示错误的标点符号。如：父母是个注重教育的家长，｛BC、｝孩子就喜欢学习，｛BC、｝把学习当成自己的第一个重要任务，｛BC、｝对孩子以后的成长非常有利。

｛KB｝：空缺标点标记，用于标示应用标点符号而未用的情况。如：周围的环境很安静｛KB，｝生活也非常平凡。

｛CJ｝：病句标记，用于标示错误的句子。

｛CP｝：篇章错误标记，用于标示篇章错误。

（三）分词与词性标注

中文信息处理涵盖了字、词、短语、句子、篇章等多层面的信息加工处理任务。当前汉语信息处理的主战场已从"字处理"转移到"词处理"。由于中文文本是按句连写的，词间无间隙，因而在中文文本处理中，首先遇到的问题是词的切分问题。按句连写转换为按词连写，词的正确切分是进行中文文本处理的必要条件。（参刘开瑛，2000：2）

词是语言中最小的能独立运用的单位，利用计算机把汉语的一个句子、一篇文章、一部著作中的单词，逐一地切分出来，才有可能对汉语进行进一步的分析。……词是汉语语法和语义研究的中心问题，也是汉语自然语言处理的关键问题。（参冯志伟，2001：109）对 HSK 动态作文语料库来说，除字处理之外，对词、句、篇章的处理都要在词的基础上进行，因此，分词在语料库的建设中具有十分重大的意义。

理想的分词系统应该具有广泛的开放性、较高的通用性和实用性。鉴于汉语的词与语素及短语的界限不甚分明，以及歧义字段、未登录词（包括中外人名、中国地名、机构组织名、事件名、货币名、缩略语、派生词、各种专业术语以及在不断发展和约定俗成的一些新词语）识别上的困难，以及语缀、动词重叠形式切分后语义解释上的困难（参刘开瑛，2000：2；宋柔，1997），我们主要采用词典匹配的方法进行自动分词，自动标注词性，然后人工校对；并根据最终分词结果补充分词底库。根据初步的试验性研究，利用北京语言大学汉语水平考试中心现有的 8000 词词库进行分词处理，效果还是比较理想的。

存在的问题之一是：学生的词语错误可能会造成分词及词性标注的错误。例如考生把"世界"写成了"界世"，"范围"

写成了"围范","解决"写成了"决解","时间"写成了"间时","恶劣"写成了"劣恶",等等。遇到这种情况,分词程序大概会把它分成两个词。一个平行的例子是,清华大学孙茂松在对新华社新闻语料库 XH-CORPUS 中的汉语搭配进行计量分析时,由于词典中没有"调控"一词,自动分词系统因而把"调控能力"切分为"调 / 控 / 能力"。(黄昌宁、李涓子,2002:195)为了避免此类问题出现,借鉴有些校对系统将含有易错字的词和词组作为分词单位的做法,(参宋柔,1997)建库者在校对语料时遇到这样的词就把它记下来,分词前输入词表,从而保持分词的正确。这个方法虽然笨一点儿,但可以保证分词的正确。

（四）句法分析

1. 断句。

计算机依据六种标点符号,即:逗号、分号、句号、问号、感叹号和冒号,自动断句,并进行人工干预。

2. 句法分析。

计算机根据词性标注,进行动词谓语句、形容词谓语句、名词谓语句、主谓谓语句等基本句型的分析;根据关键词进行特殊句式的分析,例如:把字句、被字句、"连"字句、"比"字句、"有"字句、"是"字句、"是……的"句,等等。

（五）篇章处理

计算机根据词性标注及若干定义,进行关联词语的统计分析。

（六）软件编制与调试

语料检索软件。符合特定条件的检索与模糊检索，主题检索和全文检索；各种检索情况的相关统计。

具有自学习功能的动态语料库管理软件。

六、HSK 动态作文语料库的局限性

首先，使不同类型的语料数量均衡是本语料库的一个基本原则，是建库者努力追求的一个目标。但有些国家的考生很多，有些国家的考生则较少，有些国家的考生甚至很少；因为考生少，所能收入的作文数量自然有限，因此，所谓"平衡性原则"只能是相对而言的。

其次，由于该语料库主要是利用计算机进行自动分析，因此在句法和篇章方面所能进行的分析以及分析的深度，也是有限的。

第 2 节　特色与功能

一、背景与概况

HSK 动态作文语料库是在语料库语言学蓬勃发展、母语语料库建设蔚为大观的时代背景下，在对外汉语教学研究强调深入、细致的定量分析的要求下开始建设的。

从 20 世纪 60 年代开始，经过 20 年的沉寂、复苏与发展，语料库建设遍及全球。其中母语语料库发展非常迅速，不仅数量众多，规模也在不断扩大。汉语母语计算机语料库出现较晚，但同样发展迅速。20 世纪 90 年代开始，中国大陆开始建设汉语中介语语料库，例如北京语言大学的汉语中介语语料库系统。但其语料规模较小，且没有公开，使用不便。（参陈小荷，1996a）

在这种情况下，HSK 动态作文语料库通过立项，开始建设。它是由国家汉办立项、由北京语言大学崔希亮教授主持的一个科研项目，项目编号：HBK01-05/023。该项目于 2003 年 7 月正式启动，语料库 1.0 版于 2006 年 12 月建成上网并向全球开放。经调试、修改、补充，语料库 1.1 版于 2008 年 8 月向用户开放。语料库网址：http://202.112.195.8/hsk/login.asp[①]，经简单注册即可登录使用。用户也可以登录北京语言大学校园网主页、图书馆、汉语水平考试中心、语言研究所、语言信息处理研究所的网页进入语料库。

二、特色

（一）语料典型，填补空白

语料库收集的作文语料是汉语学习者参加高等汉语水平考试（HSK 高等）的作文答卷。这些语料具有真实性、全面性、平衡性、单纯性等特点。

---

① 　该库 2.0 版网址为：hsk.blcu.edu.cn。

真实性：这些语料是考生在标准化考试中的即时表现，在历次考试中所有考生的考试题目、考试条件完全相同，是考生汉语水平的自然表现，最真实地反映了考生实际的汉语书面表达能力和写作水平。"语料库最基本的用途就是去发现隐含在语言中的最本质、最典型的东西。"（黄昌宁、李涓子，2002：38）而这种基本用途的实现显然是基于语料的真实性的，可见，考生的这种即时作文语料对汉语的教学与研究都具有十分重要、不可替代的实用价值。（张宝林，2006）

另一方面，由于考生作文原件全部保存于语料库中，考生作文中的信息全部得到了保留，最大限度地满足了真实性的要求，可以为用户提供最原始、最准确的研究资料。

全面性：语料库抽取历年 HSK 高等考试中的部分作文答卷（包括 1992 年的试测作文答卷），将其收入语料库，研究者可以查到自 1992 年以来历年的考生作文，可以研究参加 HSK 高等作文考试的考生的历时表现。

平衡性：语料库在原始语料的基础上，随机抽取了不同国别不同母语背景的考生的相等字数语料，建成精语料库。需要说明的是，限于 HSK 考试亚洲国家考生多、欧美国家考生少的实际情况，这种平衡性实际上是有限的。

单纯性：指语料来源单纯。"对研究者而言，语料来源是否单纯会在一定程度上影响研究结果的精确性。"语料来源单纯，"便于对不同母语背景、不同水平等级学习者的汉语学习特点和规律进行观察分析"。（张博，2008）语料库收集的语料皆为母语非汉语的人参加 HSK 高等作文考试的作文答卷，来源非常单纯，避免了学习者在不同输出环境、面对不同题型、题目时可能出现的语言表现的波动与差异，对研究十分有利。

语料的上述特点，使其能够全面反映高级阶段汉语学习者的汉语水平，因此这些语料是非常典型的。

HSK 动态作文语料库将其加以整理、标注、入库，使其可以非常便捷地检索、输出、利用，是中国汉语水平考试作文考试考生答卷的第一个语料库，也是母语非汉语的学习者学习汉语的中介语语料库。在它之前，汉语水平考试方面的语料库尚付阙如，可以随时或定期更新的动态语料库也属未见。因此，HSK 动态作文语料库填补了国内外汉语中介语语料库研制的一项空白。（张宝林、崔希亮、任杰，2004）

（二）规模较大，用途广泛

HSK 动态作文语料库收集了 1992 ～ 2005 年的部分考生的作文答卷，语料库 1.0 版收入作文答卷 10740 篇，约 400 万字；1.1 版扩充到 11569 篇语料，约 424 万字。语料库中的全部语料皆为熟语料，从字、词、句、篇、标点符号等方面进行了细致的偏误标注。从当时（2003 年到 2006 年）汉语中介语语料库建设的情况看，该语料库在语料规模上是最大的，在标注的内容上是最全面的。

作为动态语料库，该语料库是可以扩充、更新的。随着考试的不断进行，语料库规模将会不断增加，版本不断升级，从而为各方面的研究提供更加广泛而坚实的基础。

该语料库是母语非汉语的汉语学习者学习汉语的中介语语料库。运用语料库中的作文语料，可以进行对外汉语教学的多方面研究。例如汉语中介语研究、第二语言习得研究、对外汉语教学理论研究、对外汉语教材研究、汉语水平考试研究、与对外汉语教学相关的汉语本体研究等。这些研究对提高汉语教学、汉语测试、汉语本体研究等方面的水平，都具有重要意义。

语料库方法的运用也将使相关研究建立在更为扎实的基础上，使研究结论具有更广泛的普遍性和更充分的科学性。例如：利用语料库 1.0 版进行的调查表明，参加高等汉语水平考试的考生把字句的使用率为 0.092%，其中正确率为 87.48%，偏误率为 12.52%。由此看来，至少对高级阶段的学习者来说，把字句似乎并不是那么难学。（张宝林，2008b、2011a）

又如：通过语料库 1.1 版的调查发现，考生用到的词汇总数为 2825427 个，不同的词 27065 个。其音节构成及与《汉语水平词汇与汉字等级大纲》（国家汉办汉语水平考试部，1992）对比的具体分布情况为：

表 2-1　大纲已用词语

	单音节	双音节	三音节	四音节	固定格式 [①]	合计
甲级	391	529	16	2	7	945
乙级	497	1290	59	4	8	1858
丙级	339	1450	55	25	8	1877
丁级	337	2182	65	104	3	2691
合计	1564	5451	195	135	26	7371

---

　　① 固定格式指"边……边……、除了……以外、从……到……、当……的时候、到……为止、对……来说"之类。

表2-2　大纲未用词语

	单音节	双音节	三音节	四音节	合计
甲级	0	5	5	5	15
乙级	9	53	23	7	92
丙级	48	177	21	10	256
丁级	118	646	61	43	868
合计	175	881	110	65	1231

　　据此来看，《汉语水平词汇与汉字等级大纲》规定的8822个词的数量就十分可疑了，中高级阶段教材中大量的超纲词的作用似乎也需要重新认识。（张宝林，2008c）

　　如果不是基于语料库，我们很难得出这样的结论。毫无疑问，由于语料库规模较大，这些结论的客观性、普遍性与稳定性也是值得信赖的。

（三）语料版本功能各异，标注全面细致科学

　　语料库提供给用户的作文语料有两种版本：标注版语料和扫描版语料。标注版语料是把考生作文答卷人工录入电脑并经人工标注各种中介语偏误的语料，扫描版语料指考生原始作文答卷的电子扫描语料。检索系统可以根据标注版语料进行各种偏误检索和关键字、关键词及字符串检索；扫描版语料原样呈现作文答卷的原始状态，可以使用户最直观地看到语料原貌，对"中介汉字"研究尤其具有非常重要的实际意义。

　　语料标注内容包括字处理、词处理、句处理、篇章处理、

标点符号处理等五个方面。

1. 字处理：包括错字标注、别字标注、繁体字标注、异体字标注、拼音字标注、漏字标注、多字标注。

2. 标点符号处理：包括错误标点标注、空缺标点标注、多余标点标注。

3. 词处理：包括错词标注、缺词标注、多词标注、外文词标注、离合词错误标注。

4. 句处理：包括句子成分残缺或多余的错误标注，各种特殊句式、语序、动词重叠的错误标注，句式杂糅、未完句标注。

5. 篇章处理：包括句间连接手段的错误标注，语义表达方面的错误标注。

如此全面、多样的标注内容在当时的汉语中介语语料库建设中尚属首例。

语料库的科学性是语料库建设的基本前提，其重要表现之一是语料标注的正确性、准确性和一致性。为此，在语料库建设过程中由三批不同的专业人员（均为现代汉语相关专业方向的研究者和学习者，包括专职研究人员、教师和研究生）对1600多篇作文答卷进行试标。通过三次实验性标注，并吸取语言研究和语言信息处理研究方面的最新成果，形成了一个比较完备、实用的标注规范，标注必须严格按照规范进行。为提高效率并在一定程度上保证标注的一致性，由软件设计人员开发了辅助标注工具。全部标注人员都经过多次培训，较为深入地理解了标注规范，熟练掌握了标注工具的使用方法。对标注内容正误的最终判定完全依据国家相关的语言文字规范与标准，以及权威工具书，例如《简化字总表》《第一批异体字整理表》《标点符号用法》《现代汉语词典》等。考虑到语料标注的标准化与规范化，以及语料资源的共享，分词及词性标注是依据教育部语言文字应用研究所研制的国家标准《信息处理用现代汉语词类标记规范》进行的，并采用教育部语言文字应用研究所的系统进行自动分词和词性自动标注。

（四）统计信息丰富，考生背景信息完备

语料库专门设有"统计"项目，包括各种用字错误统计，总的字频统计；各种用词错误统计，总的词频统计；各种句子成分的残缺与多余统计，各种句子错误的统计，以及篇章错误的统计。

为了方便用户更充分地使用这些作文语料，语料库提供了下列考生信息：国籍、性别、考试时间、作文题目、作文分数、口试分数、客观性考试中的听力理解测验分数、阅读理解测验分数、综合表达分数、参加高等汉语水平考试的总分、是否得到汉语水平证书以及证书等级。这些信息为进一步分析语料提供了条件，可以将这些信息作为语料的相关参数进行相关分析。

（五）界面友好，使用方便

语料库界面简洁明快，首次登录经简单注册即可使用。按照语料库中的使用说明，可以非常方便地进行各种相关信息的

检索、统计。除便于读者使用外，对后续语料进行动态加工处理也是非常方便的。

各种标注代码采用汉语拼音的首字母或全拼显示，易于联想，便于理解和记忆。例如：［B］表示别字，｛CLH｝表示离合词偏误，｛CJba｝表示把字句偏误。

语料查询可以按照考生国籍、考试时间、作文题目、作文分数、证书级别、作文题目＋考试时间等6种方式进行检索。

检索到的语料可全部显示，也可限定数量部分显示。

检索语料时，可以预先设定和语料一起显示的考生信息和语料信息，这些信息可以在语料后面和语料同时输出。

（六）免费开放，服务教学科研

HSK动态作文语料库的建设是一项基础性研究工作，目的是为广大汉语教师、研究人员、相关专业的研究生和高年级本科生以及所有对汉语的学习与研究感兴趣的人士，提供一个考察和研究的平台，（张宝林、崔希亮、任杰，2004）为对外汉语教学和相关研究服务，促进国内乃至全球汉语国际教育事业的发展。因此，语料库供广大汉语教师、研究人员、对外汉语相关专业的研究生和本科生免费浏览、使用，也向对汉语教学和研究感兴趣的其他各界人士免费开放（均限于非商业目的）。语料库自2006年12月建成开放至今（2022年9月12日），注册用户已达71304人，体现出了该语料库的使用价值。语料库的价值在于使用，使用的人越多，越能体现语料库的价值，也才能真正发挥其作用。

三、功能

（一）字符串检索

这种检索实际上是一种关键词检索，可以查询三种对象：汉字、词、短语。其中字、词两种查询可以检索所有对象，也可以只查询存在各种偏误的字、词。而短语查询只能检索到所有对象。

字检索举例：

学：语料库中共有该字 23683 个，其中存在各种偏误的有 810 个。例如：

（1）我学［C］的是中国历史和文化。（"学"在原文中是一个写错的字）

（2）本人为新加坡南洋大学一九八七年工商行政管理学［F学］系毕［F畢］业生，……（"学"在原文中是一个繁体字）

（3）我喜欢看现代文学［L］家郁达夫的小说。（"学"在原文中是一个被漏掉的字）

词检索举例：

学习：语料库中共有该词 4495 个，其中存在各种偏误的有 38 个。例如：

（4）在｛CD 学习｝业余大学［BQ，］我开始做｛CC 作｝模特工作。（"学习"一词多余）

（5）我在小三年级就开始〔CQ 学习〕书法。（缺少"学习"一词）

（6）在韩国，我所学的东西〔CC 学习〕都是为了高考。（误用"学习"一词）

短语检索举例：

学习汉语：语料库中共有该短语 674 个。例如：

（7）我真的喜欢学习汉语。

（8）这不仅是让我学习汉语，还让我学会人生。

（9）学习汉语〔F 語〕有其苦处〔F 處〕也有其乐处〔F 處〕。

（二）错句检索

可以检索到的错句包括：把字句、被字句、"比"字句、"连"字句、"有"字句、"是"字句、"是……的"句、兼语句、连动句、双宾语句、形容词谓语句、存现句、语序错误、动词重叠错误、固定格式错误、句式杂糅、未完句、错句存疑，以及主语、谓语、述语、宾语、补语、定语、状语、中心语等八种句子成分的残缺和多余错误。例如：

（10）我看到您公司招聘启事以后把这封信写〔CJba〕。（把字句偏误）

（11）就这样，最后他们都被渴死了。〔CJbei〕（被字句

偏误）

（12）有一天，我的上级让我托付［B 服］一件事｛CJshb｝。（双宾语句偏误）

（13）我常常听｛CJ-buy 到｝这样的话。（补语残缺）

（14）所以一点儿也没有｛CJX｝关于服装的知识。（语序偏误）

（15）我希望有［C］机会在你们［C］的公司工作的话｛CJZR｝，我一定［C］会满足你们的要求［C］。（句式杂糅）

（三）错篇检索

错篇包括语段（句群）和复句。语料库中共有错误语篇 2387 个。例如：

（16）｛CP 这一次，我们公司由于业务发展的需要，<u>而且</u>需要为了我们公司的人员。P｝

（17）｛CP 最近人们越来越忘想别人的道理｛BQ，｝<u>虽然</u>现代的生活非常好｛BQ，｝<u>所以</u>容易忘记｛CCb2 忘｝这样的道理｛BQ。｝P｝

（18）｛CP 我以前看报纸的时候，有了｛CD｝一篇关于农药的文章｛CCb 内容｝。<u>他</u>说，一般的食品，比如说，米、蔬菜、水果等的｛CD｝东西，好好儿洗一下就行了，｛BC、｝不用担心。P｝

在字符串、错句、错篇等三项内容的检索中，每条语料后面都有一个"原始语料"标记，点击后即可出现扫描版的原始语料，其左上角有一个"显示/隐藏考生信息"的转换按钮，点击后也能看到考生的11项相关信息。

（四）全篇检索

语料库共有语料11569篇，任何一篇都可以在此项功能中检索到。每篇语料都有录入版和扫描版，录入版语料还有字数统计和词数统计。

（五）查询条件的组合检索

进行字、词、句、篇的查询，如果不选择查询条件，检索到的是语料库中该项目的全部。为了满足用户对某种语料的特别需求，使查询更加方便，语料库中设有6种查询条件，即：考生国籍、考试时间、作文题目、作文分数、证书级别、作文题目＋考试时间。用户可以按照其中任意一种条件检索，以查询到自己需要的语料。也可以同时选中其中的2～5种查询条件进行组合检索。不过，选择的查询条件越多，符合条件的语料就越少，查询到相关语料的可能性也就随之降低了。

（六）属性设置

按照上述查询条件可以检索到符合条件的语料，但是语料本身并不带有与之相关的考生信息，使用起来还是不太方便。因此语料库设置了"属性设置"选项，共包括考生国籍、性别、考试时间、作文题目、作文分数、口试分数、客观性考试中的听力理解测验分数、阅读理解测验分数、综合表达分数、参加高等汉语水平考试的总分、是否得到汉语水平证书以及证书等级等 11 项考生信息。用户可以根据需要选取其中的一项或数项，甚至全部 11 项进行设置。这样，检索到的每条语料后面，都会带有预先设定的相关信息，可以更全面、更深入地对语料进行分析。

（七）统计信息及相关检索

语料库设有"统计"栏目，内容包括：概况、错误信息汇总、字汇总、词汇总、按年份统计字、按年份统计词、按国家统计、按级别统计、标点统计。

1. 概况。介绍语料库总体情况，对认识语料库的基本构成情况有重要作用。具体包括：语料库总字数、总词数、作文题目总数、语料总篇数，有考生参加 HSK 高等考试的国家及其语料篇数，历次考试中所用的作文题目及考生人数。

2. 错误信息汇总。指语料库中的所有偏误信息汇总，包括字错误汇总、词错误汇总、句子错误汇总、篇章偏误汇总。

字错误汇总包括错字、别字、繁体字、异体字、拼音字、漏字、多字；标点符号的使用偏误也放在这个部分，有错误标点、空缺标点、多余标点三类。

词错误汇总包括错词、缺词、多词、离合词错误、外文词，以及词处理存疑。

句子错误汇总收入单句使用的各种错误，包括主语、谓语、宾语等八种句子成分的残缺和多余、把字句、"比"字句、双宾语句等一些特殊句式、语序、动词重叠、句式杂糅等方面的偏误，以及单句偏误存疑。

篇章偏误汇总包括语段和复句，只是表明数量，未做进一步的分类。

需要特别说明的是，错误信息汇总是以表格形式列出的。除序号之外，每种具体的偏误类型之后分别列有类型标记、频次、频率、详细信息等内容。例如"语序"是一种错误类型，其类型标记是"CJX"，频次为 8515，频率是 537.66496179832；点击"详细信息"，则会显示全部 8515 个语序错误的句子。

3. 字汇总。包括字形、总频次、出现问题的频次等三项内容。例如"的"字，总频次达 200281，出现问题的频次是 1382；"岛"，总频次为 131，出现问题的频次是 28。

4. 词汇总。包括词形、总频次、出现问题的频次等三项内容。例如"汉语"，总频次达 3381，出现问题的频次是 19；"汉学"的总频次为 4，出现问题的频次是 1。

5. 按年份统计字。可以按年份查询当年的作文语料中所使用的字，以及每个字的使用频次。例如 2005 年的语料中，"比"的频次为 1409，"办"的频次为 174，"编"的频次为 18，"拔"的频次为 5。

6. 按年份统计词。可以按年份查询当年的作文语料中所使用的词，以及每个字的使用频次。例如 2005 年的语料中，"帮助"的频次为 262，"包括"的频次为 70，"报刊"的频次为 7。

7. 按国家统计。统计内容是分国别的字、词使用情况和字、词、句、篇的偏误情况。例如缅甸考生的汉语使用情况。

表 2-3　缅甸考生的汉语使用情况

甲级字	乙级字	丙级字	丁级字	超纲字
19228	9971	5804	2909	5641
甲级词	乙级词	丙级词	丁级词	超纲词
15061	6346	2707	1507	6384

错字	213	别字	728
漏字	114	多字	46
繁体字	3825	异体字	11
拼音字	3	无法识别的字	0
错误标点	615	空缺标点	507
多余标点	222	错词	615
缺词	236	多词	314
离合词	0	外文词	16
错词存疑	2		
成分多余			
主语	8	谓语	0
述语	14	宾语	2
补语	4	定语	8
状语	19	中心语	11
成分残缺			
主语	34	谓语	8
述语	35	宾语	12

续表

成分残缺			
补语	3	定语	6
状语	24	中心语	30
句型错误			
把字句	8	被字句	6
"比"字句	2	"连"字句	0
"有"字句	3	"是"字句	8
"是……的"句	52	存现句	0
兼语句	4	连动句	1
双宾语句	1	形容词谓语句	3
其他错误			
语序错误	69	词语重叠错误	4
固定格式错误	0	句式杂糅错误	25
未完句错误	15		

8. 按级别统计。统计内容是分证书级别的字、词使用情况和字、词、句、篇的偏误情况。例如得到 C 级证书的考生的汉语使用情况。

表 2-4 得到 C 级证书的考生的汉语使用情况

甲级字	乙级字	丙级字	丁级字	超纲字
399434	205027	121648	60781	112390
甲级词	乙级词	丙级词	丁级词	超纲词
319654	119882	52687	24818	116229

错字	15381	别字	10191
漏字	1013	多字	432
繁体字	18350	异体字	103
拼音字	342	无法识别的字	23
错误标点	10371	空缺标点	4215
多余标点	1905	错词	14859
缺词	5897	多词	6328
离合词	27	外文	266
错词存疑	19		
成分多余			
主语	179	谓语	55
述语	374	宾语	75
补语	174	定语	241
状语	359	中心语	365
成分残缺			
主语	830	谓语	115
述语	1052	宾语	265
补语	266	定语	167
状语	1148	中心语	873
句型错误			
把字句	203	被字句	97
"比"字句	37	"连"字句	8

句型错误			
"有"字句	148	"是"字句	484
"是……的"句	944	存现句	1
兼语句	167	连动句	5
双宾语句	21	形容词谓语句	37
其他错误			
语序错误	2947	词语重叠错误	142
固定格式错误	14	句式杂糅错误	230
未完句错误	261	单句存疑	97

9. 标点统计。可以检索到各种标点符号的使用偏误情况，包括错误使用的标点及频次，应该使用的标点。

（八）反馈

此处有语料库管理员的联系方式，用户可以通过电子邮件咨询相关问题。

（九）帮助

1. 语料库使用说明。详细介绍了各种检索的具体方法，都是非常有用的。例如通过正则表达式进行组合查询可以便捷地检索到需要的语料。以"研究＋＜10＋问题"为例，可以检索到"研究"之后 10 个词以内出现"问题"的字符串。在语料库中这种字符串共有 26 个，例如：

（19）为此我们还需要继续｛CC 更加｝研究｛CC 讲究｝这个问题。

（20）可以组织世界农业专家联合，共同想尽一切办法研究、［BC，］解决问题。

（21）我认为随｛CC 跟｝着科学技术发展，我们要｛CJX｝更研究"绿色食品"的问题，要开发对身体好的食品。

2. 语料标注及代码说明。介绍了语料标注方法和代码含义。例如：

［C］：错字标记，用于标示考生写的不成字的字。用［C］代表错字，在［C］前填写正确的字。例如：地球［C］、这［C］。

｛CQ｝：缺词标记，用于标示作文中应有而没有的词。在缺词之处加此标记，并在｛CQ｝中 CQ 的后面填写所缺的词。例如：这就｛CQ 要｝由有关部门和政策管理制度来控制。

｛CJsd｝："是……的"句错误标记。例如：虽然我是在国外长大了｛CJsd｝，我还是想回报［C］祖国，在中国立业。

四、局限性

由于该语料库是考生参加高等汉语水平考试的作文答卷语料库，得到证书的考生均为已经达到高等水平的汉语学习者，未得到证书的绝大部分考生也都是处于高级阶段的学习者。因此，利用这个语料库可以了解中高级阶段学习者的汉语学习情况，进行横向的断面考察，但无法进行纵向的学习过程考察。这是语料的性质决定的，也可以认为是该语料库的先天不足。

第3节　2.0版的设计理念与功能

一、HSK动态作文语料库的作用与问题

（一）作用

该语料库自2006年末建成上线以来，得到学界的普遍认可，受到广泛欢迎。基于该语料库的汉语教学研究、习得研究和中介语研究迅速发展，取得了很好的学术效益。张宝林等（2014）是基于该语料库的成系统的代表性研究成果，获得教育部"第八届高等学校科学研究优秀成果奖（人文社会科学）"二等奖。

更为重要的是，该语料库和其他汉语中介语语料库一起，为汉语教学和相关研究提供了研究资源，奠定了量化分析的坚实基础，彻底动摇了传统的小规模、主观思辨式的研究范式，使其逐渐转变为基于大规模真实语料的、定性分析和定量分析相结合的实证性研究，极大地促进了汉语教学与相关研究的发展。赵金铭等（2008）、张博等（2008）、肖奚强等（2009）都是这方面具有代表性的研究成果。而这种研究范式及其研究成果又反作用于语料库建设，促使越来越多的学者、教师投身其中。

此外，该语料库的标注系统也得到了学界的认可，并为其

他语料库所采用。在汉语中介语语料库建设中，各建设单位使用的标注代码各不相同，且只有"北京语言大学的'HSK 动态作文语料库'的偏误标注规范已在网上公布。这个标注规范进行了篇章、句、词、字四个层面的标注，规则比较系统、全面。因此，许多中介语语料库的标注，比如胡晓清等介绍的'韩国留学生汉语中介语语料库'和陆庆和等介绍的'小型口语语料库'，都是在此基础上进行适当修改进行的"（周文华、肖奚强，2011）。

该语料库是在第一个汉语中介语语料库——汉语中介语语料库系统之后又一个具有广泛学术影响的语料库，其"为全世界汉语教学与研究服务"的建库宗旨和自建成之日起即向全球汉语学界和各界人士免费开放的实际行动使其在语料库的应用研究中发挥了重要作用。其在语料库规模、语料来源和标注的原则、内容与方法、标注代码的设计等方面同样具有独到之处，为汉语中介语语料库建设做出了重要贡献。这些成绩使其在汉语中介语语料库建设史上占据了非常重要的一席之地。

（二）问题

2016 年，基于 HSK 动态作文语料库的汉语教学与相关研究突然呈现出减少的势头，出现了向下的拐点。2016 年的年度发文量还只是略微下降，与上年相比仅减少 50 余篇。2017 年的年度发文量则近乎腰斩，骤降至 330 篇。[①]

如此巨大的变化与反差令人愕然，其原因究竟何在呢？是

---

① 据中国知网（CNKI）2018 年 1 月 21 日的数据统计。

因为 HSK 动态作文语料库不能满足教学与研究的需求了吗？但该库 2008 至 2018 之间并无变化，似乎不能说 2016 年之前可以满足需求，之后就不能满足需求了。是因为有了新的更好的语料库，研究者不再需要 HSK 动态作文语料库了吗？似乎并不是，因为 2016 年前后并没有新的汉语中介语语料库对学界开放，反而是当时仅有的对外开放的 3 个语料库之一 [①] 不再开放了。是人们对偏误分析、中介语研究、习得研究的兴趣下降了吗？似乎也不是，因为还是不断有人在做这些方面的研究。那么，究竟是什么原因导致了这种结果呢？

根据 2015 开始出现，2016、2017 显得更为频繁的 HSK 动态作文语料库因网络安全问题频频被关闭、最后被彻底关闭的实际情况，可以得出的结论是：该语料库由于开发时间较早，采用的编程语言和技术陈旧，导致系统存在安全漏洞，达不到开放要求，因而无法继续对国内外开放，影响了其为汉语教学与相关研究服务功能的发挥。

面对如此局面，建库者进行了多方努力，例如经常性地给系统打补丁，解决了部分问题，可以在校园网上对校内开放。但并不能满足国内外学界的使用需求，学界对此反应比较强烈。

为了使大家能够继续使用 HSK 语料，北京语言大学信息科学学院的荀恩东教授把 HSK 语料库的全部语料复制到 BCC 语料库上，这样大家至少可以看到 HSK 语料了。但 BCC 是母语

---

① 指暨南大学华文学院的"留学生汉语中介语语料库"，网址：http://www.globalhuayu.com/corpus3/Search.aspx。

语料库，和 HSK 语料库的检索方式不同，经过偏误标注的语料依然无法查询，仍然难以满足学界的使用需求。

（三）解决方案与效果

面对语料库关闭而学界急需使用的现实，为了继续贯彻落实"积极主动、全心全意为全世界的汉语教学与研究服务"的语料库建设宗旨，建库者决定采用目前主流的计算机语言，重新开发 HSK 语料库的软件系统，以便继续乃至更好地为国内外的汉语教师、学者、科研人员、研究生、汉语学习者服务。

这一想法得到了北语校领导的支持和批准，得到了语言资源高精尖创新中心的支持和资助。建库者选择北京惟数科技有限公司作为合作伙伴，一起重新构建语料库软件系统。系统研发工作于 2018 年 1 月初开始，开发完成并经试运行与调试，于 3 月下旬正式对外开放。版本序号确定为 HSK 动态作文语料库 2.0 版，网址：hsk.blcu.edu.cn。经检测，其安全性能优异，顺利通过安全扫描，获准继续对外开放。重建语料库系统的目标得以实现，HSK 语料库可以继续为全世界的汉语教学与研究提供服务。

二、设计理念

（一）宗旨

语料库是语言资源，是研究语言的有力工具，其价值就在于让更多人使用。"语料库建成后要免费开放，让大家用"，这一认识成为我们在语料库建设工作中所一贯秉持的宗旨，即"为对外汉语教学与研究服务"，并将其作为一条原则写入了我们所撰写的第一篇语料库建设方面的论文①。在2014年暑期召开的第三届汉语中介语语料库建设与应用国际学术讨论会上，我们进一步将此宗旨概括为"积极主动、全心全意地为全世界的汉语教学与研究服务"（张宝林、崔希亮，2015）。

作为我国唯一的一所以对汉语学习者进行汉语、中华文化教育为主要任务的国际型大学，北京语言大学有责任、有义务确立并落实这一宗旨。作为汉语母语者和中国文化的传承者，作为汉语教师，作为汉语中介语语料库的建设者，确立并贯彻落实这一宗旨更是我国汉语学界的责任、义务与使命。为全世界的汉语学界提供优质资源，为全世界的汉语教学与研究服务，我们义不容辞。

正是在这一认识和宗旨的指导下，HSK 动态作文语料库不论是 2006 年年底建成上线的 1.0 版，还是 2008 年 8 月升级的 1.1 版，以及此次重新研发的 2.0 版，均在建成上线的第一时间即向海内外各界用户免费开放，使我们所秉持的宗旨落到了实处。

（二）理念

1. 安全稳定，正常运转。

本次重建语料库软件系统，纯粹是因网络安全问题而起。因此，重建语料库的第一个要求就是不能有任何安全隐患，必

---

① 指张宝林、崔希亮、任杰（2004）。

须确保语料库能够正常运转，持续不间断地为学界服务。具体来说，首先是新的语料库系统不能有任何高危和中危漏洞，低危漏洞也应尽可能保持在最低限度，能够顺利通过相关部门和单位组织实施的安全检测。其次是当出现高危和中危漏洞时，能够迅速响应，及时解决问题，从而确保语料库正常开放而不至关闭。这是互联网时代信息技术迅猛发展带来的新问题，语料库建设者对此必须予以高度关注与充分重视。

2. 功能强大，满足需求。

HSK 语料库 1.0 版和 1.1 版建于汉语中介语语料库建设的草创时期，是 1.0 时代的产物，（参张宝林，2019b）带有明显的时代烙印：简单粗放，功能不全，难以满足用户多方面的使用需求。例如可以查询离合词"合"的用法，而不能检索"离"的用法；可以检索带有一个标志词的特殊句式，例如把字句，"比"字句等，而不能查询"是……的"句、"连"字句等带有两个标志词的句式。这样导致的后果是很严重的，因为只看离合词"合"的用法无法全面考察二语者使用汉语离合词的实际情况，而在不全面的考察基础上得出的研究结论也完全可能是"盲人摸象式的"不全面的，甚至是错误的结论；不能检索某些句式即不能为相关研究提供查询语料的方便，语料库的价值也就无法实现。新的语料库系统应该解决这些问题，方便用户查询各种语言现象，从而更好地为汉语教学与研究服务。

3. 界面友好，简便迅捷。

HSK 语料库 1.0 版和 1.1 版还存在其他一些设计不周、使用不便的问题，例如查询到的语料不能自动下载，以致有的用户反映"查询到的语料很多，只能一页一页地手动下载，手腕都酸了"。用户浏览语料时不能按照自己的阅读习惯调节呈现的语料数量；在使用语料库时遇到问题不能方便及时地和管理员沟通并反馈意见；用户发现语料录入与标注方面的问题与错误无法对其进行修改，只能让错误继续存在，继续给后面的用户带来困扰，等等。新系统也应解决这些问题，更加人性化，使用户能够更方便地使用语料库，甚至能够修正所发现的语料库中的错误。

三、功能设计

（一）检索

1. 检索的作用。

对广大用户来说，他们使用语料库的基本方式是语料检索；从他们的角度看，语料库的价值在于语料的检索、呈现与获取。他们所关心的是语料库的检索方式是否能够便于他们查询到所需要的语料，是否能为他们的教学与研究工作提供收集和检索语料的方便。

语料检索应包括对具体的字、词、短语、句子的检索，对偏误标注内容的检索。对特殊句式、固定与半固定结构、复句、离合词"离"的用法等的特殊条件检索，词语搭配检索也有其不可替代的作用。语料检索应可以从语料作者的国籍、性别、年龄段、作文题目、分数、语料性质等角度进行；应可以检索偏误语料、正确语料和全部语料。

　　语料检索方式应尽量简单、简便、简易，容易上手，无须学习即可使用。对语料检索来说，"正则表达式"可以提高检索的功能与效率，非常有用，但需将其简化，便于文科背景的用户使用。

　　2. 字符串一般检索。

　　这是语料库的基本检索功能，可以对语料库中具体的字、词、短语、句子进行检索。一般来说，任何语料库都具备这项功能。就 HSK 语料库而言，还可以设定检索条件，包括考生国籍、作文题目、证书等级、考试时间、考试分数等。

　　需要注意的是，检索条件中有两个"作文分数"，可以表示前后两个分数的选择区间，比如前面的分数定为 60，后面的分数定为 80，表示 60～80 之间，可以检索这个分数段之间的语料。

　　下面是对具体的字、词、短语、句子的查询实例。

　　字检索以"帮"为例，查询法国学习者的语料。

图 2-1　字检索示例图

词检索以"帮助"为例，查询获得 B 级证书的学习者的语料。

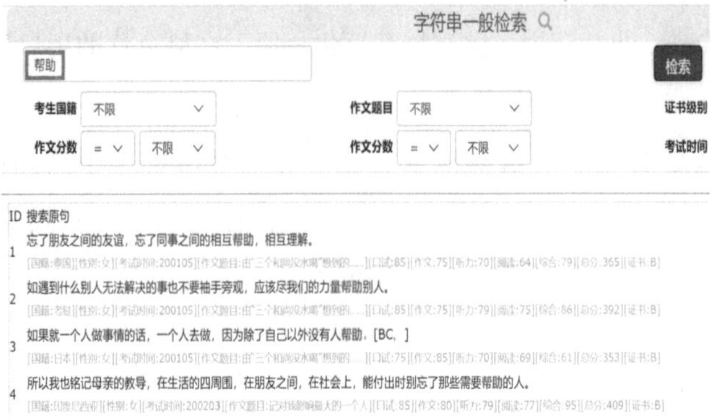

图 2-2　词检索示例图

短语检索以"帮助别人"为例，查询作文得分在 60 ～ 80 之间的语料。

图 2-3　短语检索示例图

句检索以"我们应该帮助别人"为例。

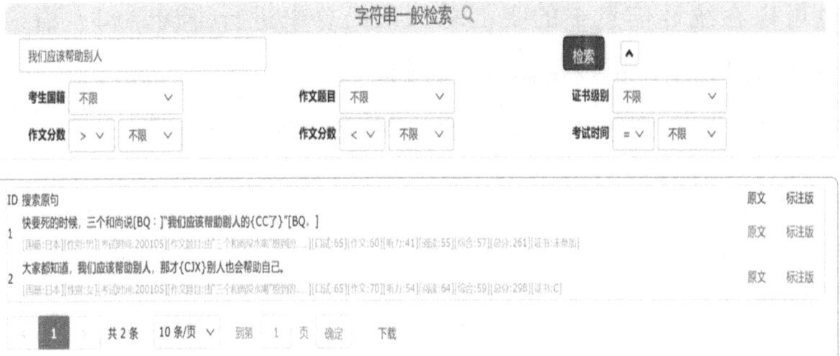

图 2-4　句检索示例图

离合词"离"的用法查询以"见面"为例，在离合词的两个构成成分之间加一个空格，例如"见　面"，即可查到相关语料。

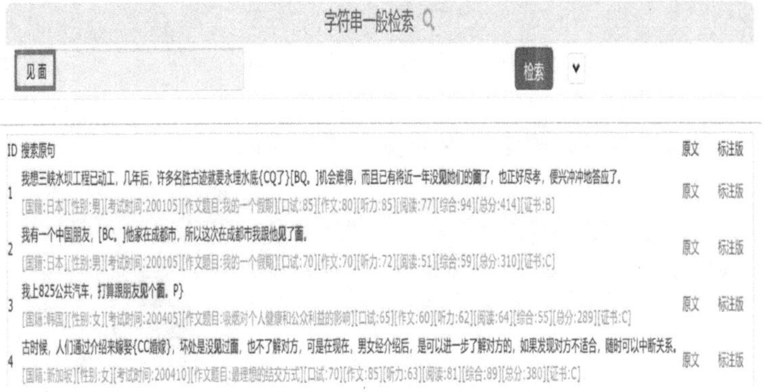

图 2-5　离合词检索示例图

3. 句篇检索。

HSK 语料库对高等汉语水平考试作文考试的作文答卷从字、词、句、篇、标点符号等 5 个层面做了穷尽性的偏误标注。其中字、词、标点符号的偏误语料可以在字符串一般检索中查询，也可以在统计信息中的字汇总、词汇总中进行查询。句、篇检索则是对句子、语篇偏误进行查询。

错句检索以日本学习者的把字句偏误语料为例。

图 2-6　错句检索示例图

语篇检索以韩国学习者的偏误语料为例。

图 2-7　错篇检索示例图

上述两种搜索方法在该语料库 1.0 版中就已实现，可以解决偏误标注语料和其他一些语料的查询问题。

4. 高级检索。

高级检索包括特定条件检索和词语搭配检索，是 2.0 版新增加的检索方法，可以查询到更多不同类型的语料，进一步增强了语料库的功能。查询离合词"离"的用法也是 2.0 版新增加的。

（1）特定条件检索。

这种检索方式适用于检索有两个标志词的特定句式、半固定结构和复句。这种检索方式之所以具有比较强大的检索功能，是因为使用了正则表达式。正则表达式被用于语料检索是很常见的一般方法，只是对于多数文科背景的语言学专业人员来说显得比较陌生，另外操作上也比较繁琐，需要背记一些公式。HSK 语料库根据文科生的专业背景和思维习惯，对正则表达式进行了文科化处理，把数学公式简化为框式结构，在相应的位置填入相应的标志词即可查询。使用简便，十分适合文科生使用。

例如"是……的"句、"连"字句检索。

图 2-8　特定条件检索示例（1）："是……的"句

图 2-9　特定条件检索示例（2）:"连"字句

固定结构检索以"爱……不……"和"一……就……"为例。

[8]:有些父母更是对孩子疼理不理，让孩子变"野"。
[国籍:德国][性别:男][考试时间:200505][作文题目:父母是孩子的第一任老师][口试:85][作文:70][听力:65][阅读:51][综合:85][总分:347][证书:C]

[9]:爱情不是长久不衰的，要想维持它就必须得懂得如何经营它。
[国籍:缅甸][性别:男][考试时间:200505][作文题目:最理想的婚交方式][口试:65][作文:90][听力:73][阅读:73][综合:95][总分:387][证书:B]

[10]:对朋友的爱不是对父母的爱也不是对爱人的爱。
[国籍:法国][性别:男][考试时间:200505][作文题目:最理想的婚交方式][口试:60][作文:70][听力:60][阅读:60][综合:50][总分:261][证书:无]

图 2-10　固定结构检索示例（1）:"爱……不……"

图 2-11　固定结构检索示例（2）："一……就……"

复句检索以"或者……或者……"为例。

图 2-12　复句检索示例图

需要注意的是，这种检索方式仍然是形式检索，语料中只要有设定的检索词就会被检索出来，实际上可能并不是所要查询的语料。例如图 2-10 中的"爱情不是长久不衰的""对朋友的爱不是对父母的爱也不是对爱人的爱"和半固定结构"爱……不……"是没有任何关系的，均非所要查询的语料。

（2）词语搭配检索。

这种检索方式是对某词前面或后面的共现词语及其频次进行查询的方法。用这种方法可以检索到某词左面或右面搭配的是什么词，统计相应搭配频次并按频次降序排列。这种检索方式意义十分重大，因为它所获得的某词前后搭配的词语及其频次信息，正是该词的用法。根据检索结果可以开发词语搭配词典，可以为汉语教学提供重要的参考。

以"汉语"为例，其左侧最多的搭配词语是"学习"，频次达 585；排在第二位的"学"频次为 523。这是出现最多的两个搭配词语。可见"学习汉语"和"学汉语"是学习者使用最多、掌握最好的两个搭配，从汉语教学的角度看，也是最应该教给学习者的用法，应作为教学重点。[①]而左侧出现"对"的频次为48，"觉得"只出现了 9 次。右侧搭配最多的是助词"的"，频次为 491；右侧搭配逗号，即"汉语"用在句尾的情况也比较多，频次为 344；后接"有"的频次为 28，后接"越来越"则只有 4 次。具体用例可参见图 2-13 和图 2-14。

（二）语料呈现

为了尽可能给用户的教学和研究提供方便，除检索到的语料本身之外，语料呈现应带有背景信息，包括语料作者的背景信息和语料自身的背景信息。检索到的标注语料应同时配有原始作文。为了适应不同用户浏览网页的不同习惯，应可以由用

---

① 这种高频搭配情况与考生的汉语学习者身份密切相关。

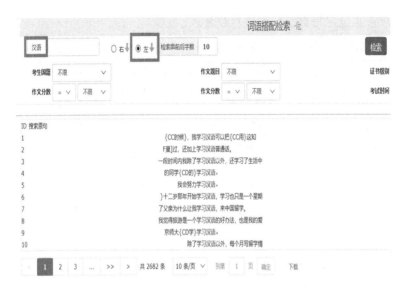

图 2-13　词语搭配检索示例图（1）：左搭配

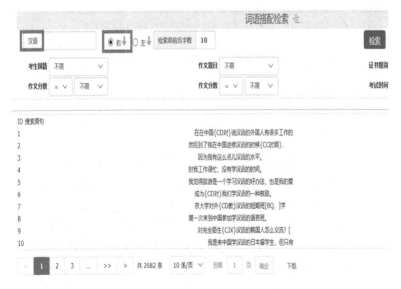

图 2-14　词语搭配检索示例图（2）：右搭配

户自主设定每页显示的语料数量。

　　HSK 语料的背景信息包括作者的国籍、性别、考试时间、作文题目、主观性考试的口语考试、作文考试成绩和客观性考试中的听力部分、阅读部分、综合表达部分的考试成绩、考试总成绩和证书获得情况。这些背景信息对于研究、判断学习者的汉语习得情况具有重要作用。

　　语料背景信息详见图 2-15。

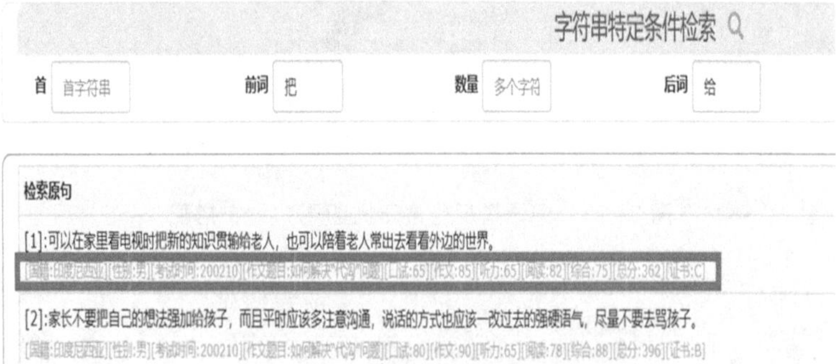

图 2-15　语料背景信息示例图

　　下面是原始作文语料和语料的标注版全文。

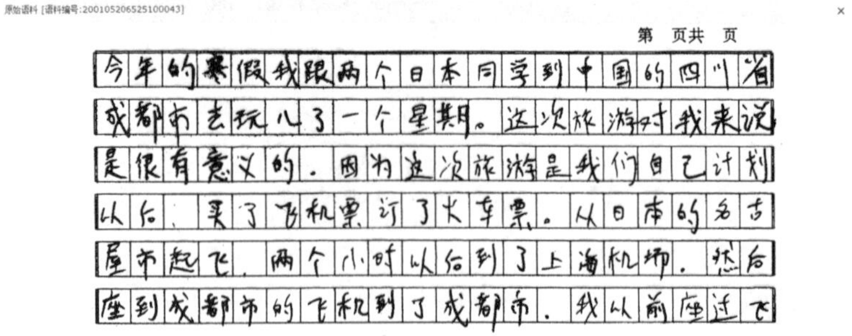

图 2-16　原始作文语料示例图

标注版语料 [语料编号:200105206525100043] ✕

【作文标题：我的一个假期】【国籍：日本】【字数：412】【词数：274】【证书级别：C】【考试日期：200105】【性别：男】【作文分数：我的一个假期】【口试分数：70】【听力理解分数：72】【阅读理解分数：51】【综合表达分数：59】【考试总分：310】

200105上海外院.00003900043

今年的寒假我跟两个日本同学到中国的四川省成都市去玩儿了一个星期。这次旅游对我来说是很有意义的。因为这次旅游是我们自己计划以后，[BC，]买了飞机票[BQ，]订了火车票。{CJ-zhuy我们}从日本的名古屋市起飞，两个小时以后到了上海机场。然后坐[B座]到成都市的飞机到了成都市。我以前坐[B座]过飞机，可是这次坐[B座]飞机时我还有点儿害怕！怕飞机突然在空中发生{CC2去}事故掉到海里面。所以我这坐[B座]飞机的时候就很紧张！到了成都市以后我们去了很多地方。还看了熊猫，熊猫是真可爱，[BC。]一下子我成了熊猫迷。我有一个中国朋友，[BC，]他家在成都市，所以这次在成都市我跟他见了面。有五年没有见过他了，可是这一见就看{CC见}出来是他。因为他没有什么变化。还{CJ-sy是}以前的样子。跟他在茶馆里边喝茶边聊了能有三个小时。时间{CC时候}过得{CC到}真快[BQ，]不知不觉三个小时就过去了。聊完以后我们去饭店里吃了一顿饭，[BC。]吃得很开心。[BC，]一个星期马上就过去了。我坐[B座]火车回到了上海。在上海开始学习汉语了。现在在上海外国语大学学习。现在已经过了两个月了。可是这次旅游的记忆{CC回忆[B忆]}还是那么深。

（106C）（150W）

图 2-17 标注版语料示例图

用户可以根据个人的阅读习惯自行设定每页显示的语料条数。

图 2-18 设定每页显示的语料条数示例图

（三）数据统计

HSK 语料库对全部语料进行了统计分析，得出了众多的统计数据。通过这些数据可以了解语料库概况，包括总字数、总词数、作文题目总数和总篇数；可以了解字、词、句、篇、标点符号的各类偏误数据，按字、词、标点统计的偏误数据，按年份、国家、HSK 证书情况统计的用字用词情况等。这些数据对研究学习者的汉语习得情况非常有用，可以为汉语教学提供重要参考。

下面是一些统计图表的截图示例。

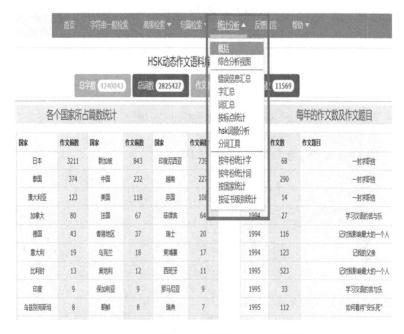

图 2-19　统计图表示例（1）：统计分析

HSK动态作文语料库概括

总字数 4240043	总词数 2825427	作文题目总数 30	总篇数 11569

各个国家所占篇数统计

国家	作文篇数	国家	作文篇数	国家	作文篇数	国家	作文篇数
韩国	4171	日本	3211	新加坡	843	印度尼西亚	739
马来西亚	422	泰国	374	中国	232	越南	227
缅甸	202	澳大利亚	123	美国	118	英国	108
俄罗斯	82	加拿大	80	法国	67	菲律宾	64
蒙古国	59	德国	43	香港地区	37	瑞士	20
葡萄牙	19	意大利	19	乌克兰	18	柬埔寨	17
荷兰	14	比利时	13	奥地利	12	西班牙	11
巴基斯坦	9	印度	9	保加利亚	9	罗马尼亚	9
波兰	9	乌兹别克斯坦	8	朝鲜	8	瑞典	7
南斯拉夫	7	老挝	6	哈萨克斯坦	6	巴西	6
塔吉克斯坦	5	维吾尔族	5	希腊	5	格鲁吉亚	4

每年的作文数及作文题目

年份	作文数	作文题目
1992	68	一封求职信
1993	290	一封求职信
1994	14	一封求职信
1994	27	学习汉语的苦与乐
1994	116	记对我影响最大的一个人
1994	123	记我的父亲
1995	523	记对我影响最大的一个人
1995	33	学习汉语的苦与乐
1995	112	如何看待"安乐死"
1995	54	一封求职信
1996	187	如何看待"安乐死"

图 2-20　统计图表示例（2）：概况图

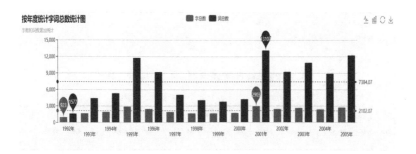

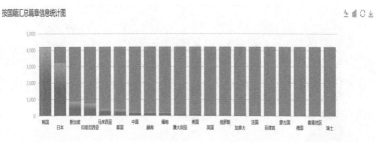

图 2-21　统计图表示例（3）：字词总数与篇章信息

字错误汇总

字错误	标记	频次	频率	详细
错字	C	41822	9.816	详细
别字	B	28109	6.629	详细
漏字	L	2863	0.675	详细
多字	D	1220	0.288	详细
繁体字	F	53903	12.713	详细
异体字	Y	373	0.088	详细
拼音字	P	1229	0.290	详细
无法识别的字	#	84	0.020	详细
错误标点	BC	30228	7.129	详细
空缺标点	BQ	13861	3.269	详细
多余标点	BD	5215	1.230	详细

句子错误汇总

句型错误

句错误	标记	频次	频率	详细
把字句	ba	585	36.939	详细
被字句	bei	297	18.754	详细
比字句	bi	145	9.156	详细
连字句	l	15	0.947	详细
有字句	y	555	35.045	详细
是字句	s	1427	90.105	详细
"是…的"句	sd	2629	99.999	详细
存现句	cx	1	0.063	详细
重谓句	ly	440	27.783	详细
连动句	ld	23	1.452	详细
双宾语句	shb	66	4.167	详细
形容词谓语句	xw	155	9.787	详细

词错误汇总

词错误	标记	频次	频率	详细
错词	CC	40882	14.469	详细
缺词	CQ	17039	6.031	详细
多词	CD	17945	6.351	详细
离合词错误	CLH	86	0.030	详细
外文词	W	16	0.006	详细
同处理存疑	CY	95	0.034	详细

成分残缺

句错误	标记	频次	频率	详细
主语	-zhuy	2405	99.999	详细
谓语	-wy	311	19.638	详细
述语	-sy	3018	99.999	详细
宾语	-by	796	50.262	详细
补语	-buy	739	46.663	详细
定语	-dy	541	34.161	详细

图 2-22　统计图表示例（4）：偏误汇总

A 按字汇总

汉字	总频次	错误频次	汉字	总频次	错误频次	汉字	总频次	错误频次	汉字	总频次	错误频次	汉字	总频次	错误频次
丨	5	0	乙	5	0	曰	4	0	亅	2	0	囗	1	0
冂	1	0	屮	1	0	冈	1	0	凵	1	0	卅	1	0
一	60029	135	丁	118	0	七	625	3	万	742	49	丈	1218	31
三	4980	4	上	17756	62	下	8334	24	不	62913	206	与	4438	454
丐	12	2	丑	28	7	专	905	109	且	5672	48	丕	1	0
世	5008	53	丘	8	0	丙	24	0	业	4400	199	丛	4	0
东	3423	192	丝	60	9	丢	2	0	丟	139	3	两	5094	294
严	2028	178	丧	79	15	个	34990	1514	Y	8	1	中	16775	49
丰	473	20	串	18		临	375	83	丸	6	1	丹	20	3
为	29715	2111	主	2244	30	丽	358	19	举	811	80	乃	77	3

图 2-23　统计图表示例（5）：字汇总

按年统计用词情况

1992年 | 1993年 | 1994年 | 1995年 | 1996年 | 1997年 | 1998年 | 1999年 | 2000年 | 2001年 | 2002年 | 2003年 | 2004年 | 2005年

词	频次	词	频次	词	频次	词	频次	词	频次	词	频次	词	频次
%	1	-	2	.	3	1	1	11	1	12	1	146	1
19	1	2	2	20	1	21	1	3	1	30	1	330	1
6	2	7	1	76	1	80	1	9	1	96	1	BP	3
CD	1	LG	1	–	16	‘	5	’	5	“	91	”	87
…	65	①	1	②	1	③	1	④	1	、	236	。	2106
《	6	》	6	一	271	一下	21	一下子	4	一个	149	一个劲	1
一举两得	1	一些	56	一代	1	一会	2	一会儿	3	一共	1	一切	7
一半	5	一口气	1	一句话	2	一回事	1	一天	12	一天到晚	1	一定	37
一家之主	2	一对	5	一小	1	一开始	2	一心一意	2	一扫而光	1	一方	8
一方面	4	一旦	5	一时	1	一时冲动	1	一来	4	一样	49	一点	37
一片	1	一生	8	一生一世	1	一番	1	一直	19	一系列	1	一般	16
一般人	1	一起	34	一路	1	一辈子	4	一边	6	一道	1	一部分	5
一面	5	七	3	万	2	万一	1	万万	1	万事	1	万分	1
丈	1	丈夫	9	三	8	三从四德	1	三十	2	三思而行	3	上	176

图 2-24　统计图表示例（6）：词汇总

（四）其他

1. 众包维护。

大规模中介语语料库主要采用人工标注方式，且标注员数以百计，标注的不一致情况乃至错漏在所难免。语料标注过程中虽有质量监控，但仍不能完全解决问题。而根据众包理念，设置用户对录入版语料和标注版语料中的错误与疏漏进行修正的功能是提高语料库质量的一个有效手段。

具体方法：双击待修改语料，打开对话框进行修改编辑——提交待更新——后台审核——发布并替换原语料。其中的审核环节由语料库管理员执行，即经其确认后用户所做的修改才能替换原来的语料。这个环节颇为重要，可以避免潜在的用户不慎做出的不正确修改。这样行众包，集众智，可以切实提高语料录写与标注的质量，使其更好地为广大用户服务。

2. 留言与反馈。

用户在使用语料库时由于对语料库缺乏足够的了解，难免会遇到各种问题需要解答，以便更好地使用语料库。或者有一些意见、建议等，对语料库的建设与改进具有重要参考价值。因此需要有一个能够有效沟通语料库建、用双方的联系与反馈渠道。HSK语料库采取的办法是增加了"反馈留言"功能，以便于广大用户与语料库建设者的沟通、交流与探讨。详见图2-25。

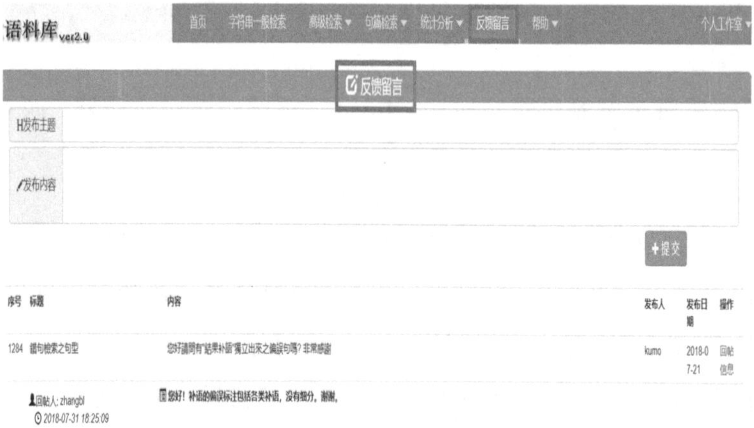

图2-25　"反馈留言"功能示例图

从HSK语料库的实际情况看，该功能起到了很好的沟通作用。例如多位用户询问为什么最多只能下载500条语料，希望能把查到的语料全部下载下来。语料库建设者及时做了解释：

因为按照统计学的观点，不论总体多大，400 个样本只要是随机取样得到的，就具有了足够的代表性，据其进行研究得到的结论就是科学的，可靠的。可以下载的 500 条语料是随机取样的，所以是足够的。

需要注意的是，HSK 语料库面向全球用户开放，用户随时都会提出问题。语料库建设方应安排专人负责随时查看留言，及时回应并解决问题，优化语料库的使用功能。

3. 个人工作区。

在语料库中设置"个人工作区"是一个很好的创意，具有很多实用功能。例如用户可以在此对自己的相关信息进行维护，录入员可以在这里提取语料进行录入与转写，标注员可以进行语料标注，用户可以在这里进行语料分析与研究，乃至论文撰写。总之，可以使其成为建设者建设语料库和用户使用语料库进行相关研究的工作平台。目前 HSK 语料库中的个人工作区功能还很单薄，应予以充实。

4. 语料自动下载。

针对以往用户使用语料库的不便，HSK 语料库 2.0 版设置了自动下载按钮，查询到的语料可以自动下载，方便快捷，避免了手工复制下载的辛劳。

需要说明的是，HSK 语料库设置了下载条数限制功能，即以 500 条语料为限：500 条以下全部下载，500 条以上通过随机程序随机下载。这样做并非心血来潮，随意而定，而是有充分的统计学依据的，是可以保证相关研究的科学性的。请看表 2-5（张勇，2008）。

表2-5　总体大小与所需样本量表（取 $P=0.5$ 计算）

总体大小	所需的样本量
50	44
100	80
500	222
1000	286
5000	370
10000	385
100000	398
1000000	400
10000000	400

　　从该表来看，样本量首先与总体大小密切相关，不知总体大小即无法确定样本量。除非把样本量确定为 370～400 之间，因为总体达到 5000 以上，样本量即已基本趋于稳定。样本量还与置信度、标准差紧密相关，置信度分别为 90%、95%、99%，误差分别为 10%、5%、1% 时，样本量都是不同的。把可下载语料数定为 500 条，比 400 条还高出 100 条，且是随机抽取的语料，是足以支持相关研究，保证其研究结论的科学性和可靠性的。

　　5. 增加、积累相关资源。

　　HSK 语料库中增加了一些研究中形成的分析数据。例如我们在研究中曾把语料库中的用字和《汉语水平词汇与汉字等级大纲》中的汉字进行对比，发现大纲中的汉字为 2905 个，HSK

语料库中不同的汉字有 3904 个，高等 HSK 考生中汉语学习者
实际掌握的汉字多于《大纲》999 字。3904 个汉字中有纲内字
2778 个，占 71.16%；超纲字 1126 个，占 28.84%。

再和供母语者使用的《现代汉语常用字表》（1988）对比。
《字表》中共有 3500 个常用字，分为 2500 个常用字和 1000 个
次常用字。语料库中的 3904 字，与《常用字表》对照，表内
字共计 3153 个，具体分布情况为：常用字 2452 个，占 2500
个常用字的 98.08%；次常用字 701 个，占 1000 个次常用字
的 70.1%。根据这些研究与发现，我们整理了《2500 常用字与
HSK 比较按字音排序表》、《2500 常用字与 HSK 比较按总频次
排序表》和《2500 常用字与 HSK 比较按错误频次排序表》，并
放入统计信息中，这些数据对汉字教学具有重要参考价值。例
见图 2-26。

2500常用字	3500常用及次常用字	3500常用及次常用字与hsk比较

2500常用字与HSK比较按字音序			
词	汉字等级	总频次	错误频次
阿	2500常用	110	11
啊	2500常用	616	19
哀	2500常用	95	14
唉	2500常用	85	1
挨	2500常用	2288	35
矮	2500常用	31	1
爱	2500常用	6505	493
碍	2500常用	137	25
安	2500常用	5183	70
庠	2500常用	32	0

<	**1**	2	3	…	>>	>	10 条/页 ∨	到第	1	页	确定

图 2-26 《2500 常用字与 HSK 比较按字音排序表》分析数据

本章小结

一、就语料库建设而言，HSK 动态作文语料库有一些重要优点，这使其在汉语教学与研究中发挥了很大的积极作用，并为语料库建设提供了成功经验。

（一）该库始终坚持为汉语教学与研究服务的宗旨，不断增强功能，满足相关需求。例如语料库 1.0 版分高级用户和普通用户，以致普通用户能够看到的语料不全面，不完整；1.1 版即取消了这种区分，所有注册用户皆可看到全部语料。1.0 版、1.1 版语料检索功能不强，难以满足使用需要，于是在 2.0 版中增加了特定条件检索和词语搭配检索，扩大与提高了检索的范围与效率。1.0 版、1.1 版只能手动下载语料，很不方便；2.0 版则增加了自动下载功能，便于用户使用。

（二）该库主张并采取多种措施保持语料的真实性，强调在语料的采集、录入、标注等 3 个阶段都要保持"原汁原味"的中介语，为用户提供优质资源，从根本上保证教学与研究的科学性和可靠性。

（三）该库提供了考生（即语料作者）的 11 种相关背景信息，包括国籍、性别、考试时间、作文题目、作文分数、口试分数、客观性考试中的听力理解测验分数、阅读理解测验分数、综合表达分数、参加高等汉语水平考试的总分、是否得到汉语水平证书以及证书等级，为进一步分析语料提供了条件。

（四）该库语料规模较大，达 424 万字；并从字、词、句、篇、标点符号等 5 个层面进行标注，使其具备了较为丰富的功能与使用价值。

（五）该库始终坚持开放性原则，面向全世界免费开放，落实了建库宗旨，为汉语中介语语料库建设领域树立了资源共享的典范。

二、该库也存在一些不足，限制了它的功能与使用价值。

（一）语料不完整，只有中高级阶段汉语学习者的语料，没有初级阶段学习者的语料，以致依据该库只能做中介语的横向静态考察，无法做纵向的习得过程研究。

（二）没有很好的贯彻平衡性原则，有的国家的学习者的语料很多，有的则很少，影响到其功能与使用价值。

（三）该库只有偏误标注，比较适合进行偏误分析。没有对正确的语言现象进行标注，因而不适合进行表现分析（语言运用分析）。

三、该库 2.0 版软件系统的重新构建，给予我们多方面的启示，对今后的语料库建设具有重要的指导意义。

（一）关于系统的安全性。建设语料库的宗旨与根本目的是为全世界的汉语教学与研究服务，而保证这种服务功能实现的前提是确保语料库始终可以对外开放。这就要求语料库系统牢固，不能有任何安全漏洞。这是信息技术的新发展带来的新情况与新问题，必须引起语料库建设者的高度重视。

（二）关于软件系统研发的意义与价值。语料库软件系统的改进可以提升语料库的功能，可以更好地满足用户的使用需求。

例如：检索方式的改进与丰富使用户可以查询以往无法查询的一些词、短语和句子。丰富而实用的统计信息对教学与研究具有重要的参考价值。界面友好，设置一些人性化的功能，例如语料呈现条数的自主设定和自动下载，可以为用户提供使用方便，改善用户体验。用户对语料及其标注的修改功能可以行众包，集众智，不断提高语料库标注质量。

（三）关于沟通与反馈。语料库的服务对象是用户，广大用户对语料库应有什么样的功能最有发言权，他们在使用语料库过程中遇到的问题、提出的意见与建议对语料库建设具有重要意义，是应该及时了解并尽快予以解决的。因此，语料库建设者与用户的沟通十分重要，需保持通畅、有效的联系渠道，"反馈留言"功能即联系渠道之一。

第三章　全球汉语中介语语料库的
设计与功能

　　"全球汉语中介语语料库^①建设和研究"是教育部重大课题攻关项目，于 2012 年 6 月立项，2019 年 3 月正式对外开放。该库由北京语言大学牵头，国内外众多院校汉语教学单位的师生学者参加，共同建设，是迄今为止规模最大、标注内容最丰富的汉语中介语语料库。

　　该项目是在汉语中介语语料库极大地推动对外汉语教学／汉语国际教育的教学研究，汉语中介语语料库建设蓬勃发展，同时建设极不规范，存在诸多问题的背景下提出的。其目标是建设一个"最好最大"的语料库，更好地为全世界的汉语教学与研究服务。同时开展汉语中介语语料库建设的本体研究，促进语料库建设的规范化、标准化与科学化，提高语料库建设效率与水平。

　　所谓"最好最大"的具体含义，是试图建设一个语料样本多、规模大、来源广、阶段全、背景信息完备，标注内容全面、标注质量优异，设计周密、功能完善、检索便捷、向各界用户

---

　　① 简称"全球库"或"qqk 库"，网址：qqk.blcu.edu.cn。

开放，能够反映各类汉语学习者的汉语学习过程与特征、可以满足多方面研究需求的汉语中介语语料库，即全球汉语学习者语料库，以弥补当时语料库的不足，为全世界的汉语教学与研究提供优质资源。

该库上线以来，已引起学界的广泛关注，注册用户为 11163人，访问量达 102416 人次（截至 2022 年 6 月 7 日），形成了一定的学术影响。在中国知网（CNKI）中查询，得到相关论文179 篇。其中 2021 年发表的论文即达 92 篇；主要来源为学术期刊 45 篇，学位论文 115 篇。[①] 详见图 3-1。

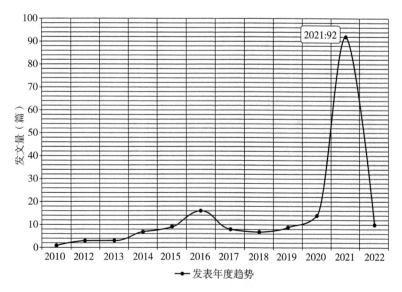

图 3-1　年度发文量统计图

---

① 检索时间：2022 年 6 月 7 日；检索范围：总库中文；检索方式：句子查询；检索式："同一句：全球、汉语中介语语料库"。

相信随着时间的延续，该库将在汉语教学与研究中发挥越来越大的作用。

第 1 节　建设方案 ①

一、全球汉语学习者语料库的基本内容

在语料库建设的 1.0 时代，汉语中介语语料库的建设已经为汉语的教学与研究带来了明显效益，引起了学界的广泛关注。但总体来看，汉语中介语语料库的建设还处于初创阶段，尚不能满足汉语教学与研究中的多种需要。

因此，建库者试图建设一个语料样本多、规模大、来源广、阶段全、背景信息完备、标注内容全面、标注质量优异、设计周密、功能完善、检索便捷、向各界用户开放、能够反映各类汉语学习者的汉语学习过程与特征、可以满足任何研究需求的汉语中介语语料库，以弥补现有语料库的不足，更好地为汉语教学与研究服务。

（一）关于语料：样本多、规模大、来源广、阶段全

1. 样本多：指语料作者众多，预期达到数万人。

---

① 　该课题建设方案最初提出和作者单篇论文发表时叫作"全球汉语学习者语料库"，本节仍保留此称法。

2. 规模大：指语料数量大，预计规模为 5000 万字。其中书面表达生语料 2500 万字，熟语料 2000 万字，合计 4500 万字；口头表达生语料 500 万字，其中熟语料 200 万字，生语料 300 万字。在后续建设中，将逐渐把全部语料都加工为熟语料。

3. 来源广：指语料类型广泛。从地域角度看，有来自中国大陆的汉语学习者所写的语料，也有在其本国或其他国家和地区学习汉语的学习者的语料；从学生类别角度看，有汉语言专业或中文专业的学生写的语料，也有其他专业的学生写的语料；有本科生的语料，也有长期进修生、短期进修生的语料；有华侨华裔学习者的语料，也有非华侨华裔学习者的语料；从文体角度看，有记叙文、议论文、说明文语料；从语料性质看，有平时的作业，有成绩考试语料，有水平考试语料；有作文，也有回答问题时的成段表达。

语料样本多、规模大、来源广给研究带来的直接效益是：可以使研究及其结论具有很强的客观性、普遍性与稳定性，所得到的结论不会因语料的变化而产生变异。由于"比较大的样本可以减低样本统计量的变异"（戴维·S·穆尔，2003：162），因而可以保证结论的可靠性。

4. 阶段全：指包括汉语学习的整个过程，即有初级、中级、高级等各个学习阶段的学习者的语料。因而既可以对各个阶段的学习者的学习情况进行横向的断面考察，也可以对学习的整个过程进行全面研究和对各个学习阶段进行对比分析。

5. 为了和母语者的汉语使用情况进行对比分析，还将收入部分母语者小学生、初中生、高中生的作文语料。

（二）关于背景信息

1. 背景信息包括学生及语料的相关信息。

2. 学生信息包括：姓名（以代码形式显示）、性别、国籍、是否华裔、母语或第一语言、掌握的其他语言及程度，专业、年级、汉语学习时间、学习地点、学习目的，是否参加过 HSK 考试、参加次数、作文考试分数、考试总分、是否获得水平证书、证书等级。

3. 语料信息包括：标题、文体、字数下限、写作时间、写作地点（课上、课下、考场等）、得分。

（三）关于标注

1. 标注模式："偏误标注 + 基础标注"。

2. 偏误标注：指对字、词、短语、句、篇、标点符号的各种偏误的标注。

（1）汉字偏误标注，包括：错字、别字、漏字、多字、繁体字、异体字、拼音字。

（2）词语偏误标注，包括：错序词、错用词、词语重叠偏误、离合词偏误、生造词、外文词、多词、缺词。

（3）短语偏误标注，包括：词类搭配偏误、音节搭配偏误、用法搭配偏误。

（4）句子偏误标注，包括：各种句类、句型、句式、句子成分偏误、语序偏误、句式杂糅、未完句。

（5）语篇偏误标注，包括：形式连接偏误、语义连接偏误。

（6）标点符号偏误标注，包括：标点错误、标点空缺、标点多余。

3. 基础标注：指对语料中正确的语言现象的标注。

（1）分词及词类序列标注。

（2）句子成分序列标注。

（3）句类、句型、句式类别标注。

句类标注包括：陈述句、疑问句、祈使句、感叹句。

陈述句标注包括：双重否定句，而肯定句、否定句则不标；

疑问句标注包括：是非问句、特指问句、选择问句、正反问句、反问句。

句型标注包括：形容词谓语句、名词谓语句、主谓谓语句，动词主语句、形容词主语句，名词非主谓句、动词非主谓句、形容词非主谓句、叹词非主谓句、象声词非主谓句；而普通主谓句、动词谓语句不标。

句式标注包括：把字句、被字句、"比"字句、"有"字句、"是"字句、"是……的"句（一）、"是……的"句（二）、双宾语句、"连"字句、连动句、兼语句、存现句、重动句、供用句。

（4）语体标注：口语词、书面语词，口语句、书面语句。

（5）句标记标注：标示单句，据此可以得到全库句数。其直接效益是，在基于语料库的相关研究中可以在全部句子中得出偏误句所占比例，从而避免在全库字数中统计偏误句比例那样的不合逻辑的做法。

4. 标注方式：

（1）手工标注：根据目前标注的实际水平，在建库前期这将是主要的标注方式。

（2）尝试进行自动标注：

首先，总结概括现有汉语中介语语料库中熟语料的偏误种类，建立偏误模型，先在小规模语料中试标并修改完善，然后进入对大规模语料的实际标注。机器所做的各种标注还需经过人工校对与修改。

其次，采用数字墨水技术进行标注。其优越性是可以直接在扫描版语料中勾画存在偏误的字、词、句、篇，并可以与录入版语料建立联系，使各种偏误可以在两版语料上同时体现，直接定位。这将为用户检索各类偏误带来极大的方便。（张宝林，2010a）

（四）关于统计

1. 字信息统计：字量及字频、错字数量、别字数量、繁体字数量、异体字数量、拼音字数量。

2. 词信息统计：词量及词频统计、词类统计、各类熟语的数量统计、词的各类偏误统计。

3. 句信息统计：句量及句频统计、句类统计、句型统计、句式统计、各类偏误句统计。

4. 语篇信息统计：形式连接偏误统计、语义连接偏误统计。

5. 标点符号信息统计：各种标点符号的用量统计，各种标点符号的偏误统计。

（五）关于库结构

1. 语料库包括 5 个子库：生语料库、熟语料库、统计信息库、相关信息库、母语者中小学生语料库。

生语料库：存放未经任何标注的语料，但信息完备，可以按相关信息库提供的各种信息进行检索与输出。

熟语料库：存放经过各种标注加工的语料。

统计信息库：存放各种统计数据；

相关信息库：存放学生信息和语料相关信息。

母语者中小学生语料库：存放母语者中小学生的作文语料。

2. 生语料库有 2 个子库：文本语料库、声音语料库。

文本语料库：存放书面表达形式的语料，即写作语料。其中部分语料有电子扫描版，可以直接呈现语料原貌，特别是可以为汉字习得研究提供原始素材。

声音语料库：存放口头表达形式的语料，即口语语料。

3. 熟语料库有 2 个子库：偏误标注库、基础标注库。

偏误标注库：存放从字、词、短语、句、篇、标点符号等角度进行偏误标注的语料。

基础标注库：存放以句子为单位、经过分词及词类序列标注、句子成分序列标注、句类句型句式类别标注、语体信息标注、句子正误性质标注的语料。

（六）关于成果形式

1. 网络版语料库：放在专用网站上，用户注册后即可登录使用。

2. 单机版语料库：以光盘形式出版发行，供用户在线下使用。

二、建库的基本原则

（一）注重语料的真实性

语料录入采取"实录"原则，语料标注也要忠实原作，最大限度地保持语料原貌。录入时对语料不做任何修改订正，字、词、短语、句、篇、标点符号等方面的错误和书写格式均原样录入，以全面反映学生的实际语言表现。标注时除字、词方面的偏误需要"既标且改"以保证分词和标注词性的正确之外，短语、句、篇等方面的偏误均"只标不改"。

（二）注重语料的平衡性

不同类型的语料在分布上应尽可能均匀，也要根据实际情况有所区别。从学习阶段和年级角度看，初级、中级、高级三个学习阶段、四个年级的语料数量应完全相同。从国别角度看，有些国家的学生很少，语料要全部收入；有些国家的学生很多，语料必须有所删减。从文体角度看，叙述性语料占40%，议论性语料占40%，说明性语料占20%。

（三）注重语料的系统性

各类语料完整，且能一一对应，相关信息完备。

注重收集同一名学生 / 同一个学生群体在不同学习阶段 / 不同年级的语料。这部分语料能够反映学生的整个学习过程，在研究上有重要意义，也是该语料库的一大特色。

（四）注重语料的动态性

语料可以按学期或学年不断充实与更新。

（五）注重语料库使用的便捷性

语料库结构清晰，界面简洁，响应迅捷，使用方便。

用户可以从国别 / 母语、年级 / 学习时间、华裔 / 非华裔、字、词、短语、句、篇、标点符号、语料性质、语体等各种角度，对语料中存在的各种偏误和正确表现进行检索查询。语料输出时还可以带有写作时间、地点、标题、文体、分数、HSK证书等级，以及语料作者的相关信息。

三、建库的方式与步骤

（一）建设方式：多方合作，互利共赢

建库目标是通过学界的共同努力，建设一个最大最好的汉语中介语语料库，提高汉语教学与研究的效率和水平。显而易见，汉语中介语语料库建设普遍采用的"独家建设、自给自足"的个体生产方式与这一目标是不相适应的。因为一家的研究成果、实践经验和语料总是有限的，所建设的语料库也难免有不足，很难使语料库建设达到一个很高的水平。因此，语料库建

设应打开大门，与国内外汉语教学单位真诚合作，互利共赢，实现最充分的资源共享。

建库者设想成立一个面向国内外的"全球汉语学习者语料库建设委员会"，负责领导、设计、安排语料库建设的具体建设事宜。在学界同人的支持与配合下，建设委员会经过周密策划，精心施工，一定可以实现既定的目标，建成一个最理想的汉语中介语语料库。

（二）建设步骤

1. 成立全球汉语学习者语料库建设委员会。
2. 制订全球汉语学习者语料库建设实施计划。
3. 研究确定语料库整体结构。
4. 收集语料。
5. 研制语料标注规范，并实施语料标注。
6. 研制开发语料库管理软件和检索系统。
7. 语料库集成。
8. 语料库上网试运行，并进行相应的改进。
9. 发布通告，向全球用户开放语料库。

四、语料库的主要特点

第一，语料来源广，规模大，书面语口语并存，5000 万字的规模在汉语中介语语料库中是空前的，可以满足对外汉语教学与研究的任何需求。

第二，可以多方面反映汉语学习者的学习情况，开展多方面的研究。

例如可以对汉语学习者在初级、中级、高级等各个阶段的汉语习得情况进行横向的断面考察，也可以对他们从初级阶段到高级阶段的整个学习过程进行全面研究；可以考察非华裔学习者的汉语习得过程及特点，也可以研究海外华裔的汉语学习及使用情况。这样就可以得到关于汉语学习者的习得情况的全面、真实、具体、准确的认识，进而全面揭示学生的汉语学习规律，极大地提高对外汉语教学的效率与水平。

第三，语料标注方法具有前沿性。汉语中介语语料库的语料标注一向采用手工方式或人标机助方式进行，该语料库则将以现有语料库为训练语料尝试自动标注，这样一方面可以提高语料库的建设速度与水平，另一方面也将为中文信息处理提供参考，起到一定的促进作用。

第四，进一步实践并验证"偏误标注＋基础标注"标注模式。在《"汉语学习过程语料库"总体设计》（张宝林，2008a）一文中，我们提出了"偏误标注＋基础标注"这一语料标注的新模式；首都外国留学生文本语料库的建设即采用了这一标注模式。实践证明，这一标注模式是可行的。这样标注语料将可以使研究者在考察各种语言偏误现象的同时，还可以看到学习者正确的语言表现，可以从各种角度对学生的汉语习得情况进行全方位的对比、考察与研究，从而使研究更全面，结论更可靠，提高汉语教学与研究的水平。

第五，语料库免费开放，为各界用户提供使用的方便。全球库建设周期预计为 8 年，每年入库 625 万字生语料，300 余万字熟语料；随建设随开放，供各界用户研究使用（限于非商业目的）。语料库的最终目标是服务社会，服务于国家的汉语国际推广事业。

五、建库的可行性

第一，基于大规模真实文本的、定量分析与定性分析相结合的研究方法正在逐渐成为汉语教学与习得研究的主要方法之一。汉语中介语语料库的建设符合研究方法的这种转变与实际需要，因此，全球库的建库设想得到了部分院校的大力支持。例如北京语言大学、北京大学、中国人民大学、对外经贸大学、苏州大学、西北师范大学、哈佛大学等国内外高校提供了语料支持，中山大学、暨南大学华文学院等高校也在语料库筹建之初就达成了合作意向。学界同道的支持是我们建成语料库的根本保证。

第二，汉语中介语语料库经过十多年的建设，已经积累了比较丰富的实践经验。例如，在语料标注方面，北语建设的 HSK 动态作文语料库和首都外国留学生汉语文本语料库共有 500 多万字的偏误标注语料和约 100 万字的基础标注语料，已经积累了比较丰富的标注经验和比较充足的熟语料积累，完全可以尝试进行计算机自动标注。

鉴于汉语篇章研究的不充分，汉语学习者汉语表达的不规范，以及自然赋码的实际水平（参杨惠中主编，2002：30），在语料库的标注过程中由计算机自动标注的内容并不多。但自动标注是方向，也是建设大规模语料库的客观需要。应该积极尝试，不断改进，以获取最终的成功。

　　第三，计算机软硬件技术的发展为语料库建设提供了必要的技术支持。例如计算机存储与运算技术所达到的水平使我们无需考虑语料库的容量大小，汉字自动识别与数字墨水技术为语料自动标注提供了技术保障。

　　第四，汉语中介语语料库的建设得到了国家相关机构的高度重视。例如在《2008 年度国家社会科学基金项目／课题指南》中共有 3 处提到语料库。尤其是在"对外汉语教学研究"部分提出："今后应以教学模式研究为突破口，取得教材的创新；以汉字研究为突破口，加强书面语的教学；以语料库建设和多媒体、网络教学等现代教育技术研究和运用为突破口，指导和带动教学理论、学习理论的研究。"这为汉语中介语语料库的建设提供了重要的政策支持。

　　综上所述，全球汉语学习者语料库已经充分具备了建库的主客观条件，完全具有实施建设的现实可行性。

第 2 节　设计理念

一、全球库建设项目提出的背景

（一）特点

　　跨入 20 世纪第二个十年以来，语料库建设不断向纵深发展，呈现出一些新的特点。

1. 口语语料库的建设渐成热点。以前的语料库多为作文语料库，已建成的口语中介语语料库只有北京语言大学的汉语学习者口语语料库和暨南大学华文学院的留学生口语语料库，两者均为生语料库，使用价值有限。目前，北京语言大学正在筹建 HSK 动态口语语料库。（张宝林，2012a）此外，香港中文大学正在建设语言习得汉语口语语料库（LAC / SC），（吴伟平，2010）苏州大学正在建设小型外国学生口语中介语语料库。（陆庆和、陶家骏，2011）

2. 多模态语料库的建设提上日程。例如南京师范大学"开始进行外国学生多模态口语语料的收集工作"。（周宝芯，2011）全球汉语中介语语料库的设计中也包括多模态子库。

3. 在多国别、多母语背景汉语学习者的语料库之外，出现了单国别、单母语背景学习者的中介语语料库，例如鲁东大学正在建设韩国留学生汉语中介语语料库。

4. 在对外汉语教学领域的中介语语料库建设的影响与推动下，国内少数民族的汉语中介语语料库建设也已经开始。例如新疆大学正在建设维吾尔族学生的汉语中介语语料库。①

5. 汉语中介语语料库的建设是在国外语料库语言学的发展和国内外母语语料库建设的影响下开始和发展起来的，但其主阵地始终在中国国内。作为一种学术"反哺"，中国国内的汉语中介语语料库建设已经开始影响到国外。例如美国夏威夷大学马诺阿校区有教师在建设自己的语料库；哥伦比亚大学也准备

---

① 此信息承蒙新疆农业大学杨文革教授告知。

建设语料库。[①]

6. 对语料标注模式的研究逐渐深入。语料标注已从普遍的偏误标注向"偏误标注＋基础标注"的模式发展；研究内容已从单纯的标注内容发展到对标注原则、标注内容、标注方法、标注代码、标注流程等的全面探讨。（张宝林，2013）在标注方法方面，苟恩东（2012）提出了"基于 Web 的语料协同标注平台"设想，并正在研发这一系统。

（二）问题

当时语料库建设存在的主要问题如下：

1. 整体设计水平不高。大多数语料库的建设规模一般从几十万字到几百万字不等，且以百万字左右者居多；标注内容多局限于偏误标注，有的只标注错别字和少数几个句式。总体来看，在设计理念上并无实质性突破。

2. 发展不平衡。当时的语料库绝大多数都是书面语语料库，口语语料库很少，多模态语料库更少，且尚无建成者。

3. 语料库建设的本体研究缺乏。对汉语中介语语料库建设相关问题的理论探讨属于该领域的本体研究，它对语料库建设的重要性是不言而喻的。然而，在长达近 20 年的时间里，语料库的建设者们多是根据自己的语言学知识与研究经验采取一些操作性的办法来处理语料库建设中的相关问题，深入的本体研究非常缺乏。一个重要表现就是语料库建设一直没有统一的

---

① 此信息承蒙美国哥伦比亚大学刘乐宁教授告知。

建设标准、标注规范，也无汉语中介语的分词规范与专用词表。在此情况下，语料库建设难以有大的突破。

4. 缺乏语言学本体研究的有力支持。在现有语料库中，语篇、语体标注十分薄弱，且只见于个别语料库；语义、语用、交际文化因素的标注尚付阙如。一个主要原因是这些方面的本体研究不够，难以为语料库建设提供有力支持。如交际文化因素究竟有多少个点、项，就不易说清楚。

5. 大多数语料库建成后并不对外开放，未能充分发挥其应有的作用。

6. 现有的汉语中介语语料库不能满足汉语教学与相关研究的多方面需要。例如 HSK 动态作文语料库可以满足偏误研究的需求，却无法满足表现分析的需求；可以考察中高级阶段汉语学习者的习得情况，却无法了解初级阶段汉语学习者的习得情况。迄今为止，所有的语料库都不能满足对外汉语教学中语义、语用、修辞、交际文化因素的研究需求。

二、原因

针对当时汉语中介语语料库建设中存在的诸多问题，语料库建设应加大力度，深入发展。其主要原因如下：

第一，语料库的数量很少。虽然，汉语中介语语料库的建设已经得到很大的发展与长足的进步，但是还不能满足教学与研究的诸多需求，不仅建设水平有待提高，语料库的数量也远远不够。与供语言学研究使用的汉语母语语料库、民族语言语料库以及英语语料库相比，汉语中介语语料库的建设还非常落后。以国家社科基金的立项情况来看，在国家科研管理部门的重视与影响下，在课题指南的指导与推动下，[①] 各类汉语母语语料库、民族语言语料库、外语语料库的建设项目与基于语料库的相关研究项目从 2002～2004 年的合计 7 项，增长到 2005～2012 年的合计 108 项；在全部语言学项目中所占比例由 2002～2004 年的 4.09% 提升到 2005～2012 年的 10.23%。相比之下，同期汉语中介语语料库方面的项目仅 2011 年立项数目略多（达到 5 项）。除此之外，每年或者没有，或者只有 1 项或 2 项，变化甚微。

从"其成果代表我国重大理论问题和实践问题的研究方向"的"作为目前我国唯一的国家级科研基金项目"（殷雪、刘伟民、吕国光，2011）的国家社科基金项目层次上看，汉语中介语语料库的立项课题比例平均仅为语言学立项课题的 1% 左右。从应用的角度看，语料库建设还不能满足教学与研究的实际需要。因此，汉语中介语语料库的建设急需加强。

第二，语料库建设水平不高。首先，语料库建设没有考虑到教学的某些急需，标注内容不全面，因而不能很好地为教学服务。例如，"在语法教学中应加强语体知识的教学和语体技能

---

① 2004 年以前，国家社科基金项目课题指南不曾涉及语料库。但在 2005 年至 2008 年期间，课题指南在汉语研究的历史语法词汇研究、计算语言学研究、对外汉语教学研究、少数民族语言研究和外国语言研究部分都曾谈到语料库问题，特别是在对外汉语教学研究部分明确指出，要"以语料库建设和多媒体、网络教学等现代教育技术研究和运用为突破口，指导和带动教学理论、学习理论的研究"。（2005～2008 年度国家社会科学基金项目／课题指南）

的训练，如口语和书面语词汇、语法及其语用特征的教学、语体要素的辨认、口语和书面语各自内部的再分类及其教学、不同语体的转换训练等等；在各类语法大纲的制定中要充分体现语法项目（包括词汇、惯用语、句式、格式等）的语体属性"。（李泉，2003）因此，在语料标注时就应有语体标注。既然"在实际教学中也常发现与修辞相关的偏误"（周小兵、洪炜，2010），为了考察与研究汉语学习者对汉语修辞的习得情况，辞格标注也就必不可少。然而在语料库的建设实践中，尚未进行辞格标注；语体标注虽有一些，但非常简略，难以满足教学与研究需要。

其次，现有语料库存在一些不足与缺陷，不能满足相关研究的需要。以 HSK 动态作文语料库为例，其语料存在不全面性，只能对学生的汉语习得情况进行横向的断面考察，而无法进行纵向的习得过程研究；标注内容只有偏误标注，只能进行偏误分析，而无法进行表现分析。（参张宝林，2008a、2010b）

三、关于"全球汉语中介语语料库建设和研究"

（一）课题简介

该课题系 2012 年教育部哲学社会科学研究重大课题攻关项目。于 2011 年 9 月提出，由北京语言大学崔希亮教授担任首席专家。

课题有三个非常重要的关键词，集中体现了其基本特征。

1. 全球。所谓"全球"有三重含义：一是语料来自全球，课题欢迎海内外所有面向汉语学习者的汉语教学单位提供所收集的汉语中介语语料；二是全球共建，诚邀全世界的汉语教师和研究人员参加课题建设；三是全球共享，语料库建成后将向世界各国的汉语教师、研究人员、汉语学习者乃至对汉语感兴趣的其他各界人士免费开放，实现最充分的资源共享，全心全意地为全球的汉语教学和研究服务。

关于资源共享，目前情况很不乐观。绝大多数语料库建成后都不对外开放。其结果是：一方面许多人想用却没法用，另一方面语料库的使用率并不高。（任海波，2010）这是非常可惜的，因为语料库并非供人观赏的艺术品，而是供人使用的工具，其价值与使用率应成正比。在相当长的时间里，只有 HSK 动态作文语料库向全世界免费开放。自 2008 年 8 月升级为 1.1 版后，该语料库取消了普通用户和高级用户的区别，所有登录者都可以免费浏览全部语料，并可以下载检索到的语料。今天该语料库的用户遍布世界各地，达 7 万多人，依据该语料库进行研究并已发表的学术论文达数千篇。后来我们高兴地看到，中山大学、暨南大学华文学院的语料库也已对外开放，这是学界在观念与实践上的巨大进步。全心全意地为全球的汉语教学和研究服务本来就是我们建设语料库的基本着眼点与根本目标，我们期待有越来越多的语料库向公众开放。

2. 建设。指该课题的基本目标，即建设一个最好最大的通用型汉语中介语语料库。其基本特征是：语料样本多，规模大，来源广，阶段全，背景信息完备；标注内容全面，标注质量优

异；设计周密，功能完善，检索方便，响应快捷；能够反映各
类汉语学习者的汉语学习过程与特征，可以满足汉语教学与相
关研究的众多需求。（崔希亮、张宝林，2011）

3. 研究。第一个含义是指该课题将进行汉语中介语语料库
建设的本体研究，以提高语料库建设水平。从目前情况看，汉
语中介语语料库的本体研究至少可以包括下列内容：

（1）语料库建设国家标准。

（2）语料标注规范，包括标注原则、标注内容、标注方法、
标注代码、标注流程。

（3）口语语料和多模态语料的转写规则。

（4）语料标注的标准化、通用化与自动化。

（5）汉语中介语语料库建设专用分词规范与专用词表。

（6）语料库建设模板与语料库建设自动化。

在该课题的研制过程中，将进行以下四个方面的本体研究：
研制汉语中介语语料库建设标准；研制汉语中介语语料库语料
标注规范；研制口语语料和多模态语料的转写规则；研制汉语
中介语语料库建设用分词规范与专用词表。

第二个含义是加强汉语语言学理论本体研究，为语料库建
设提供有力支持。从语料库建设的角度看，汉语本体研究急需
解决下列问题：

（1）复句与语段（或称句群、句组）的关系如何？复句的
构成成分、结构关系与单句差异巨大，而与语段类同，能否据
此从理论上把复句从句子层面移入语段层面？如果可以，将非

常有利于语篇标注。

（2）语义、语用、交际文化因素三者之间的关系如何？"老师，你媳妇儿漂亮吗？"究竟是因不明"媳妇儿"一词的不正式、不庄重的含义而导致的语义问题，还是因使用对象不当而导致的语用问题？"小张"可以儿化，"大张""老张"不能儿化，这种差异是儿化韵的语义色彩造成的，还是儿化对象与使用场合等语用因素使然，抑或是尊老爱幼的传统文化因素在称呼语上的表现所致？

（3）语篇与语用的关系如何？例如，指示语是语篇问题还是语用问题？

（4）语体包括哪些内容？

（5）交际文化因素包括哪些内容？有哪些点、项？

（二）建设与研究方式

1. 合作共建，方式多样。以往语料库建设多各自为政，既不吸纳别人的研究成果、实践经验和语料，也不贡献自己的研究成果、实践经验和语料。这种情况对语料库的建设和发展极为不利。（张宝林，2010a）该课题将彻底打破这种个体生产方式，采用海内外汉语学界合作共建的方式，即由海内外所有对此课题感兴趣并愿意参与的汉语教学单位共同建设。所有共建单位的名称和参加者的姓名及其所承担的具体工作都将在语料库和相关文件中加以说明。合作方式根据各共建单位的具体情况可以有所不同，例如可以只提供语料，可以既提供语料又参加语料标注，可以参与或负责某一子库的建设，可以参与或负责语料库本体研究的某项内容。

2. 人机配合，各用其长。即在语料库建设过程中，最大限度地发挥人和机器各自的优势。例如语料标注总体上以人工为主，但可以辅以计算机，以减少人工标注易于发生的标注代码不匹配的问题；分词和词性标注则以机器为主，人工检查与修改为辅。课题还将积极探索机器自动标注的方法。

3. 精心设计，先行实验。即研究与实验相结合，研究结果必须经实验验证后方可实施。例如标注规范、分词规范及专用词表的研制，首先应进行文献调研与实地考察，全面分析其优势与不足，然后有针对性地设计出规范和词表；还要通过一定数量语料的实际标注来进行验证，确保具备充分的可行性后再推广应用。

4. 基于学习者背景分布的分层抽样。现有的汉语中介语语料库一般都是抽样语料库，追求语料分布的平衡性，并常常把"平衡"理解为各种背景的语料数量相等。而从汉语学习者及其语料的实际分布来看，韩、日、东南亚国家汉语学习者多，其产出的语料也多；欧美汉语学习者相对较少，其产出的语料也少。这是语料库建设中的突出问题，但也是汉语学习者国籍分布的现实情况，强求语料分布的"平衡"并不一定符合汉语国际教育的实际，也未必能满足汉语教学与相关研究的真实需求。课题将以各种国籍背景的汉语学习者的实际人数作为分层的依据，确定各国汉语中介语语料的抽样比例。这种抽样方法显然更符合全球汉语教学的实际情况，这样建设的语料库最具代表性。

5. 基于 Web 的语料协同标注。[①] 以往"分包"式的语料标注方式及标注后的审查环节都由个体承担，标注结果依赖于标注者和审查者个人的知识、能力、工作态度与精神状态，标注的准确性与一致性难以保证。而"Web 语料协同标注平台"基于"众包"理念，一名标注员在网络上进行标注工作，其他标注员乃至进入该平台的任何人都能看到其工作过程，并可以对其标注情况发表评论，提供意见，甚至动手修改或进行不同的标注，可以实现"人机互助""人人互助"，进而大大提高标注的科学性与效率。

6. "搭积木式"的动态建设策略。[②] 以往的语料库建设模式是同时进行不同层面的标注，全部语料标注完成之后再集成上网，其结果是建设速度较慢，无法满足人们及时使用的需要。该课题拟采用的"搭积木式"的建设方式，将随着语料的增加，进行多次标注，每次只对一个层面的内容进行标注，因而会形成多版语料；每完成一版都会即时开放，供各界人士使用；最后通过技术手段，叠加各版语料和标注，形成一个总库。不仅可供大家尽早使用，而且最终将形成多个分库和一个总库，可以更好地满足使用者的不同需要。

在语料库分类方面，我们认为两种角度的分类最具概括性：一是语体角度的分类，即书面语语料库和口语语料库。二是用途角度的分类，即通用型语料库和专用型语料库，所谓"通用

---

① 此内容受到北京语言大学荀恩东教授和黄勤勇教授的谈话启发。
② 此内容受到香港中文大学吴伟平教授的谈话启发。

型语料库"指为满足多种研究目的而建的语料库，例如运用
HSK 动态作文语料库，可以进行汉语中介语字、词、句、篇、
标点符号等各方面的研究；而"专用型语料库"则只为某种专
门的研究目的服务，例如通过汉语学习者汉字偏误数据资料库
只能进行中介汉字的研究。（张宝林，2012b）

我们认为，通用型语料库和专用型语料库是汉语中介语语
料库建设的两翼，它们都有其非常重要的价值与意义。当前国
外计算语言学的一个显著特点正是构造通用和专用的语料库，
（2005～2008 年度国家社会科学基金项目／课题指南）我们的
认识与这一趋势是完全相符的。

"搭积木式"的动态建设策略将在建设多个分库和一个总库
的过程中，在一定程度上把通用型语料库和专用型语料库的建
设统一起来，可谓一举两得，甚至多得。

（三）预期成果与用途

课题的主要研究成果可以概括为"一库四标准"。

"一库"指课题的建设部分，即全球汉语中介语语料库。其
总体规模为 5000 万字，包括书面语子库、口语子库和多模态子
库。该库建成后的基本用途如下：

1. 呈交教育部，供国内教育系统各级各类学校、科研院所
进行汉语教学和相关研究时使用与参考。

2. 挂在北京语言大学校园网上，所有共建单位都可以在其
单位的网页上建立链接，向全球各界人士免费开放，资源共享，
为汉语教学与研究服务。具体包括如下几个方面：

（1）供世界各地的孔子学院作为教学参考，为汉语国际教育服务。

（2）为国内面向母语非汉语者的汉语教学服务，可用于课堂教学、教材编写等。

（3）为与汉语教学相关的科学研究服务，例如第二语言教学理论研究、汉语中介语研究、汉语作为第二语言的习得与教学研究、汉语水平考试研究、外向型汉语学习词典编纂，等等。

此外，还可以以单机版形式出版发行，供用户离线浏览查询，提供更加方便的使用条件。

"四标准"指课题的本体研究部分，即汉语中介语语料库建设标准、汉语中介语语料库标注规范、口语语料和多模态语料的转写规则、汉语中介语语料库建设用分词规范及专用词表。除用于支持全球汉语中介语语料库的建设之外，这些标准与规范还将报送国家标准化管理委员会，申报国家标准，以规范汉语中介语语料库的建设，提高语料库的建设水平。

（四）课题意义

1. 建设最好最大的汉语中介语语料库，为全球汉语教师、研究人员的教学与研究工作提供优质资源，为国家的语言政策服务。

汉语国际教育是目前我国基本的语言政策之一，对扩大我国的国际影响、提高我国的国际地位具有重大意义。汉语教学已经成为一个影响国家语言政策的重要因素。

以往的汉语教学与习得研究多为小样本、小规模的定性研究，其缺陷有二：一是观察到的中介语现象不全面，所得结论的普遍性、稳定性不强；二是难以对学习者学习汉语的实际情况做出准确的判断。该课题将为汉语教学与习得研究中的定量分析提供必要前提，促使汉语习得研究模式逐步向"基于大规模真实语料样本的、定量分析与定性分析相结合的实证性研究"（张宝林，2011a）转变，使学界对汉语习得情况的认识更加全面、准确，进而促进对外汉语教学及与之相关的各项研究，为贯彻国家的语言政策服务。

2. 研究方式将极大地促进海内外汉语学界的学术交流与合作。

该课题的建设与研究方式是汉语中介语语料库建设的一个创举——与海内外汉语学界精诚合作，共襄盛举。语料来自世界各国的汉语教学单位，语料库建成后为全球的汉语教学与研究服务。这种建库方式必将极大地促进海内外汉语学界的学术交流、相互理解与合作，推动汉语国际教育事业的深化与拓展。

3. 该课题研制的汉语中介语语料库建设标准、标注规范、转写规则、分词规范与专用词表，将填补汉语中介语语料库建设的空白，极大地提高汉语中介语语料库的建设水平。

目前的汉语中介语语料库建设缺乏统一标准，建库实践带有很大的随意性，标注的内容、方法与代码各不相同，使用为母语语料库建设设计的分词规范与词表。这样建成的汉语中介语语料库在规模、功能、质量、用法等方面存在诸多局限，不能完全适应汉语教学与研究的需要，也不便于实现资源共享。

该课题将对汉语中介语语料库的建设原则、建库的程序与步骤、语料的类型与规模、标注的内容与方法、语料及其作者的背景信息、检索结果的呈现方式等基本问题，展开充分讨论，并在建库实践检验的基础上，制定一个能为学界普遍接受的语料库建设标准，研制出为汉语中介语语料库建设服务的标注规范、转写规则、分词规范和专用词表。这些研究成果将弥补汉语中介语语料库建设的空白，提高语料库的建设水平。

4. 该课题的研究成果对中文信息处理具有借鉴与参考价值。

课题对汉语中介语中的字、词、短语、句、篇、语体、语义、语用、辞格的标注与相关研究成果，将为汉语相应信息的自动识别提供参考；数字笔和数字墨水技术的应用、语料自动标注等关键性技术问题的研究，对于中文信息处理具有启发和借鉴意义。

第 3 节　特点与功能

一、全球库的建设目标和现状

（一）建设目标

"全球汉语中介语语料库建设和研究"是教育部重大课题攻关项目，于 2012 年 6 月立项，是根据汉语第二语言教学研究的实际需要和汉语国际教育发展形势的需要，并针对当时汉语中介语语料库建设存在的诸多问题而提出的。该课题试图建设一个语料样本多、规模大、来源广、阶段全、背景信息完备，标注内容全面、标注质量优异，设计周密、功能完善、检索便捷、向各界用户开放，能够反映各类汉语学习者的汉语学习过程与特征、可以满足多方面研究需求的汉语中介语语料库，即全球汉语学习者语料库，以弥补现有语料库的不足，更好地为汉语教学与研究服务。（崔希亮、张宝林，2011）可以看出，该语料库的设计与建设主要是为了满足汉语第二语言教学发展的需要，应国际中文教育、人才培养、科学研究和学科建设的需要而建设的。其在设计上吸收了既有同类型语料库的优点，同时也对既有语料库存在的不足进行了完善，这种完善是多方面的，体现了该语料库的特点与功能。

（二）建设现状

全球库目前收入原始语料约 2367 万字，从汉字、词汇、句子等 10 个层面进行了标注，标注语料约 1.26 亿字。另外收集供研究对比用的汉语母语语料约 137 万字，其中初中生语料约 69 万字，高中生语料约 68 万字；除词的基础标注（自动分词和标注词性）之外，都是未经加工的生语料。语料题目总数 4122 个，语料总篇数 59770 篇（1 个题目不足 10 篇语料的不予统计）。[①]语料仍在持续增加，语料标注也仍在持续进行，因而相关数据还会有所变化。语料库已于 2019 年 3 月 4 日面向海内外正式开放，供广大用户免费使用。

结合语料库建设，该课题积极开展汉语中介语语料库建设

---

① 数据截至 2022 年 6 月 7 日。

的本体研究。研究内容包括：汉语中介语语料库整体设计研究；汉语中介语语料库建设标准研究；汉语中介语语料库语料标注规范研究；汉语中介语语料库建设用分词规范与专用词表研究；汉语中介语语料库自动标注系统研究。这些理论研究取得了多方面的研究成果，代表了汉语中介语语料库建设本体研究的新成就、新水平。这些研究成果已用于全球库建设，并得到了建库实践的证明。

二、全球库的语料标注

（一）全面标注

汉语中介语语料库的标注原则之一是全面性。全面性是指语料标注的内容全面，可以满足汉语教学与研究的多方面需求。（张宝林等，2019：334）就笔语语料库而言，全面标注指对字、词、短语、句、篇、语体、语义、语用、修辞、标点符号等 10 个层面进行标注。而口语语料库和多模态语料库还需增加语音和体态语方面的标注。（张宝林，2013）

"偏误标注＋基础标注"的标注模式也体现了全面标注的理念。偏误标注是对中介语语料中各种错误（指偏误而非失误）语言现象的标注，基础标注则是对正确语言现象的标注。其效益是可以从正反两方面来考察中介语，对中介语形成全面、准确的认识，进而了解学习者的汉语习得（或发展）[1]过程。

---

① 关于二语习得与二语发展的概念与关系见许希阳等（2015）、梁爱民等（2017）。

根据全面性原则，全球库采用"偏误标注＋基础标注"的标注模式，其标注内容笔语语料包括汉字、词汇、短语、句（句式和句子成分）、语篇、语体、辞格、标点符号等8个层面。口语和视频语料除和笔语语料相同的6个层面之外（口语语料、视频语料无须进行汉字、标点符号2个层面的标注）还有语音标注，视频语料还有体态语标注，共计10个层面的标注，在目前的汉语中介语语料库中标注内容是最多的，可以满足教学与研究的多方面需求。

由于目前对语义和语用方面的偏误量和标注范围尚需进一步调研明确，全球库暂未进行语义标注和语用标注。但从全面性原则出发，这两个方面的标注是必要的，将在下一步的建库工作中进行补充标注。

以往对全面性标注原则是有不同见解的（参肖奚强、周文华，2014），我们也从理论上做了进一步的探索与回应（参张宝林、崔希亮，2018），全球库的成功建设则从建库实践上证明了该原则的可行性。

（二）多版／分版标注

以往的汉语中介语语料库建设，一般是在同一版语料中进行语言文字多个层面的标注，例如字、词、句、语篇、标点符号的标注，可称之为"同版多层标注"。例如HSK动态作文语料库就是这样做的。全球库最初本想继续采用这样的做法，在同一版语料上进行包括字、词、短语、句、语篇、语体、语义、语用、辞格、标点符号、语音、体态语等在内的所有层面的标注。可以设想，在同一版语料中做这么多层面的标注，一个句子会加上多少标注代码？一篇语料会加上多少标注代码？加上这么多代码之后，单个的句子也好，成段表达的语篇也好，还能否顺畅地阅读？估计很难。

建库者做过一个尝试：在同一版语料上进行自动分词和词性标注、短语标注和句子成分标注，目的是依据词类、短语、句子成分3种信息的叠加自动判定句类、句型和句式。尝试的结果发现：以人工方式进行这种同版语料上的多重标注并不现实，不但标注过程过于烦琐，而且切分与标注之后，构成句子的词语成分被切割得七零八落，句子已无法卒读，更难以检查标注质量。因而舍弃了这种标注模式，改用分版（或称多版）标注的方法。所谓分版标注或多版标注，并不是建库者凭空想象出来的标注方法，而是实验的结果，甚至是在实验中碰壁之后不得不采取的做法。

从语料库应用的角度来看，一般来说，每位研究者在一次研究中只能研究一个层面的内容。如果使用同版多层标注的方法进行语料标注，那么，除了其所要研究的层面之外，其他层面的标注内容对研究者来说其实都是干扰信息，对其研究工作来说是十分不利的。而分版标注则可以研究哪个层面就查询哪一版的标注内容，显然是更为方便的。建库者也尝试过在同版多层标注中显示特定层面标注内容，隐藏其他层面标注内容的方法，效果并不理想，甚至导致语料中句、段、篇丢失的现象，因而没有采用那样的方法。

下面是一段同版多层标注例文的节选，具体显示了这种标注方式的不足。

　　【现在 /nt】{Jzy1}【随着 /p 科学 /n 的 /u 发展 /v】{Jzy2}
{CZjb}【产生 /v】{Jsy} 了 /u【更 /d 多 /a】{Jdy1}{CZzz}
{CZx} 的 /u【以前 /nt 没有 /v 听到 /v】{Jdy2}{CZzz}{CZd}
的 /u【噪声 /n】{Jsy}#，/w【汽车 /n 喇叭 /n 声 /n 和 /c 电话 /
n 铃声 /n】{Jzhuy}{CZlh}{CZm}【也是 /d】{Jzy}【属于 /v】
{Jsy}【这 /r 种 /q】{Jby}{CZsl}{CZm}# ……

　　分版标注的另一重要功能是在语料库建设与应用综合平台
的帮助下，使语料库建设具备了动态建设与升级迭代功能。语
料库如需增加新的标注内容，如语义标注和语用标注，只要增
加相关的标注规范和标注层面即可实施标注。通过扩充语料库
的内容和功能，使原有语料库升级迭代为新的语料库，使语料
库建设成为了一个动态过程。

　　（三）自动标注

　　在语料标注的所有方法中，自动标注是最为理想的标注方
法，不但速度快，效率高，标注的一致性也好。鉴于目前中文
信息处理研究的实际水平，应明确下列几点：第一，除自动分
词和词性标注已达到实用水平之外，汉语中介语语料还难以进
行全面的自动标注，其他层面的标注只能采取手工标注为主
的标注方式。第二，自动标注既包括机器标注，也包括机标人
助；标注过程的自动化控制也应属于自动标注系统的范畴。第

三，在有条件进行或尝试进行自动标注的层面要积极进行自动标注。

全球库在建设过程中根据实际情况进行了一些自动标注的探索，有些还进行了实践。

1. 积极借鉴中文信息处理的现有研究成果，在词的基础标注中采用了计算机自动分词和词性标注的方法。

2. 繁体字、异体字是封闭的类，完全可以进行自动标注。在全球库建设中，建库者采用自己研发的软件，实现了繁体字、异体字的自动标注，实验证明其效果良好，准确性与一致性远远超过人工标注。

3. 依据《现代汉语词典》中对一些语体色彩鲜明的词语的"〈口〉、〈书〉"标记，对词语的语体标注采取"机标人助"方式进行标注。实际效果虽然不如繁体字、异体字的自动标注，但仍可以作为一种辅助标注手段加以使用。

语体色彩鲜明的短语、句式可以自动处理，例如口语句式"看把你＋A/V的！""你给我＋V！""非……不可"，书面语句式"作为……的＋代词""为……所……""以……为……""化……为……"及形式动词＋动词宾语等。

在熟语标注的基础上，成语可以优先标注为书面语，惯用语、歇后语、谚语、俗语等可以优先标注为口语，再辅以人工审核与修正。

4. 根据句子的系统性和形式特征，在机器自动分词和词性标注的基础上，通过一些标志词、词性和标点符号，可以采用

"机标人助"的方法对某些句类、句型、句式进行一定程度的自动标注，尽可能多地发挥计算机在语料标注中的作用。

在句类层面，一个句子带有问号，即为疑问句。带有否定词，即为否定句；带有两个否定词，即为双重否定句。带有叹号，即为感叹句或祈使句。带有句号，可首先将其视为陈述句。一个带问号同时句尾带有语气词"吗"的句子，即为是非问句；带问号同时句中有疑问词的句子，即为特指问句。如果能够确定疑问句、感叹句和数量相对较少的祈使句，则数量最多的陈述句即可判定，甚至无须标注；能确定否定句，则肯定句随即可以确定，如此即可进行自动标注。

有些存在包含关系的句子分类，知其下位句式，即可知其上位句型或句类，也可以尝试进行自动标注。如能判定一个句子为把字句或兼语句或连动句或存现句，即可判定其属于动词谓语句；能确认一个句子为"比"字句，也就可以断定其谓语是形容词性或动词性的，为形容词谓语句或动词谓语句，进而进行自动标注。

这样看来，通过一些标志词、词性和标点符号对一些句子类型进行自动标注是具备现实可行性的。

5. 得益于近年来语音识别技术的实质性进展，在口语和视频语料转写方面，全球库的口语子库和多模态子库采用了机器语音转写的自动方式，大大提高了转写效率。

6. 在语料上传、录入与转写、标注等环节设置了管控功能，实现了语料库建设流程的自动化和一定程度的标准化，在一定程度上克服了语料库建设的随意性。

应予以指出的是，学界众多研究成果为自动标注提供了丰富的借鉴材料和坚实基础。例如郭锐（2002）从词的角度，赵金铭（2004）从口语与书面语区分的角度，刘德联、刘晓雨编著（2005）从口语句式的角度，冯胜利（2006）从书面语词与句式角度，以及冯胜利、胡文泽主编（2005）、冯胜利、施春宏主编（2018）等论著，分别对汉语词、句的语体特征与教学进行了广泛而深入的研究，提供了不同语体词、句的丰富素材，均可为语体自动标注提供重要参考与依据。

三、全球库的检索方式

全球库的语料检索方式丰富，便于查询各种中介语现象，从而使语料能为教学与研究发挥更大的作用。

该库的检索方式共有 9 种，各种检索方式及其主要功能如下：

1. 字符串一般检索，对语料库中存有的具体的字、词、短语、句子进行检索。

2. 分类标注检索，对依据标注规范所做的各层面，即字、词、短语、句、篇、语体、辞格、标点符号、语音、体态语等 10 个层面的标注内容进行检索。例如按照"句→错误句式／把字句标记"进行检索，即可查询到把字句的偏误句；检索"句→错误句式／把字句标记→吃"，即可查询到句中主要动词为"吃"的把字句偏误句。例如图 3-2。

序号	检索原句
1	我们玩儿以后觉得有点儿饿，所以我们把东西来**吃[JSba]**。 语料背景信息：[作文题目:我的一天] [所属课程:无] [产出地点: 无] [产出日期:无] [字数要求:无] [时间要求:无] [分数:无] [文体: 无] 学习者背景信息：[国籍:无] [性别: 无] [年龄: 无] [现有文化程度: 无] [其他外语及程度:无] [学习目的:无] [作者类型: 无] [母语或第一语言:无] [是否华裔:无] [汉语水平等级:无] [HSK等级:无]
2	在水里鲨鱼可以把鱼**吃[JSba]**，然后可以慢点不着急。 语料背景信息：[作文题目:如果你只能帮一个东西去玩乐，你要带什么?] [所属课程: 无] [产出地点: 无] [产出日期:无] [字数要求:无] [时间要求:无] [分数: 无] [文体: 无] 学习者背景信息：[国籍:泰国] [性别: 女] [年龄: 无] [现有文化程度: 无] [其他外语及程度:中文] [学习目的:工作] [作者类型: 无] [母语或第一语言:泰国] [是否华裔:无] [汉语水平等级:无] [HSK等级:4级]
5	那个时候我太小了{JXxw}，所以我吃了那个花草，【一】 {Jx}我吃那个小的花草就我的妈妈吓了**[JSba]**，然后不让我吃那个小的花草了{JSjy}。 语料背景信息：[作文题目:看图说话 (傅珂, 4幅图片)] [所属课程:无] [产出地点: 无] [产出日期:201704] [字数要求:400字] [时间要求:无] [分数:无] [文体: 无] 学习者背景信息：[国籍:韩国] [性别: 男] [年龄: 23] [现有文化程度: 无] [其他外语及程度:无] [学习目的:无] [作者类型: 无] [母语或第一语言:韩语] [是否华裔:否] [汉语水平等级: 高级] [HSK等级:未参加]

图 3-2　主要动词为"吃"的把字句偏误查询示例

3. 离合词检索，对语料库中所有的离合词，特别是可以对其"离"的用法进行检索：查"合"的用法，两个构成成分之间不加空格；查"离"的用法，两个构成成分之间加空格即可，且不限空格数目。

4. 特定条件检索，可以对具有两个检索对象的短语、句式、半固定结构，例如"爱……不……""一……就……""是……的"句、"连"字句等进行检索。例如在特定条件检索中，在"前词"后的方框中填入"是"，在"尾"后的方框中填入"的"，即可查询到"是……的"句。① 例如图 3-3。

_____

① 由于检索方式是形式检索，所以查询到的句子也有可能是以"的"字短语做宾语的"是"字句，如图 3-3。

序号　检索原句

1

我还发现中【国】[Zc]的生活节奏那么快，尤其是北京的。

语料背景信息：[作文题目：《中国印象》] [所属课程：写作课] [产出地点：成绩考试] [产出日期：20170908] [字数要求：400] [时间要求：无] [分数：无] [文体：记叙文]

学习者背景信息：[国籍：哈萨克斯坦] [性别：女] [年龄：26-29岁] [现有文化程度：无] [其他外语及程度：俄语 英语] [学习目的：提高汉语水平] [作者类型：硕士研究生] [母语或第一语言：哈语] [是否华裔：否] [汉语水平等级：无] [HSK等级：5级]

二是环境是经济可持续发展的重要保障，如果有良好的环境对经济的增长是有积极作用的。

语料背景信息：[作文题目：《要环境还是要发展》] [所属课程：写作课] [产出地点：成绩考试] [产出日期：20170908] [字数要求：400] [时间要求：无] [分数：无] [文体：议论文]

2

学习者背景信息：[国籍：泰国] [性别：女] [年龄：26-29岁] [现有文化程度：无] [其他外语及程度：英语] [学习目的：创业] [作者类型：硕士研究生] [母语或第一语言：泰语] [是否华裔：否] [汉语水平等级：无] [HSK等级：6级]

图 3-3　"是……的"句查询示例

5. 词语搭配检索，可以对被检索词左边或右边的搭配词语及其频次进行检索。例如查询"学习"的右搭配，排在第一位的是"汉语"，频次高达 4862；而排序在最后的"电脑、贸易、美术、经历"等，频次均仅为 5。该检索方式可以起到搭配词典的作用，能够集中反映词语的用法，对教学具有十分重要的参考价值和指导作用。

6. 按词性检索，可以对带词性的词和词性组合进行检索。例如通过"比 /p＋n＋a""给 /v＋n＋n""使 /v＋n＋v"可以准确查询"比"字句、"给"字双宾句、"使"字兼语句。

比/p+n+a 　　Q　◉ 中介语熟语料　中介语熟语词 ∨　　生语料　　母语　　检索条件 ∨ 目

序号	检索原句
1	我觉得城市**比农村好**。 我/r 觉得/v 城市/n **比/p 农村/n 好/a** 。 语料背景信息：[作文题目:我觉得住在城市好] [所属课程:无] [产出地点: 课下] [产出日期:无] [字数要求:无] [时间要求:无] [分数:无] [文体: 议论文] 学习者背景信息：[国籍:韩国] [性别: 女] [年龄: 21] [现有文化程度:大学(学士)] [其他外语及程度:无] [学习目的:无] [作者类型: 本科生] [母语或第一语言:韩国语] [是否华裔:否] [汉语水平等级:无] [HSK等级:无]
2	他着急地跑，可是乌龟**比兔子快**一点儿，兔子输了。 他/r 着急/v 地/u 跑/v , /w 可是/d 乌龟/n **比/p 兔子/n 快/a 一点**/mq 儿/n , /w 兔子/n 输/v 了/u 。 语料背景信息：[作文题目:龟兔赛跑] [所属课程:无] [产出地点: 课下] [产出日期:无] [字数要求:无] [时间要求:无] [分数:无] [文体: 记叙文] 学习者背景信息：[国籍:韩国] [性别: 女] [年龄: 41] [现有文化程度: 大学(学士)] [其他外语及程度:无] [学习目的:无] [作者类型: 本科生] [母语或第一语言:韩国语] [是否华裔:否] [汉语水平等级:无] [HSK等级:无]

图 3-4 "比"字句查询示例

给/+n+n 　　Q　◉ 中介语熟语料　中介语熟语词 ∨　　生语料　　母语　　检索条件 ∨ 目

序号	检索原句
1	因为有装修的房间可以**给人安全感**和温暖感。 因为/c 有/v 装修/v 的/u 房间/n 可以/vu **给/p 人/n 安全感**/n 和/c 温暖/a 感/v 。 语料背景信息：[作文题目:误区答：甜甜租的房子与网上介绍的差别] [所属课程:中级综合] [产出地点: 成绩考试] [产出日期:41609] [字数要求:无] [时间要求:无] [分数:9/10] [文体: 无] 学习者背景信息：[国籍:韩国] [性别: 女] [年龄: 20-25岁] [现有文化程度: 高中] [其他外语及程度:无] [学习目的:无] [作者类型: 本科生] [母语或第一语言:韩国语] [是否华裔:无] [汉语水平等级:无] [HSK等级:无]
2	考不好也要鼓励孩子，让孩子自己充满自信感，**给孩子压力**是觉得不太好。 考/v 不好/a 也要/r 鼓励/v 孩子/n , /w 让/v 孩子/n 自己/r 充满/v 自信/v 感/v , /w **给/p 孩子/n 压力**/n 是/vl 觉得/v 不太/d 好/a 。 语料背景信息：[作文题目:要多鼓励孩子] [所属课程:高级汉语综合2] [产出地点: three] [产出日期:2019-06-28] [字数要求:无] [时间要求:无] [分数:无] [文体: 议论文] 学习者背景信息：[国籍:韩国] [性别: 男] [年龄: 20-25岁] [现有文化程度: 大学本科] [其他外语及程度:无] [学习目的:无] [作者类型: 本科生] [母语或第一语言:韩国语] [是否华裔:否] [汉语水平等级:无] [HSK等级: 未参加]

图 3-5 "给"字双宾句查询示例

图 3-6　"使"字兼语句查询示例

7. 词语对比检索，可以分别进行单来源对比检索和两个来源对比检索。前者可以查询对比同一类语料中两个不同词（例如易混淆词）的使用情况，后者可以查询对比同一个词在两种不同类型的语料（例如笔语和口语）中的使用情况；查询结果分别以词云、列表、柱状图 3 种方式显示。以"好看、漂亮"为例进行单来源对比检索，会呈现如下情况：词云，两词前面组合频次最高的都是"很"，但能和"漂亮"组合的词更多；列表，组合频次最高的"很好看"和"很漂亮"，前者频次为 316，后者为 1237；柱状图，"一个、一条、一样"和"漂亮"的组合远远高于"好看"，但"不"和"漂亮"的组合远远低于"好看"。见图 3-7、图 3-8、图 3-9。

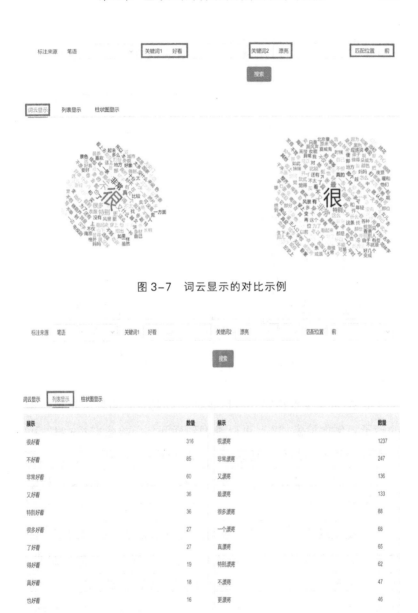

图 3-7　词云显示的对比示例

展示	数量	展示	数量
很好看	316	很漂亮	1237
不好看	85	非常漂亮	247
非常好看	60	又漂亮	136
又好看	36	最漂亮	133
特别好看	36	很多漂亮	88
很多好看	27	一个漂亮	68
了好看	27	真漂亮	65
得好看	19	特别漂亮	62
真好看	18	不漂亮	47
也好看	16	更漂亮	46

图 3-8　列表显示的对比示例

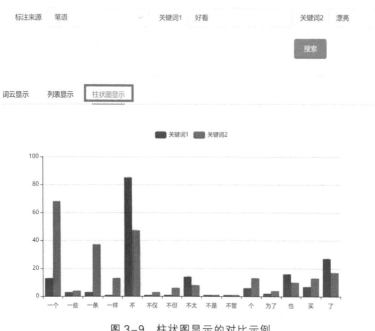

图 3-9　柱状图显示的对比示例

8. 按句末标点检索，可以查询到以句号、问号、叹号结尾的句子。例如检索"？"可以查询到疑问句，检索"？＋吗"可以查询到是非疑问句，检索"？＋谁/什么/哪里/为什么"等则可以查询到特指疑问句。（按句中标点检索已在特定条件检索中实现。）

9. 重叠结构检索，可以查询到带有重叠结构的词或短语的句子。例如检索"AA"查到的是"常常、好好、慢慢、谢谢、等等、爸爸"等，检索"AABB"则可以查到"家家户户、世世代代、多多少少、马马虎虎、明明白白、反反复复、叽叽喳喳、来来往往"等。

检索方式的丰富与功能的增强，不但可以方便、准确地检索一些句子，还可以在一定程度上简化语料标注，甚至取代某些语句的基础标注。例如按词性组合检索"把/p＋n＋v"可以直接查得正确的把字句，按"？＋吗"可以查得是非问句，因而把字句和是非疑问句之类的句子的基础标注即可省去不做。

当然，究竟哪些语句的标注可以被检索方式所取代还需通过细致深入的研究加以确定。

上述检索方式还可以针对中介语的生语料和汉语母语者语料进行检索。这两类语料只做了机器自动分词和词性标注，而未做其他标注，所以分类标注检索方式是不能使用的，其他检索方式则皆可使用。

查询时还可以设置相应的检索条件，使查询更有针对性。查询到的语料可以自动下载，方便用户研究使用。

四、全球库的数据统计

全球库规模庞大，标注全面，形成了众多统计图表，数据十分丰富。这些数据能够反映学习者学习汉语的许多情况：学习者国籍、母语、学习时间、学习成绩、汉语水平发展过程、汉字、词汇、语法等方面的习得特点和规律，非常重要，可以为教学与研究提供很多参考信息，这些信息可以帮助我们制定教学大纲、编写教材和因材施教。

例如进入语料库后呈现的首页，是一张概况图，揭示了语料库的许多重要统计信息。其左侧的一列中有语料库的总字数、总词数，有笔语、口语、视频三种语料的字数、词数，有母语者语料的字数、词数，还有语料的题目总数、语料的总篇数。右侧中上位置的横行中有各国语料数量、各标注版语料的字数统计和词数统计、语料题目与每个题目的篇数统计、语料字数历史增长统计记录等，显示了一些统计信息的类型。见图3-10。

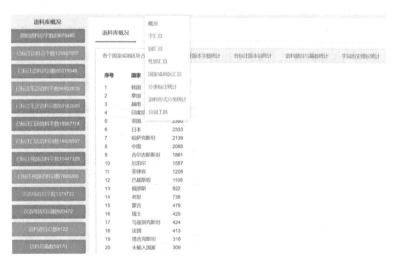

图3-10　语料库概况图

最上面中间一行的"统计信息"是一个下拉菜单，其中包括语料库概况、库存所有的字汇总和词汇总及其总频次、错误频次与错误率、按性别统计的字与词汇总、按国家统计的字与词汇总、分类标注统计、不同形式语料的分类统计，这些数据非常重要，对教学与研究具有重要参考价值。另外还有一个分词工具，可供用户对自己收集和持有的语料进行切分和字、词、标点符号等相关信息的统计之用。

需要说明的是，全球库的数据统计都是实时进行的。只要有新的语料上传，有新的标注语料入库，相关数据就会随时更新，统计图表也会随即发生相应的变化。

五、语料库建设与应用综合平台

全球库建设采用的基本策略是全球共建、动态建设。"全球共建"的含义是本项目面向全球汉语学界开放，欢迎任何汉语教学单位和个人参加；各尽所能，不拘形式，平等自愿，共襄盛举。动态建设即"搭积木"或"滚雪球"方式，语料随收集随加工，随上网随开放。（参张宝林、崔希亮，2013）

要建设一个数千万字的大规模中介语语料库，这样的建设策略是必要的，也是实事求是的，因而是恰当的。但是如何将其落实？如何确保国内外不同单位的子课题团队和个人的及时有效沟通和语料库建设进度？却颇费周折。全球库采取的是搭建网络平台、平行推进语料库建设的方法。

全球库项目搭建的网络平台即在语言资源高精尖创新中心支持下研发建设的汉语中介语语料库建设与应用综合平台（以下简称"平台"）。该平台功能强大，质量优良，简洁易用，便于所有子课题成员一起加工语料、交流经验、研讨问题。全球库的所有建设环节、人工干预过程、相关事务管理、一些相关问题的讨论等都在这个平台上进行，所有检索功能也都通过这个平台研发与实现。由此可见，该平台是完成本课题的重要基础之一，在全球库建设中发挥了重大作用。

本章小结

一、在建设一个"最好最大"的汉语中介语语料库的目标驱动下建设的全球汉语中介语语料库，就目前的建设水平而言，可以视为汉语中介语语料库建设 2.0 时代 [1] 的典型代表。从为全球汉语教学与研究服务的宗旨到面向全世界各界人士免费开放的实际行动，从海内外学界合作共建的建设方式到"搭积木式"的动态建设策略，从标注语料约 1.26 亿字的庞大规模到笔语、口语、视频等 3 种中介语语料和母语语料齐全的语料类型，从 10 个层面的标注内容到 9 种检索方式，从实时统计丰富实用的统计信息到众包修正维护、升级迭代的崭新功能，该库的这些创意、设计与功能在以往的汉语中介语语料库建设中都是前所未见的，集中体现了汉语中介语语料库建设所达到的新高度、新水平，开创了汉语中介语语料库建设的新篇章。

二、全球库初步建成，虽然有多方面的创新性，然而基于该库的应用研究尚未广泛开展，该库的问题与不足尚未充分显现。根据软件工程从 bug 的爆发期到收敛期发展的特点与规律，可以肯定全球库是会有问题乃至错漏的，因而是需要改进的。全球库建设所凭借的语料库建设与应用综合平台的建设与使用，全球库

---

① "汉语中介语语料库建设 2.0 时代"的概念与界定见本书第一章第 1 节，又见张宝林（2019b）。

升级迭代功能的实现，使全球库的改进成为可能。众包修正维护功能则可以使更多的人、特别是广大用户在使用语料库的同时成为错漏的发现者和修改者，进而不断提高语料库的质量。

三、语料库建设与应用综合平台的研发及其功能，有可能使语料库建设方式产生重大变化，即不一定总是从无到有地建设一个语料库，而是可以在某个或某些大多数人公认的语料库基础上进行补充、修改，使之持续发展、不断丰富与深化。通过一次次的升级迭代，使既有的语料库得以优化与完善，最终成为学术精品，更好地满足汉语教学与研究的需要。

四、语料库的建设必须经受教学与研究等应用实践的检验，并根据实践中发现的问题做出相应的修正与改进。全球库采取动态建设的策略以便随时补充、修订、完善语料库的细节，并根据应用研究的需要实时调整、增强语料库的检索功能。期待该库能够成为汉语中介语语料库建设领域的创新典范，成为语料库建设领域合作研究的典范，成为科研项目共建共享的典范。期待其能够成为汉语中介语"语言知识的宝库"（冯志伟，2006：14），更好地为汉语第二语言教学及其科学研究和人才培养服务。

第四章　通用型汉语中介语语料库标注规范研究

　　对基于语料库的语言研究[①]来说，语料标注是语料库建设中一个十分重要的基本环节。标什么？怎么标？为什么标？为什么这样标而不那样标？不仅是非常值得探究的理论问题，更是建库工程上必须首先解决的重要问题。它决定着语料库的功能和使用价值，也标志着建库者的认识水平和语料库的建设水平。因为相对于生语料库，经过标注的熟语料库增添了"附加价值"，（黄昌宁、李涓子，2002：143）扩展了更多的功能，是一种更有价值的语言资源。而语料库标注者的专业水平，以及他们所采用的标注规范的合理性和可用性，决定了语料库标注的信息是否有用，是否有知识价值。在语料库标注的短暂历史上，对语料库建设者所加的标注，其他人用起来很困难，或甚至不能用的例子时有发生。（黄昌宁、李涓子，2002：143）显而易见，标注是语料深加工的重要环节，也是一个语种语料库建设水平的重要标志。（刘连元，1996）是必须予以充分重视的一个非常重要的问题。

　　本章就通用型汉语中介语语料库的标注问题进行了比较集

---

　　① 另一种范式是语料库驱动的研究，详见后文。

中、全面的探讨，讨论的问题包括语料标注的原则、内容、方法、代码、流程等，并将其概括为标注模式。

近些年来，学界对语料标注问题又有一些新的研究问世，提出了一些新的观点。例如肖奚强、周文华（2014）主张全面性应"从标注的广度、深度、角度和准确度四个维度来思考"。张莉萍（2016）、焉德才（2016）认为全面性或涵盖性要能"涵盖学习者偏误的各种表现"，"必须确保所有偏误形式都能被标注"。曹贤文（2013）则认为"由于涉及到中介语在准确性、流利性、复杂性和多样性等多个维度以及汉语字、词、句、篇等不同层面的'语言表现'指标非常多，如果语料库中对所有这些指标都进行标注，实际操作中并不可行"。戴媛媛（2016）提出"平台标注＋用户加工"标注模式，张莉萍（2016）提出"TMT＋LCC"标注模式。于康（2016）介绍的标注软件能够把批改作文、加注正误标签、加注研究用标签集于一体，并具有将加注标签的语料自动转换为 XML 形式的功能。这些认识与做法颇具启发意义，可以促使学界对相关问题进行更为深入的思考。全球汉语中介语语料库在建设过程中也遇到了一些新问题，例如句标注的层级设计过于烦琐，并不利于标注实践。在研究和解决这些问题的过程中，该库建设者也形成了一些新的认识。基于上述情况，本章将对汉语中介语语料库标注规范的相关问题进行探讨，以期统一认识，形成能为学界广泛接受的语料标注规范，促进汉语中介语语料库的建设与发展。

本章还对基础标注问题和 HSK 语料库的标注问题进行了探讨和阐述。

第1节　标注模式

一、研究范围与存在的问题

（一）语料标注定义与研究范围

关于标注，我们赞同这样的观点，语料标注"是一种给口语和（或）书面语语料库增添解释的（interpretative）和语言的（linguistic）信息的实践。'标注'也可以指这个过程的最终产品：即附加或分散在语料库中的语言标记"（黄昌宁、李涓子，2002：139-140）。标注可以"在不同的层次、从不同的侧面"（王建新编著，2005：69）进行，例如可以从字、词、句、篇、标点符号，乃至语义、语用等各个层面对语料进行标注。

本节讨论通用型汉语中介语语料库的标注问题。所谓"通用型汉语中介语语料库"是与"专用型汉语中介语语料库"相对而言的。前者为满足多种研究目的而建，例如运用 HSK 动态作文语料库可以进行字、词、句、篇、标点符号等各个方面的研究。后者则只为某种专门的研究目的服务，例如通过汉语学习者汉字偏误数据资料库只能进行中介汉字的研究。

本节讨论的语料标注模式，既适用于文本语料库，也适用于口语语料库。二者的唯一区别在于，口语语料由汉语母语者转写，因而不存在中介语性质的字处理问题。

（二）语料标注现存的问题

语料标注在语料库的建设与应用中具有重要意义，它"是实现原始语料机读化的关键环节"（崔刚、盛永梅，2000），"是语料深加工的重要环节，也是一个语种语料库建设水平的重要标志"（刘连元，1996）。而其更深刻的意义在于，语料标注的内容与质量决定了一个语料库的功能与使用价值。语料标注占有如此重要的地位，而汉语中介语语料库的语料标注却至今没有统一标准，标注内容与方式因建设者的主观认识不同而存在极大差异，在建库实践上带有很强的随意性，因而导致产生了一系列问题。其中主要是：

1. 语料标注内容差异很大，导致一些语料库的功能不完备。例如大多数语料库只有偏误标注，因而只能进行偏误分析，而无法进行表现分析；可以检索、提取有标志词的中介语现象，而无法检索并提取那些缺失关键词的偏误现象。例如该用"把""被""比""是""得"而未用的把字句、被字句、"比"字句、"是"字句和"得"字补语句的偏误句，就无法提取。

2. 标注只限于文字、词汇、语法层面，而没有语义、语用层面的标注。

3. 对语篇、语体的标注仅见于个别语料库，且十分简单。

4. 对同样的偏误现象认识不同，归类不同，采取的标注方式也不同。例如"是"字句缺"是"，有的标为缺词，有的标为缺述语，有的标为句式错误。

5. 标注代码各异，给用户造成了不必要的记忆负担与混乱，也不便于资源共享。

6. 标注质量受标注方式制约，存在较大问题。自动分词与词性标注的正确率虽已达到很高水平，但错分错标的绝对数量仍然不可小觑，人工校对的工作量巨大；句法以上标注皆为手工标注，标注效率不高，标注代码的使用极易出现不一致的情况。

如何解决这些问题，对汉语中介语语料库的建设意义重大，对基于语料库的相关研究具有直接影响，需要进一步深入研究。

二、标注模式的提出

与以定性分析为基本特征的传统语言学研究相比，文本未经任何标注的生语料库也"是语言研究和教学很好的语料资源"（许智坚、高登亮，2008）。然而，"生语料库（raw corpus），尤其是汉语的生语料库包含很少关于词法和语法等的信息，因此其应用价值就很有限"。而"只有当语言研究者能够从语料库中获取知识或信息时，才能说这个语料库是有用的。事实上，为了从语料库中抽取语言信息，必须首先向该语料库中植入信息——即添加标注"。（黄昌宁、李涓子，2002：141）这是进行语料标注的根本动因。

中国大陆第一个汉语中介语语料库——汉语中介语语料库系统，对语料只经过断句、分词和词性标注等加工处理。（陈小荷，1996a）其后的汉语中介语语料库则对语料中的各种偏误现象做了不同程度的标注，"这是由中介语的特点决定的，也是学者们研究的需要"（周文华、肖奚强，2011）。"语误附码是分析学习者语料库的重要前提，对研究学习者的语言特点非常重要"。（王建新编著，2005：70）偏误标注可以满足偏误分析的需要，对汉语中介语的各类偏误研究起到了很大的推动与促进作用。

　　然而，偏误分析只关注语言学习者错误的语言表现，而完全忽略了学习者正确的语言表现，因而其认识是不全面的，其所做出的判断是不准确的。例如我们对汉语把字句的习得情况可能就并不十分清楚。（张宝林，2010c）汉语习得研究需要观察两方面的中介语材料，一是学习者使用汉语的偏误，二是其正确的语言表现，进而把偏误分析提升为表现分析。表现分析是从正、误两个不同的角度对中介语进行观察，看到的情况更加全面，做出的判断也就更加准确，因而是更为优越的研究方法。而进行表现分析的前提，就是在语料库的建设中，对语料中的偏误与正确的语言表现进行全面标注。

　　基于这种认识，我们首先提出了"基础标注"的概念。所谓"基础标注"亦即对语料中正确的语言现象进行的标注；进而提出了"偏误标注＋基础标注"的语料标注模式，（张宝林，2008a）并对这一标注模式进行了若干探讨，（张宝林，2010a）特别是对基础标注进行了较为深入的阐述。（张宝林，2010b）我们认为，从语料库建设的宏观角度来看，基础标注概念的提出是汉语中介语语料库建设的一个重要突破，"偏误标注＋基础标注"将成为汉语中介语语料库语料标注的新模式，并为其他语料库的建设提供借鉴。（张宝林，2008a）在首都外国留学生汉语文本语料库的建设中，我们尝试采用了这一标注模式，效果良好。建库实践证明这一标注模式符合汉语中介语的实际情况，是完全可行的。

三、"偏误标注 + 基础标注"模式的内涵

（一）对标注模式的理解

所谓"模式"，是"某种事物的标准形式或使人可以照着做的标准样式"（《现代汉语词典》第 5 版：961）。我们认为，语料标注模式指在语料库建设中对语料进行标注的标准样式，包括标注过程中涉及的所有环节：标注原则、标注内容、标注方式、标注代码与标注流程等。

（二）标注原则

标注原则是制定标注规范的前提，与标注目的密切相关，对标注的内容与方法有重要制约作用。语料标注的根本目的是满足教学与研究的需要，但不同类型的语料库在标注目的上会有所不同；通用型语料库的标注原则与专用型语料库也必然存在差异。例如标注内容的全面性就应该成为通用型语料库的一个重要原则，而专供中介汉字研究的语料库则无需顾及词、句、篇等内容的标注。

1. 全面性。

指语料标注的内容全面，目的是保证语料库功能的全面，避免某些语言现象因未做标注而无法查询的情况。

作为通用型汉语中介语语料库，语料标注的内容必须全面，

应在字、词、短语、句、篇、语体、语义、语用、标点符号等各个层面上对相关的语言现象进行标注，这样才能保证语料库功能的全面，从而更好地为汉语的教学与研究服务。

2. 科学性。

指语料标注要正确，准确。其前提是"标注规范"的科学性，即要符合汉语字、词方面的国家标准与相关规范，符合一般的具有行业标准意义的语法著作和语法大纲中阐述的语法规则。"标注规范"所规定的标注代码须具有唯一性，形式完整统一，不能前后冲突，自相矛盾。标注员须具备充足的汉语言文字的专业知识储备与良好的专业素养，对各种语言文字现象要有足够的敏感性，具备分析判断各种中介语偏误的能力；对同类语言文字现象的判断与标注要具有一致性。

语料标注的一致性问题意义十分重大。"究竟如何标注，牵涉到如何分类与归类，这是研究的最为基本的问题，是展开研究的基础，在进行语料标注之前，就应该十分清楚。否则所标注的语料必然存在不全面、不一致的现象。"（肖奚强，2011）要解决这一问题，目前可以采取的办法，一是通过制定严密的标注规范、严格规范标注流程、对标注员进行严格有效的培训等方法，尽最大可能将语料标注的错误率降到最低；二是通过检测计算出标注的错误率，并在语料库的说明中明确告知用户，使用户了解依据该语料库进行的相关研究，其结论有多大的置信区间，可以在多大程度上相信这个结论。而最终的解决方案则是通过技术手段，实现人和计算机的优势互补，实现计算机自动标注。

　　毫无疑问，语料标注的全面性是以科学性为前提的。否则，全面性也就失去了其应有的意义。

　　3. 忠于原作。

　　指忠实于汉语学习者的原始语料，在语料的收集、录入、标注等各个环节均需最大限度地保持其汉语中介语的"原汁原味"，而不能使原始语料变得面目全非。

　　实事求是地说，汉语学习者产出的汉语中介语语料中的偏误现象是多方面的，包括文字、词汇、语法、语义、语用、语体、标点符号等各个层面的偏误。有研究认为，对这些错误（本节使用"偏误"的概念）"可以有两种不同的做法，一种是改正所有的错误，标注后呈现的句子都是正确的句子，把所有错误的信息保存在特定的标注符号中，从标注符号中，我们可以检索到各种错误类型；另一种是保留所有的错误，标注后呈现的句子还是原始语料的句子，而用标注符号指明错误类型，需要改正的信息及其正确形式都存入标注符号中，通过检索标注符号，可以获得有关句子（语料）的正确形式"。并从避免代价太大的角度出发，认为"比较合理的做法应该是后者"（任海波，2010）。我们将前一种办法定义为"既标且改"的方法，把后一种方法称为"只标不改"的方法。

　　如果只做偏误标注，只为偏误分析服务，"只标不改"确实足够了。而学术发展的客观需求是，我们不但要做偏误分析，更要做表现分析，这就要进行基础标注。基础标注的第一项内容就是由计算机自动进行分词和词性标注，"只标不改"在这里遇到了困难：字、词层面的偏误如果不进行修改更正的话，机器自动处理的分词和词性标注就将无法进行，或做出完全错误的分词与词性标注。像"题高、导至、考虎、身休"这几个词当中的别字，"先首、决解、持支、众所知周"这几个构成成分顺序错误的词语，如果不进行更正处理，机器就不可能做出正确的分词与词性标注。

　　为了保证分词与词性标注的正确性，进而确保基础标注的质量，我们必须采取一个切实可行的办法，即在进行字、词层面的标注时，对字、词方面存在的偏误需要"既标且改"；除此之外，短语、句、篇等方面的偏误均应采取"只标不改"的做法。这样做的原因在于，短语以上的偏误不会影响到词的切分与词性标注。尽管这样做打破了语料宏观处理上的一致性，但却保证了分词与词性标注的正确性，进而确保了基础标注的质量。这也是HSK动态作文语料库在对语料偏误的处理策略上有所不同的根本原因。当然，如果使用可扩展的置标语言XML进行标注符号的编码，这一问题可以得到进一步的解决。（详见下文。）

　　4.标准化与通用化。

　　指语料标注代码应符合标准化与通用化要求，使用通用代码，既便于用户使用语料库，也有利于语料的资源共享。目前在汉语中介语语料库建设中，各建设单位使用的标注代码各不相同，且只有"北京语言大学的'HSK动态作文语料库'的偏误标注规范已在网上公布。这个标注规范进行了篇章、句、词、字四个层面的标注，规则比较系统、全面。因此，许多中介语语料库的标注，……都是在此基础上进行适当修改进行的"（周文华、肖奚强，2011）。

在这种情况下，为了方便用户使用，以及不同语料库之间的资源共享、彼此融合，可以以北京语言大学的 HSK 动态作文语料库的标注规范为基础，研制能为学界普遍接受并乐于使用的语料标注规范与代码，从而实现语料标注的标准化与通用化。

国内外母语语料库建设大多采用可扩展的置标语言 XML 进行编码，对语料的文本信息进行标注。在汉语中介语语料库的建设中，也已有人开始研究利用 XML 进行编码，对语料的语言本身进行标注，例如李斌（2007）。从理论上说，XML 具有最广泛的通用性，最适合用于通用代码的开发，应深入研究并尽快应用于汉语中介语语料库的语料标注。

（三）标注内容

1. 从语言文字的各个层面进行标注，贯彻全面性原则。

为了满足教学与研究的各种需要，语料标注的内容必须全面，既做偏误标注，又做基础标注，即对汉字、词汇、语法、语义、语用、语体、标点符号等各个方面的偏误现象与正确的语言表现进行全面标注。

汉字标注，包括错字、别字、繁体字、异体字、拼音字、漏字、多字。

词汇标注，包括错词、缺词、多词、外文词、离合词。

语法标注，包括词、短语、单句、复句、语篇。

语体标注，包括口语词与书面语词、口语句式与书面语句式。

语义标注，包括词语的语义色彩、句子成分的语义角色、动宾结构的语义关系、修饰语的语义指向、词语重叠的语义、歧义句、句式义等。

语用标注，包括语言单位的语篇功能、指示语与先行词的指代关系、信息结构、省略、语言运用的得体性、语用失误等。

标点符号标注，包括错误标点、缺失标点、多余标点。

2. 突破以往的标注范围，增加新的标注内容，深化部分原有标注内容。

首先，增加新的标注内容：语义标注和语用标注。

语义、语用标注在汉语中介语语料库建设中尚无先例，但这些方面的偏误在汉语中介语中是广泛存在的。例如：

（1）老师，你媳妇漂亮吗？

（2）哪儿的话。（用于回答老师的称赞）

（3）老师，把空调开开！（李宁、王小珊，2001）

（4）那时候我就给全家带来了蓬荜生辉！

（5）我还要把几个因素提出。

（6）时常在家里弄得乱七八糟。

（7）如果有人身体很健康，但是比如说在经济上发生出乎意料的事，愿意离开这个世界，请人帮他杀死，这个是应该被判刑的。

（8）把20年以来一直住的地方离开，您们感觉舍不得。

（9）所以如果那时候，妈妈给别人自己的孩子的话，可能那个孩子被伤心、痛苦。

　　例（1）中"媳妇"是一个"土俗之词"，不正式，不庄重；例（2）中"哪儿的话"含有"哪里有这样的话"的贬斥之意；例（3）表达支使别人做事的意思。此三例均可以用于上对下或平辈之间，而不能用于下对上，学生对老师这样说显然是不合适的。例（4）中"蓬荜生辉"表示对别人的恭敬与自谦，可以用于人，不可用于己。把字句中"把"的宾语必须是定指的，"几个因素"不定指，因而例（5）错误。例（6）、（7）的"家里"和"他"在句中并非表示处所和施事（或受益者），而是"弄乱"与"杀死"的受事，原句混淆了句子成分的语义关系，因而错误。把字句表示处置义，例（8）说明一种令人难以割舍的情况，并不是要对"20年以来一直住的地方"加以处置，使其发生某种变化，所以不应使用把字句。而例（9）的从句表现的是施事主语"妈妈"对"孩子"的处置，应该使用把字句却未用；"伤心""痛苦"都是形容词，没有及物性，因而不能用于被字句，所以例（9）的两个分句都是错误的。

　　可见，学生之所以会说出上述不得体的句子，就是因为不知道这些词语句子的语义语用含义。拿学界普遍关注的把字句来说，学生的偏误正是因为不了解什么时候应该使用把字句，不知道用与不用把字句在表达上有什么区别。因此，"解决把字句教学的根本途径是要揭示'把'字句的语义特征，使学生掌握表达什么意义时须用'把'字句，同时还要指出使用'把'字句的语境背景，使学生掌握在什么情况下用'把'字句"。（吕文华，1994：174）"我们不仅要让学生清楚'把字结构'的种种结构形式，还要告诉学生它的语义本质及其语用上的基本规律"。(张旺熹，1999：15）由此可见，为了了解、掌握汉语学习者对汉语语义、语用的习得情况并进而改进语义语用教学，进行语义标注和语用标注是非常重要的。

存在的问题是，汉语语义语用方面的研究并不十分成熟，其典型表现之一是，同一个语言现象究竟是语义问题还是语用问题，有时并不容易分清。在这种情况下，应该如何进行标注就成了一个很大的问题。例如上面例（1）对"媳妇"一词的误用，究竟是语用偏误还是语义偏误？我们认为，从产生偏误的根源上说，学生不了解该词不严肃、不庄重之意是造成偏误的根本原因，属语义问题；但从语言使用的直接表现来看，则是"媳妇"一词的使用场合不对，应属语用偏误。该例可以说是一个因语义不明导致的语用偏误。

如果这样处理可以接受的话，例（1）至（4）都应标为语用偏误。例（5）的定指与非定指属语义问题，例（8）是不清楚句式义造成的偏误，皆属语义问题。例（6）、（7）、（9）等各例，也都是语义问题。

其次，深化部分原有的标注内容：语篇标注和语体标注。

语篇标注和语体标注在以往的语料库建设中很少被顾及。我们在 HSK 动态作文语料库中进行了语篇标注，但是并不严谨，只要觉得句间连接不顺畅之处就加上了错篇标记。在首都外国留学生汉语文本语料库中，我们做了进一步加工处理，把语篇偏误分为形式连接偏误和语义连接偏误两种类型。同时为了给国家社科基金重大项目"外国学生汉语书面语习得与认知研究"提供语料支持，我们在该语料库中又进行了语体标注。语体标记分为 4

种，即口语词与书面语词、口语句式与书面语句式。

上述做法对汉语语篇和语体的教学与习得研究是有益的，在汉语中介语语料库的建设中也是比较先进的。存在的问题是，语料的加工深度还不够深，分类也不够细，因而对汉语教学与相关研究的帮助也就比较有限。

我们认为，可以从偏误类型的角度深化与丰富语篇标注的内容，例如由于关联词语、某些起关联作用的句式、话题连接、位置连接等方面的使用不当导致的语篇偏误，均应予以标注。

语体标注可以从再分类的角度进行深化，例如口语词句还可以分为口语正式语体和口语日常谈话语体，书面语词句也可以分为书面语正式语体和书面语日常交流语体。

（四）标注方法及代码

1. 标注方法。

首先，"人标机助"与"机标人助"相结合，尝试计算机自动标注。

"人标机助"是在人工标注的基础上，为了减轻人的记忆负担，提高标注效率，也为了保证标注代码形式上的一致性，由软件研制人员开发一些辅助人工的标注工具，在一定程度上减轻标注者的工作强度的标注方式。

"机标人助"则是由计算机根据预先制定并植入其中的标注规范自动进行标注，然后由人工进行检查校对和补充修改。这本来是非常理想的标注方法，但限于中文信息处理的发展水平，目前机器自动标注只在分词和词性标注这一层面上进入到了实用阶段，其正确率已经达到了99%。（黄昌宁、李涓子，2002：145）这听起来很让人振奋，然而对于以百万、千万计的语料来说，1%的错误率依然是一个庞大的数字。在标注实践上，"多数熟语料库的加工深度，也长期停留在自动分词和词性自动标注，经费与人力充足的单位，分词和标注后的语料要组织人工校对，否则，就听其自然"（张普，2008）。"听其自然"所造成的结果是相当严重的，因为"底层不一致性在上层应用中会被放大几倍到几十倍"（宋柔，2010）。

在目前的实际情况下，我们应在总体上采用"人标机助"的标注方式，而在分词和词性标注层面使用"机标人助"的方法，并充分发挥人的作用，在机器自动标注后的"人助"环节对语料标注的结果进行严格的审查与修正。

随着科学技术的发展，新的技术手段不断涌现，为语料标注提供了更多的方法，可以帮助我们把语料标注工作做得更好。例如我们可以基于编辑距离算法，实现偏误句与修正句的自动比对并添加标记；（王洁、宋柔，2008）可以采用数字墨水技术进行标注，以提高语料标注的效率与质量；还可以把数百万字已标注语料作为训练语料，尝试进行计算机自动标注。（张宝林，2010a）

其次，实行"有限的一错多标"。

有些偏误现象从不同的角度看，可以视为不同性质与类型的偏误。例如：

（10）我对这个问题以下几个观点。

该句中缺少一个动词述语"有"。而这个"有"可以分别视为一个汉字、一个词、一个句子成分，整个句子则可以视为"有"字句、动词谓语句、主谓句等的偏误句。

对这类现象可以有两种处理方法：

第一，采取"从大"的原则，即在篇、句、词、字几个层面中，按照"从大到小"的顺序处理：首先看其是否可以归入语篇的偏误，可以的话即可直接定性；不可以的话再看是否可以归入句子的偏误，以此类推。这样处理是基于下面两点认识：首先，大的单位可以涵盖小的单位，而小的单位不能涵盖大的单位。例如例（10）视为"有"字句的偏误可以涵盖缺述语、缺词的偏误。其次，语料标注应尽量简化，而不宜过于复杂。把从多种角度判定偏误归结到一种角度上来，即可以使标注得以简化，例如例（10）直接标为"有"字句的偏误即可。即采用"从大到小，一错一标"的方法。

第二，对同一个偏误现象，不考虑大小顺序，而是把所有可能的判断全部标出。这样处理偏误是出于求全的心理，追求的是不使任何一种潜在的偏误类型漏网。采取这样的处理方法，上面的句子标注之后将会是这样的情况：

（10'）我对这个问题有［L］{CQ有}{CJ-sy有}以下几个观点{CJy}{CJdw}。

这样标注的含义是：漏字、缺词、缺述语、"有"字句偏误、动词谓语句偏误，还可以加上主谓句的偏误。即采用"不分大小，一错多标"的标注方法。

　　显而易见，"一错一标"的标注方法比较简洁，而"一错多标"的标注方法则较为全面，但也比较复杂，有时也显得没有必要。例如已经标明了属于"有"字句的偏误，再标动词谓语句、主谓句的偏误就没有多大意义。

　　然而，在涉及对句子偏误的不同理解时，"一错多标"还是有意义的。例如：

　　（11）对于非洲来说，这是还不够 {CJxw}。
　　（12）从现在的情况来说，让大家去吃"绿色食品"是太早了 {CC 的}。

　　例（11）除了可以视为形容词谓语句的偏误句，还可以看成缺少助词"的"，并进而看成"是……的"句不完整的偏误句。例（12）除了可以看作用词错误，即该用助词"了"却误用了"的"，还可以视为不该用却用了"是……的"句的偏误句。这样处理可以发现更多的问题，发现不同的偏误类型，这对于全面、准确地认识汉语学习者对形容词谓语句及"是……的"句的习得情况都是非常有意义的。

　　结论是：在标明下位句式的偏误类型后，无须再标明其上位偏误类型；对可以同时视为词、句、语篇偏误的偏误，则应分别标明。

　　这就是我们所提倡的"有限的一错多标"标注方法。我们认为这种方法符合汉语习得的实际情况，是能够适应标注汉语中介语的实际需要，并能够满足基于汉语中介语语料库的相关研究的。

2. 标注代码。

标注代码可以采用汉语拼音字母、英文字母、阿拉伯数字、置标语言进行编码。例如 HSK 动态作文语料库采用汉语拼音并利用其大小写形式编码，在上面的例（10'）中"［L］"是漏字标记，表示其前边的一个字在原始语料是漏掉的字，"L"是"漏"字的汉语拼音声母；"{CQ 有 }"表示缺词偏误，"CQ"是"词缺"两字的汉语拼音声母；"{CJ-sy 有 }"表示"错句 – 缺少述语'有'"的偏误；"{CJy}"表示有字句的错句偏误；"{CJdw}"表示动词谓语句的错句偏误。中国大学英语学习者语料库（CLEC）则采用了"英文字母 + 数字"的编码方式。例如"［cc3，1-］"是一个错误码，其中"cc3"表示搭配错误中的动名搭配错误，"1"表示该词左边第一个词与该错误相关联，"–"指示该错误关键词出现的具体位置。（杨惠中主编，2002：68-70）

利用置标语言进行编码已有相关研究，例如李斌（2007）研究了利用可扩展的置标语言 XML 进行把字句偏误标注的方法：

（13）请 /v 你 /r〈syn〉把 /p 这 /r 封 /q 信 /n 寄 /v〈/syn =
"把字句"〉。/w

使用可扩展的置标语言 XML 进行编码的主要优点是：

第一，方便、灵活、实用，可以满足语料标注的基本要求。

"错误标注的基本要求为：标明错误的语句；标明错误类型（大类、小类）；标明正确形式；便于标注、检索、统计。"由于"XML 是一种源置标语言，它允许用户根据它所提供的规则，制定各种各样的置标语言"，"应用于语言错误的标注"。（李斌，2007）

其实这种语言不仅适用于偏误标注，也完全可以应用于基础标注。因为"XML 最重要的特性就是可扩展性，即允许用户定义自己的标签以及这些标签携带相关参数的属性和值"，"由于 XML 的自定义性及可扩展性，可以定义无限量的一组标注，足以表达各种种类的数据"。（施燕斌、刘春红，2002）

第二，标注对象的界限清楚。

以语序偏误的标注为例。HSK 动态作文语料库的标注方法是用 {CJX} 表示语序偏误。这种方法的问题之一是：标注对象的界限范围不清楚。例如：

（14）我认为贵公司的事业可 {CJX} 也向全世界发展。

（15）这种生活方式已经习惯 {CJX} 成了。

（16）我和同学们 1 个月 {CJX} 在北京生活了。

例（14）至（16）是相邻的两个单音词（"可"与"也"）、双音词（"习惯"与"成了"）或短语（"1 个月"与"在北京生活了"）的位置偏误，但发生偏误的究竟是单音词还是双音词或短语，因其并未标明具体范围，所以仅从形式上是无法判断的。

　　XML 的语法规则之一是：任何的起始标签都必须有一个结束标签。加上前后标签之后，不论标注对象是单音词还是双音词或是短语，界限都非常清楚，一目了然。例如：

　　（14'）我认为贵公司的事业〈order〉可〈/order〉也向全世界发展。

　　（15'）这种生活方式已经〈order〉习惯〈/order〉成了。

　　（16'）我和同学们〈order〉1 个月〈/order〉在北京生活了。

　　第三，它是一个国际标准，便于实现语料标注的标准化和通用化，方便不同语料库之间的资源共享和彼此融合。

　　XML 是 W3C（World Wide Web Consortium，全球万维网联盟的简称——引者注）在 1996 年底提出的标准，是从 SGML 衍生出来的简化格式，也是一种元语言，可以用来定义任何一种新的标记语言。（徐永川，2004）而 SGML 指标准化的通用置标语言（Standard Generalized Markup Language）。1986 年，国际标准化组织正式发布了 SGML 国际标准，我国于 1995 年也将其作为国家标准。SGML 语言的设计目的是要使文件信息与设备无关，与处理系统无关，甚至与所用的语种无关。就是要在各个孤立的系统之间架起桥梁，使各个孤立的系统彼此联系起来。该语言通过描述文件逻辑结构的方法，使置标具有通用性，并通过一系列的声明（declaration），使各个系统都能理解文件的信息与置标。（参冯志伟，1998）作为 SGML 的子集，XML 同样具有这些特征与功能。

对汉语中介语语料库的标注而言，XML 潜在的主要问题是：第一，标注的繁复与二次开发。

XML 是可扩展的通用置标语言，使用 XML 标记语料的优点是使标注遵循一种通用格式，可以方便语料库的加工和应用，并使语料库能在不同软件环境中得以共享。但是，XML 是面向机器的语言，使用这种语言进行标注，结果十分繁复，对于语料标注者和语料库用户来说，阅读采用 XML 标注的文本很不直观，也很不方便。因此，需要语料库设计者自己设计具体标记的形式和语义，在 XML 之上开发软件，提供面向标注者和用户使用的界面。

第二，偏误的定位。

仍以语序偏误的标注为例。如前所述，HSK 动态作文语料库的标注方法是用｛CJX｝表示语序偏误。这种方法的另一问题是，不能显示错序词语的正确位置。例如：

（17）大部分人都｛CJX｝第一次开始吸烟的时候不容易，

（18）同时，因为工作细心，能满足各种类型旅客的要求，所以受到顾客来信｛CJX｝多次表扬。

例（17）、（18）是不相邻词语的位置错误（"都""多次"），因其并非与相邻词语位置错误，因而其正确位置应在何处并不清楚。

我们曾设想，如能在 XML 的结束标签中加上方向标记和词数，即可解决标注对象的定位问题。例如：

（17'）大部分人〈order〉都〈/order→6〉第一次开始吸烟的时候不容易，

（18'）同时，因为工作细心，能满足各种类型旅客的要求，所以受到顾客来信〈order〉多次〈/order←5〉表扬。

（17'）表示标注对象"都"应右移6个词，放在"时候"与"不容易"之间；（18'）表示标注对象"多次"应左移5个词，放在"所以"和"受到"之间。

然而这样的标注方法不符合 XML 的标注格式要求。换个角度，也可以说是 XML 没给我们提供相应的标注手段，在这一点上不能满足我们的使用需求。

综上所述，使用可扩展的置标语言 XML 进行编码具有多方面的优点，当然也有其自身的局限性，需要进一步研究解决。总体而言，是应当并且可以将其用于汉语中介语语料库标注的。

（五）标注流程

1. 分为两版的标注流程。

通用型语料库的标注内容丰富而全面，标注过程十分繁复，这就需要制定合理而高效的标注流程。

为了避免语料标注内容的庞杂与混乱，同时为了保证机器自动分词和词性标注的正确性，我们在首都外国留学生汉语文本语料库的建设过程中把对各种语言偏误和正确的语言表现的标注分别称为"偏误标注"和"基础标注"，复制为两版语料，先做偏误标注，后做基础标注。其主要特点是：

（1）不同标注内容的两版语料互相隔离，可以分别单独显示，也可以同时对比显示。

（2）标注分两次进行。

（3）偏误句只做偏误标注，正确句只做基础标注。

（4）每次标注使用不同的标注工具。

（5）两版语料的标注完成后需进行对齐处理。

这种处理方式是以便于对汉语中介语进行表现分析为出发点的，也确实取得了相应的成效，但标注过程非常烦琐，对语料标注者的耐心与精神状态是很大的考验。

2.合二为一的标注流程。

由于可扩展的置标语言 XML 的优势，用其编码，可以将语言偏误现象和正确的语言表现在同一版语料中进行标注，从而将偏误标注和基础标注合二为一，一次完成语料标注，大大简化语料标注过程。例如李斌（2007）设计的偏误标注：

（19）我 /r〈word〉字 /n 习 /vg〈/word＝学习 /v〉汉语 /nz 一 /m 年 /q 了 /y。/w

（20）我们 /r 一起 /d 画 /v 蛇 /n，/w 先 /d〈syn〉画 /v〈/syn＝"一结果补语"〉蛇 /n 的 /u 人 /n 可以 /v 喝 /vg 这 /r 壶 /q 酒 /n。/w

把上面两句改为正确句，用同样的方法稍加修改即可进行基础标注：

（19'）〈syn〉〈syn〉我/r〈/syn="主语1"〉〈syn〉学习/v 汉语/nz〈/syn="主语2"〉〈syn〉一/m 年/q〈/syn="谓语"〉了/y。/w〈/syn="主谓谓语句""名词谓语句"〉

（20'）〈syn〉〈syn〉我们/r〈/syn="主语"〉〈syn〉一起/d〈/syn="状语"〉〈syn〉画/v〈/syn="述语"〉〈syn〉蛇/n〈/syn="宾语"〉,/w〈/syn="动词谓语句"〉〈syn〉〈syn〉先/d 画/v 完/v 蛇/n〈/syn="定语"〉的/u〈syn〉人/n〈/syn="主语"〉〈syn〉可以/v〈/syn="状语"〉〈syn〉喝/vg〈/syn="述语"〉〈syn〉这/r 壶/q〈/syn="定语"〉〈syn〉酒/n〈/syn="宾语"〉。/w〈/syn="动词谓语句"〉

显而易见，对偏误句中的正确部分也是可以进行基础标注的，这可以使语料标注更为细致，对语料的观察更为全面，检索更为方便，因而对基于语料库的相关研究也就更为有利。

第2节　标注规范

一、标注原则

通用型汉语中介语语料库的语料标注应贯彻下列原则：

第一，全面性，指语料标注在广度上的内容全面，应包括各个语言层面，以满足汉语教学与研究的多方面需求。

第二，有限性，指语料标注在深度上是有限度的，而并非一标到底，越深越好。作为通用型语料库，以浅层标注为宜。例如句式标注，标明把字句、被字句、重动句等句式即可，无须再标其下位分类。

第三，准确性，指对语料中各种语言现象的理解正确，对偏误性质与类型的判定准确；标注代码的使用正确、完整，标注过程中对同类现象使用的代码一致。

第四，规范性，指对各种语言现象的处理要符合汉语言文字的相关标准与规范。有国家标准的要遵守执行，例如《汉语拼音方案》（1958.2）、《通用规范汉字表》（2013.6）、《信息处理用现代汉语分词规范》（GB/T 13715-92）、《信息处理用现代汉语词类标记规范》（GB/T 20532-2006）、《标点符号用法》（GB/T 15834-2011）等。

第五，系统性，指标注规范的各项内容之间不存在冲突，无自相矛盾之处；标注代码的设计具有唯一性、合理性；正确代码与偏误代码的区分清晰。

第六，简洁性，指语料标注的内容、方法与代码等应简明扼要，切忌烦琐。例如不可为了追求语法体系的全面完整而面面俱到，叠床架屋。

第七，通用性，指标注代码／标注符号符合标准化要求，具有通用性，可供不同的语料库参考使用；也便于用户使用，并有利于语料的资源共享。例如应采用可扩展的置标语言 XML 进行编码，对语料的文本信息进行标注。

第八，开放性，指标注规范的包容性，遇到新的语言现象可以随时添加到标注规范之中。也指标注规范与标注结果皆须向学界与社会公开，例如标注结果的错误率必须向用户公布，以便用户了解基于某语料库的标注所做的研究及其结论的置信区间与可靠性。

第九，自动化，指应积极探索自动标注，凡具备自动标注的语言层面一律采取自动化的标注方法。例如繁体字和异体字标注、分词和词性标注、词语的语体标注，皆可采取自动标注或机标人助的方式进行，标注代码应可以自动转换为 XML 形式。

第十，渐进性，指从宏观上看，语料标注是一个边实践边探索的过程，需要不断积累经验，深化理论认识，逐渐进化，最终达于完善。语料库建设应接受产品升级的理念，语料库可以从低版本向高版本升级迭代、更新演进。

本节对相关问题的探讨均在此十项原则基础上展开，并以之为指导。

二、标注内容

（一）在标注的广度上，实行以需求驱动为导向的全面标注

1. 全面标注的含义。

就笔语语料库而言，全面标注指对字、词、短语、句、篇、语体、语义、语用、修辞、标点符号等 10 个层面进行标注。口语语料库和多模态语料库由母语者进行转写，因而无须进行汉字标注，但需增加语音和体态语等方面的标注。

在标注模式方面，采用"偏误标注 + 基础标注"的模式。

偏误标注指对语料中各种偏误现象的标注；基础标注指对语料中正确语言现象的标注。之所以采用这一标注模式，是因为偏误标注只能满足偏误分析的需求，而只依据偏误分析的结果是无法对汉语习得的情况形成全面、准确的认识的。这就需要把汉语习得研究从偏误分析提升为表现分析，而进行表现分析的前提就是进行基础标注。

把对正确语言现象的标注称为基础标注，意味着把正确的语言现象视为汉语中介语的基础。这表现了我们对中介语的基本认识与评价：就汉语学习的总体状况和发展趋势而言，正确的语言现象始终为相对多数，占优势，居于主导地位，而偏误现象则是相对少数，处于劣势和从属地位。

进行基础标注要实事求是，根据实际需要，确有必要才进行标注。例如汉字和标点符号、有形式标志的句式如把字句、"比"字句等就无须进行基础标注，因为正确的汉字和标点符号可以直接检索，把字句和"比"字句根据关键词＋词性（介词）即可查询。而无形式标志和不便查询的句式如意义上的被动句、存现句、重动句、连动句、兼语句等则必须进行基础标注，否则就无法检索。

2. 实行全面标注的原因。

首先是教学上需要。在汉语中介语语料中，这 10 个方面的偏误都是客观存在的。在教学过程中，都需要进行纠正。

其次是研究上需要。学界对这 10 个层面的偏误现象与习得规律都需要进行研究，其中有的研究较多，例如字、词、句；有的研究较少，例如语篇、修辞、标点符号；有的则很少，甚至还没有什么研究，例如语体、语义和语用，但存在强烈的研究需求。例如对把字句语义语用规则研究的需求，早在 20 世纪末就有多位学者提及。（参吕文华，1994：174；张旺熹，1999：15）

　　汉语中介语语料库的建设目的是积极主动、全心全意地为全世界的汉语教学与研究服务，满足教学与研究的多方面需求。因此，语料标注，特别是通用型语料库的标注，应该遵循需求驱动、问题导向的原则，进行全面标注，以满足教学与研究的多方面实际需求。例如早在 20 世纪 80 年代初期就有学者指出，留学生的成段表达"话不连贯，语无伦次"（杨石泉，1984）；十年之后，这种情况并无根本性变化，甚至到了四年级，"即使是程度最好的学生"，也是单句正确，"但连接起来总感到别扭，……不流畅"（李杨，1993：65）。可见进行语篇教学与研究的重要性和紧迫性。近 20 多年来这方面的研究也确实有所加强，例如曹秀玲（2000），王魁京、张秀婷（2001），彭小川（2004），杨春（2004），陈晨（2005），张迎宝（2011），田然（2014）等。修辞格教学在高级阶段教学中自 20 世纪 90 年代起即受到关注，并引入教学，但相关研究不多。而周小兵、洪炜（2010）的研究表明，中高级留学生汉语中介语辞格的偏误率并不低。例如"对偶修辞格对于二语学习者而言，蕴含着强大的语言习得和生成功能"，但学生的"对偶句仿写出现诸多偏误"（吴双，2016）。吴春相等（2016）指出：典型的修辞结构在文学语体中属于高频语言现象，并存在于汉语水平考试的考题中，教材中也不乏修辞格问题，留学生也常常造出与修辞相关的偏误结构，比如"老师真棒，你比狗跑得还快！"，等等。可见，无论从语言事实还是教学实际来看，修辞都是十分重要的语言现象，应该加强修辞格的教学与研究。教学及大纲中需要分语体的内容，就应该进行语体方面的研究。（参李泉，2003、2004）例如商务汉语信函写作中嵌偶单音词的偏误率占16.41%，合偶双音词的偏误率占33.33%，因此在商务汉语教学中就要加强对语体知识的重视，加强语体词汇分级教学。（穆雅丽、骆健飞，2016）而为了最大限度地为这些方面的教学与研究提供服务，就应该进行语篇、辞格、语体等层面的标注。

（二）在标注的深度上，实行基于语料库和语料库驱动两种研究范式理念相结合的浅层标注

1. 基于语料库和语料库驱动两种研究理念。

语料库语言学阵营内部存在基于语料库的（corpus-based）研究和语料库驱动的（corpus-driven）研究两种主要范式。（梁茂成，2012）其主要区别如下：

（1）对语料库语言学的基本性质与研究目的认识不同。语料库驱动的研究范式认为，语料库语言学是一门独立的学科，摆脱任何已有的语言分类体系和研究框架，甚至反对利用语料库之外（corpus-external）的任何理论前提，从真实数据出发，对语言进行全新的描写。（Tognini-Bonelli，2001：99）基于语料库的研究范式认为，语料库语言学并非一门独立的学科，而是一种研究方法，不排斥外部理论，目的在于验证已有假设和理论（Gries，2010；McEnery & Hardie，2012；McEnery & Wilson，2001）。（梁茂成，2012）

（2）研究所依据的数据不同。语料库驱动的研究范式主张"相信文本"，视语料库为语言研究的唯一数据源，反对使用其他形式的数据。相反，基于语料库的研究范式并不反对使用语料库之外其他形式的数据（如通过各种诱发手段获取的数据）。（梁茂成，2012）

（3）对语料的处理不同。语料库驱动的研究范式反对语料库标注。基于语料库的研究标注不但必不可少，还要不断增加其深度和广度。（梁茂成，2012；李文中，2012）

（4）二者根本的区别，是如何对待语料库语言学以外的理论或模型，基于语料库的研究主张通过语料库验证有所继承和发展，语料库驱动的研究渴望突破现有理论的窠臼，采用全新的视角和方法建构新语言学理论。（李文中，2012）

2.浅层标注的含义。

"基于语料库和语料库驱动两种研究范式理念相结合"的含义，一是吸取语料库驱动研究的目标理念，从真实数据出发，对语言进行全新的描写，突破现有理论的窠臼，采用全新的视角和方法建构新的语言学理论，而不仅仅是验证已有的假设和理论。二是由于不对语料进行标注，从生语料库中所能获取的语言信息将十分有限，无法为教学和研究提供收集和检索语料的方便，因而要借鉴基于语料库的方法和理念，对语料进行标注。而为了不使研究落入"验证已有的假设和理论"的结果，在标注的深度上把握尺度，只做浅层次的标注。

例如句标注，在全球汉语中介语语料库标注规范的研究与标注实践中我们认识到，为了避免标注过于烦琐，宜只做一个层次的标注，标注在"句式"这一层次。某些有必要标注出来的句类、句型如双重否定句、形容词谓语句也将其"降级"到句式层次标注。某些下位句式又将其"升级"到上一个层次，例如是非疑问句、特指疑问句、正反疑问句、选择疑问句等均作为不同句式处理，而不是先标注疑问句，再对其4种下位句式进行标注。这样处理的好处是把句类、句型、句式等3个层次（如果再加上各个句式的下位句式，则是4个层次）的立体化标注简化为句式一个层次的扁平化标注。这样做不仅对教学和研究没有任何不良影响，还贯彻了简洁性原则，避免了叠床架屋式的烦琐标注。而对口语、多模态语料的语音标注，也只标出声、韵、调、轻声、儿化、停顿、重音的偏误，不再对其内部情况做更深更细的标注。

3. 实行浅层标注的原因。

第一，语料库的根本作用决定了只能进行浅层标注。

近20多年来，汉语中介语语料库在汉语教学研究和习得研究中发挥了很大作用，取得了十分显著的研究成果，极大地促进了量化研究的发展，促进了定性分析与定量分析的结合，促进了研究模式的转变。这些成果充分证明"语料库是语言知识的宝库，是最重要的语言资源"。"从某种意义上说，语料库的使用，是语言学研究的一次革命性的进步。"（冯志伟，2006：14）但是归根结底，语料库只是"储存语言材料的仓库"（黄昌宁、李涓子，2002：1）。其根本作用只是为语言研究、语言教学研究和习得研究提供收集和检索语料的方便，而不是代替对这些语料的研究。这也就决定了研究者通过语料库能够查询到其所需要的语料即可，例如通过语料库可以十分便捷地查询到把字句、被字句等各种句式的语料即可。至于各种句式的下位分类、偏误的类型与原因等，是不需要标注的，因为那恰恰是研究者要做的工作，是他们的研究内容，既不需要也不可能由语料库及其建设者代庖。

第二，片面追求标注深度的做法缺乏可行性，可能还不符合研究者的需要。

对语言现象的深度标注建立在分类的基础上，而学界对语言现象分类不一致的情况比比皆是，从而使深度标注失去依据。例如把字句是学界主流观点公认的教学难点，由于对其下位分类的认识并不一致，因而难以进行下位句式的标注。崔希亮（1995）从句法结构形式上将把字句分为两大类型：典型形式和其他形式，前者指的是 VP = VR 或 VP 包含 VR；后者包括四类：VP = (AD) + 一 + V；VP = (AD) + V (+ 一) + V；VP = (AD) + VR（R 是动量补语）；VP = 0 或 Idiom 或单个 V。而范晓（2001）将把字句分为光杆动词式、动体式、动结式、动趋式、动介式、动宾式、动得式、动量式、动副式、状动式等十种类型。究竟应该根据哪位学者的分类进行下位句式的标注？这是一个两难选择，无论选取哪种分类，对主张另一种分类的学者来说，在利用语料库进行研究时，都不仅不能给他们提供方便，反而会增加困扰。而实际上问题更为复杂，因为把字句还有更多的不同分类。其他一些句式也是如此。

第三，深层标注会加重标注员的劳动强度，加重标注结果的不一致性，进而影响标注质量。从目前的实际情况看，计算机所能承担的自动标注内容很少，主要是自动分词和词性标注，其他语言层面的标注皆需人工进行，标注员是语料标注的主要承担者。在标注过程中，他们会受到标注量、标注难度、标注时间、自身身体情况和精神状态的影响。如果其承受的负担太重，则不但难以完成标注任务，而且会严重影响标注质量。从偏误语料的角度看，有些偏误确实很复杂，很难得出一致的认识与判断，因而会损害标注的准确性与系统性。例如：

去了理个发。（高玮，2016）

句中的"了"属偏误用法，这是显而易见的。但如何判定其偏误属性，也就是该偏误的下位分类却很难确定：是"了"的错序？还是误加"了"？或是"理"的后边遗漏另一个"了"？抑或是从句子的角度判定为连动句的偏误？似乎都可以。但究竟如何判定，如何确保标注结果的一致性，颇费踌躇。

还表演了三年多（应为：还学了三年表演）（高玮，2016）

该偏误视为"表演"误代"学"，遗漏"学"，"表演"错序，似乎也都可以，难以做最终判断，也难以保证标注的一致性。

因此，作为语料标注，只需把这些偏误句标注出来即可。至于下一步的分析与判定，应该交给研究者处理，而不应给标注员增加这种额外的负担。这样也就降低了标注时出错的概率，有助于提高标注的准确性。

第四，不同类型的语料库在标注深度上可以有不同的处理方式。语料库标注的深度，即在标注中包括哪些信息，取决于研究者的设计目标和研究需求。一个语料库既可以不加任何标注，也可以添加多层多次标注。（梁茂成等，2010：38）例如同样是汉字标注，通用型语料库只需标明错字、别字、多字、繁体字、异体字、拼音字等，即语料库只为研究者提供检索错字的方便，而不对错字做进一步的具体分析，HSK 语料库、全球汉语中介语语料库都是这样做的。专用型的汉字偏误语料库因其本身就是对汉字偏误的专门研究，故需对错字进行更细致的标注，汉字偏误连续性中介语语料库就是"一个专门的错字数据库"（张瑞朋，2013）。

综上所述，对语料进行浅层标注是语料库的根本性质所决定的，汉语本体研究的现实情况也表明只能进行浅层标注。浅层标注还可以简化标注的繁难程度，提高标注的准确性；能够进一步明确语料库建设研究与语料库应用研究的界限与不同职责所在，进而推动语料库建设与应用研究的深入发展，更好地为教学与研究服务，因此是非常有益的。

三、标注方法

（一）多版标注

1. 多版标注的具体做法。

指对字、词、短语、句、篇、语体、语义、语用、修辞、标点符号等 10 个层面分别进行标注，一个层面一版，加上生语料版，共计 11 版。

2. 多版标注的优越性。

（1）打通通用型语料库建设和专用型语料库建设的绝对界限，将二者合二为一。每版只标注一个层面的内容，是一个专用型语料库；多版聚合起来是一个通用型语料库。

（2）贯彻渐进性原则，每个层面的标注内容可以根据时间、人力、财力、汉语本体研究和语料库建设水平的发展与提高，分阶段进行更加深入的标注，使其更加完善。

（3）化解了对某些语言现象进行标注时"从大"还是"从小"的问题。张宝林（2013）认为，对于那些可以视为不同性质与类型的偏误应按照"从大"原则加以处理；而肖奚强等（2014）则认为应按照"从小"的原则进行标注。应该说，这是一个基于不同着眼点的选择取舍问题，并没有绝对唯一的答案。而根据多版标注的做法，对同一个语言现象，在不同版中，可以进行不同层面与不同角度的标注。例如："是"字句缺"是"，"有"字句缺"有"，在词标注版中标为缺词，在句标注版中则可以分别标为缺述语和句式偏误。"从大""从小"之争可以休矣。

（4）避免标注信息混杂，使用更加方便。如果在同一版语料中进行多层面内容的标注，语料中加入了太多的代码与符号，会使语料变得繁杂混乱，难以卒读。例如把词标注、短语标注、句子成分标注放在同一版语料中，结果呈现为如此面貌：

【现在 /nt】{Jzy1}【随着 /p 科学 /n 的 /u 发展 /v】{Jzy2}

{CZjb}【产生 /v】{Jsy} 了 /u【更 /d 多 /a】{Jdy1}{CZzz} {CZx} 的 /u【以前 /nt 没有 /v 听到 /v】{Jdy2}{CZzz}{CZd} 的 /u【噪声 /n】{Jsy}#, /w【汽车 /n 喇叭 /n 声 /n 和 /c 电话 / n 铃声 /n】{Jzhuy}{CZlh}{CZm}【也是 /d】{Jzy}【属于 / v】{Jsy}【这 /r 种 /q】{Jby}{CZsl}{CZm}#, /w【这些 /r】 {Jdy1}{CZsl}{CZm}【因为 /c 科技 /n 的 /u 发展 /v 产生 /v 出 来 /vd】{Jdy2}{CZzz}{CZd} 的 /u〔-zhuy〕, /w【应该 /vu】 {Jzy1}【通过 /p 科技 /n】{Jzy2}{CZjb}【来 /vd 解决 /v】 {Jwy}{CZld}{CZd}#。/w

这样进行标注，语料难以阅读，更难以应用。如果把 10 个 层面的标注内容都加上，结果将更加混乱不堪。

从研究的角度看，对于研究某一语言层面（例如词）的教 师学者来说，其他层面内容（例如字、句、篇等）的标注属干 扰信息，在一定程度上会影响其研究。虽然可以在显示界面上 设置赋码显示开关，使用者可以选择显示或不显示某些标注内 容，但实际上文本已经被赋码改变了，（李文中，2012）使用上 仍难免出现种种问题与不便，不如分版标注来得彻底，可以避 免所有其他赋码可能带来的问题与影响。

据我们所知，目前还没有语料库采用这样的多版标注方法。 因此，这一方法可以视为汉语中介语语料库建设中的一个创举。

（二）部分层面内容自动标注

自动标注具有极高的标注速度与标注结果的一致性，可谓最好的标注模式。限于中文信息处理的水平，从目前来看，全面的自动标注还较为遥远，但完全可以利用现有条件，进行部分层面的自动标注。

我们在全球汉语中介语语料库的建设中在这方面进行了一些努力与尝试，已经取得了初步的研究成果。例如利用自行研制的标注工具，已实现繁体字、异体字的自动标注，标注效果非常好，非常准确，超过人工标注的准确性。利用教育部语言文字应用研究所的标注系统，已经实现了分词与词类的自动标注，虽需人工检查修正，但还是比人工标注要好得多。目前，课题组正在做语体、错序词、固定搭配的自动标注研发。下一步，课题组还计划进行标注代码的 XML 语言的自动转换、基于距离算法的自动标注、基于训练语料的自动标注的研发。

（三）口语／多模态语料的转写和语音标注同步进行

在汉语中介语语料库建设中，口语库的建设滞后，多模态库的建设更为滞后。原因之一是语料的转写困难，口语库是语音到文字的转写和标注，多模态库还要加上体态语的转写和标注。

为了节省人力，提高效率，笔语语料库的文字转写工作可以交给录入公司承担。而口语库和多模态库"由于语音标注完全需要人工完成，而且要求标注者具有相当高的语音听辨能力和语音学水平"（崔刚等，2000），只能由语言学专业人员来承担。又因为在转写时必须对语音进行听辨，在进行语音标注时也要对语音进行听辨，如果分为两次进行，那是十分不经济的。

因此在对口语语料和多模态语料进行转写时，必须同步进行语音标注，以取得最佳成本效益。

第3节　基础标注的内容与方法

一、基础标注的内容

基础标注是对语料中正确的语言现象进行标注，具体包括下列内容。

（一）分词及词类序列标注

由于在汉语书面文本中词与词之间没有空格，不便于计算机处理，因此，汉语书面文本的语料库一般都要做切词和词性标注。（冯志伟，2009：11）分词是汉语自然语言处理中一项重要的基础工程，是实现以词作为文本处理单位的整个信息处理过程的一个必经阶段。（黄昌宁、李涓子，2002：145）分词后要对切分出来的词进行词性标注，这样即可以实现按词和词性进行语料查询，并可与其他标注内容配合使用，进行组合查询。例如经过词性标注和句子成分标注的语料就可以从这两个角度出发，进行名词谓语句或谓词主语句的查询。其他标注也要在这步标注的基础上进行。总之，这是基础标注的根本性工作，在基础标注中占有极为重要的地位。

（二）断句和句子成分序列标注

断句是把全部语料切分为一个一个的单句，其主要作用是：（1）可以使基于语料库的相关研究在同一层面上进行统计分析。有些语料库（例如 HSK 动态作文语料库）并未把语料切分为单句，我们在统计某类句子的数量时只能以字数为基础来计算某类句子的句数比例。这当然是欠妥的做法，甚至是不合逻辑的，但我们别无他法。其实大部分基于语料库的母语研究也是如此。断句后则可以彻底解决研究中的这一不合理现象，在全部单句的基础上进行句数统计。（2）为后续的句子成分标注提供了先决条件。

句子成分标注按照结构主义的层次分析法的观点分为主语、谓语、述语、宾语、补语、定语、状语、中心语等 8 种句子成分，与偏误标注的句子成分相对应。这样做的目的一是可以与偏误标注的结果进行对照，研究者不但可以看到学习者的汉语偏误，也可以看到他们正确的语言表现，使表现分析成为可能。二是可以与词性标注相配合，考察由不同词类充当句子成分的句子的使用情况，以及各种句子成分由何种词语充当的情况。例如名词谓语句、形容词谓语句、谓词主语句、分别由名词、动词、形容词、数量短语、代词、副词充当定语、状语、补语等的情况，从而使我们对汉语习得情况得到具体、全面、深入的认识。

显而易见，句子成分标注实际上包含了短语结构标注，例如主谓、述宾、述补、定中、状中、数量等结构类型的短语均可直接提取；通过介词、连词、助词、方位词的检索，来提取介宾、联合、附加、方位等结构的短语，也是易于实现的。

（三）句类、句型、句式类别标注

按照胡裕树主编（1981：314-315、334）的观点，句子可以分为句类、句型和句式。句类是句子的语气分类，包括陈述句、疑问句、祈使句、感叹句。句型是句子的结构分类，包括单句和复句、主谓句和非主谓句、名词谓语句、动词谓语句、形容词谓语句、主谓谓语句等。句型是以语言中全体句子作为对象加以归纳的结果，句式是以语言中部分句子为对象加以描述的结果，或者说，句式是根据句子的局部特点划分出来的句子类型，例如双宾语句、重动句、存现句、比较句、把字句、被字句、"连"字句、"是"字句、"有"字句等（邵敬敏主编，2001：223）。标注这些内容，研究者就可以对学习者使用汉语各种句子的情况进行考察与研究，特别是那些以往较少甚至从未得到过研究的句子。例如祈使句、感叹句、名词谓语句、主谓谓语句、谓词主语句、重动句、"有"字句等。

需要特别指出的是，有些类型的句子由于数量太多，是不需要全部一一标注出来的，例如陈述句、名词主语句、动词谓语句等。拿陈述句来说，我们只要标注其中比较有特点的双重否定句即可。

（四）词、句的语体信息标注

指对语料中书面语色彩非常突出、口语中一般不用的词、句，或口语色彩非常突出、书面语中一般不用的词、句进行标注。一直以来，我们在对外汉语教学中对语体教学不够重视，甚至可以说是在某种程度上忽略了语体教学。而在汉语的实际使用中是存在语体差异的，"书面语和口语的区别是必然而非人为的，它是正式、典雅必须与随便、通俗区别开来、拉开距离的必然产物"（冯胜利，2005：120）。我们教出来的学生当然不能只会用随便、通俗的口语，在必要的场合也必须会用正式、典雅的书面语，这样才能保证语言使用的得体性。这是对外汉语教学，特别是高级阶段的对外汉语教学必须承担的任务。其实，在教学实践中学生也是存在了解词句语体色彩的学习要求的。从某种程度上说，教师也有了解、掌握语体知识的需求。[①]在汉语中介语语料库中进行语体信息标注，可以使我们了解汉语语体习得的基本情况，进而采取恰当的教学策略与措施，改进语体教学，提高对外汉语教学的质量与水平。

二、基础标注的方法

（一）机标人助

分词标注即把文本中的字串分隔成词串。"当前汉语自动分词技术已经取得了很大的成绩，分词的正确率已可达到99%左右"（黄昌宁、李涓子，2002：145），"语法码（指词类码）的

---

① 笔者2004年作为国家汉办派遣的专家组成员赴日本培训当地汉语教师时，有教师谈到，在教学中学生提出一些词句的语体问题，而教师"心里没底，根本不敢回答"。

附码目前已能自动进行，对不受限制的语料进行自动附码的正确度可达到 98% 以上"（杨惠中主编，2002：30）。有鉴于此，分词和词性标注可以采取计算机自动处理的方式进行。

需要指出的是，计算机分词与词性标注的正确率虽然已经达到非常高的水平，但所存在的 1%～2% 的错误率对成百万、上千万字的语料来说，其绝对值并不小，对学习者产出的中介语来说，问题必然更为严重。因此，在机器自动标注之后，还要进行大量的人工干预予以校正。例如我们现在使用的标注系统把"一个"切为一个词，标为"mq"（数量词），即"一个 / mq"；应人工将其改为"一 /m 个 /q"。

（二）人标机助

目前汉语中介语语料库除分词和词性标注采用机标人助的方式外，字、词、句、篇、标点符号的偏误识别及标注均采取纯手工方式进行。同样，由于技术条件的限制，基础标注除分词和词性标注外，其他标注也只能以人工方式为主进行。

1. 断句。通过句末标点可以进行自动标注，但这样标注的句子"颗粒度"太大，一个句子中可能包括许多分句（即单句），这对下一步的句子成分标注会产生消极影响，也不利于句数的统计。由于二语者标点符号使用方面的大量偏误，该不该使用句末标点作为断句依据也还是问题，无疑会使这种后果更加突出。

可以采用两种方式：一是纯人工标注，二是先根据句末标点用计算机自动标注，再辅以人工干预。第一种方式比较简便，而如要探索提高自动断句标注的方法及其准确性，则应采用第二种方法。

2. 句子成分序列标注。在汉语中介语语料库建设中，目前尚未见有自动标注句子成分者，缺乏进行自动标注的基本前提，只能采用人工标注的方式。

3. 句类、句型、句式类别标注。句类可以根据标点符号进行自动标注：以句号结尾的句子为陈述句，以问号结尾的句子为疑问句，以叹号结尾的句子为感叹句。但由于句子标注的颗粒度问题，以及二语者标点符号的使用偏误问题，仍需进行人工干预。此外，祈使句可以句号结尾，也可以叹号结尾，机器难以识别，只能以人工方式标注。各种句类的下位类型，如疑问句中的是非问句、特指问句、正反问句、选择问句等，也均需人工标注。

4. 词、句的语体信息标注。一些已有定论且很明显的口语或书面语词语、句式，可以自动标注，前提是内置于计算机中的词表本身要带有语体信息。词表中没有的则需人工标注。例如"荷花儿""商量""好看""清楚"是口语词，"菡萏""商榷""美丽""清晰"是书面语词；"有钱""嘴里离不开希腊"是口语说法，"拥有钱财""言必称希腊"是书面语说法；"把肥胖当作美""有什么错"是口语句式，"以丰腴为美""何错之有"是书面语句式，等等。

（三）标注工具

标注工具是实现"人标机助"的基本手段，可以通过"一键 OK"的方式代替标注人员记忆代码及其含义、频繁选择和点击字母的负担，最大程度地减轻他们的劳动强度，使他们可以把精力集中在分析、研究、判断、确认语料中各种语言现象及其类型上，从而提高标注效率。此外还可以在相当程度上保证在标注过程中代码使用的一致性。标注工具是标注人员进行语料标注的得力助手，HSK 动态作文语料库、首都外国留学生汉语文本语料库分别使用了不同的标注工具，都取得了很好的标注效果。在今后的语料库建设中，要继续重视其功能，并不断改进，充分发挥其重要作用。

三、相关问题探讨

（一）标注代码的通用化和标准化

语料标注应使用通用代码。然而就汉语中介语语料库而言，目前并无一种公认的标注代码可供使用，标注在实践中是各用各的自编代码，而没有实现标准化和通用化。其后果是各个语料库之间很难实现资源共享，彼此融合；而对广大用户来说，则凭空增添了使用的不便甚至困难。因此，制定业界普遍接受的标注代码，是汉语中介语语料库建设的当务之急。

（二）偏误标注与基础标注的分与合

从语料库应用的角度看，这两方面的标注都是必要的。但实践中如何处理两种标注的关系是一个非常麻烦的问题。从理论上来说，两种标注是可以在同一版语料上同时进行的，但是由于标注的内容太多，使用的符号太多，标注起来十分繁复，完成标注后语料已经面目全非，根本无法阅读，标注后必有的审核复查修改工作也难以进行。

解决的办法有两个。一是把偏误标注和基础标注分为两版，在不同版的语料中分别进行不同类型的标注。然后通过程序实现两版语料的彼此连接，同时显示。实践证明，这样的处理方法是可行的，效果是良好的。二是采用隐藏技术，隐去目前处于不活跃状态的标注代码，从而使语料呈现简明洁净的状态。当然也可以将这两种方法结合起来进行标注。

（三）尝试进行自动标注

毫无疑问，在标注过程中应尽可能发挥计算机的效用。语料库语言学研究的层面已经从词和短语上升到句子和篇章，（甄凤超，2004）例如 HSK 动态作文语料库 1.1 版已从字、词、句、篇、标点符号等角度穷尽性地标注了 424 万字语料，已经具备了进行语料自动标注的基本条件。我们完全应该并且可以以其为训练语料，尝试对新语料进行自动标注。

然而，目前在语料库的标注过程中由计算机自动标注的内容并不多，除分词与词性标注可以由机器自动完成之外（仍需人工校正），大部分标注任务需要由人工完成。而人工标注的必然后果是效率低下，标注质量完全取决于标注者的能力、水平、工作态度、精神状态和身体情况，在一定程度上存在错标与漏标、代码使用不一致的现象。有研究认为，为了避免人工标注出现的错误，保证代码的一致性，可以先用汉字标注，然后再以代码替换。（王洁，2008）然而在实践上很难落实。

虽然如此，自动标注仍是方向，应该积极尝试，不断改进，以获得最终的成功。

（四）分词规范

词类标记是自然语言处理的基础环节。以往我国在词性标注方面做了不少研究，由高等院校、科研院所研制的，乃至作为国家标准发布的分词规范、词性标注规范之类的标准并不少，至今仍然在不同场合、范围中使用，似乎并无一个为业内一致公认的权威标准。这就造成了一个很大的问题：各个系统的词类标记不统一，产品不能标准化、通用化，使信息交换、资源共享困难，最终给用户使用带来麻烦。汉语语料库的深加工和汉语句法自动分析等自然语言处理领域，迫切需要制定《信息处理用现代汉语词类标记规范》，提供一套面向信息处理的、统一的现代汉语词类标记代码体系，以降低数据转换的代价。（参语信司，2007）汉语中介语语料库同样需要这样一个规范，而且是最权威的规范、分词标准及词性标注系统。

教育部、国家语言文字工作委员组织研制的语言文字信息处理国家标准《信息处理用现代汉语词类标记规范》，由国家质量监督检验检疫总局、国家标准化管理委员会于 2006 年 9 月 18 日发布，自 2007 年 3 月 1 日实施。（语信司，2007）它规定了信息处理中现代汉语词类及其他切分单位的标记代码。该标准的发布，将促进汉语信息处理系统词类标记的标准化，有利于语言资源的信息交换与共享。（教育部语言文字信息管理司，

2007）毫无疑问，汉语中介语语料库建设应采用这一规范。

（五）采取多种措施，保证标注质量

相对于计算机自动标注而言，人工标注方式的准确性较高，但标注速度慢，标注代码使用上的一致性较差。虽然可以通过标注工具的帮助，在一定程度上得到缓解，但问题还是存在的。

人工标注带来的另一个重要问题是标注的质量，如果标注人员没有全面、扎实的语言文字功底，标注中的错误就在所难免。标注后的审核步骤可以纠正一部分错标，但无法完全避免。例如 HSK 动态作文语料库 1.0 版对存现句的判定基本上都是错误的，在 1.1 版中才得到纠正。

标注质量是语料库的生命，是体现其使用价值的一个重要方面。那么，如何对标注人员进行有效的培训，就成为一个迫切需要解决的现实问题。（张宝林，2009c）

可以采取的改进方法包括：

1. 设计完善的、便于操作的标注规范。

"完善"指规范应能涵盖汉语中介语的各种语言现象，可以据其对各种中介语现象进行处理。这就需要在展开大规模语料标注之前，进行小规模的标注实验，建立偏误模型；同时应预留"扩展槽"，以随时容纳新发现的偏误类型。"便于操作"是说规范本身（包括各种代码）应简明扼要，不能给标注人员增加过多的记忆负担。

2. 实施有效的培训。

仅仅通过一两次标注规范的培训是不能解决问题的。可以通过专门课程的形式，详细讲述标注规范的各项细则，并通过反复的实际标注训练，使标注人员深入理解并切实掌握标准的规范与标准，提高标注的能力与水平，从而提高标注质量。

3. 标注后的审核修改。

语料标注完成后，应挑选水平高、能力强、标注效果好的标注人员，对全部已标注语料进行审查复核，以纠正标注中存在的错标及漏标现象。

4. 程序的一致性检验。

通过软件系统对语料的加工标注进行格式和标注符号的一致性校验，以检测人工标注中的错误和不一致之处，修正标注形式上的错误。

第 4 节　HSK 动态作文语料库的标注问题

一、特色

（一）语料的真实性

参加高等汉语水平考试（包括客观性考试和主观性考试，主观性考试中包括口试和作文考试）的考生，已从最初的一年不足 300 名，发展到现在的一年 16300 多名（2006 年数据），增长了 53 倍多，已经形成了一定的规模。这些作文答卷都是考生在考试现场的即时表现，能够最真实地表现考生的汉语写作能力。"语料库最基本的用途就是去发现隐含在语言中的最本质、最典型的东西。"（黄昌宁、李涓子，2002：38）而这种基本用途的实现显然是基于语料的真实性的，可见，考生的这种即时作文语料对汉语的教学与研究都具有十分重要、不可替代的实用价值。

（二）语料的全面性与平衡性

该语料库注重语料的全面性，收入历年 HSK 高等考试中的作文答卷、包括 1992 年的试测作文答卷，字数大大超越汉语中介语语料库系统 100 万字的规模，达到 400 万字。而且，作为动态语料库，随着考试的不断进行，语料还可以不断增加，从而为各方面的研究提供广泛而坚实的基础。

所谓平衡性指语料的等量原则，主要指不同国别、不同母语背景的考生的作文数量及字数相等。遵循这一原则的好处是，可以为研究者在不同母语背景的汉语学习者之间进行比较分析时提供极大的方便。

该语料库首先考虑到所收语料的全面性，即要收入历年各种母语背景的考生的作文。在此基础上，再按照考试时间、考试地点、考生国别、考生序号等几个角度，随机抽取相等字数的语料进入语料库。

（三）标注的全面性

标注内容比较齐全，包括字、词、句、篇、标点符号，可满足各类相关研究的需要。其中对篇章错误的标注是之前其他语料库所没有的，是该语料库的一个十分突出的特色。

（四）标注的科学性

标注的正确性、准确性是语料库建设的基本前提，是语料库科学性的集中表现。为保证科学性，我们选择标注人员的标准之一是现代汉语相关专业方向的研究者和学习者，包括专职研究人员、教师和研究生；通过三次实验性标注，形成了一个比较完备、实用的标注规范，标注必须严格按照规范进行；标注吸取了语言研究和语言信息处理研究方面的最新成果，例如分词及词性标注标准采用了教育部语言文字应用研究所 2003 年最新研制的《信息处理用现代汉语词类标记规范》，篇章错误的标注则吸取了语言学界对语段篇章的许多研究成果。

（五）版本的多样性

该语料库提供了作文语料的电脑录入版、原文扫描版、错误标注版，目的是最大限度地为研究者提供方便。

二、问题及对策

（一）关于语料的真实性

为了把考生作文语料真实地展现在研究者面前，该语料库在录入作文语料时采取了"实录"的原则，对考生作文不做任何修改订正，篇章错误、病句、错词、错字、别字、繁体字、异体字、格式、标点等均原样录入，以全面反映考生在字、词、句、篇等方面的实际表现。也就是说，录入及标注时除标出作文答卷中的字、词、语法错误之外，应尽可能保持作文原貌，最大限度地忠实于考生的原文。

错字（汉字中不存在的、不成字的字）无法直接表现出来，因为汉字输入法中没有那样的字。建库者曾经采用过造字的方法，把电脑字库中没有的、考生写的错字"描绘"出来，并加入字库；也采取过"组合"造字的方法（例如：人［亻＋个］），以便减少对电脑字库的压力。但效果均不理想，因为造出来的字在笔画的形式及走向等方面，均不能真实反映考生的实际情况。

改进的方法是放弃造字，而用专用符号［C］来代替错字，同时把考生的作文原件以图片的方式扫入电脑。通过这种办法，该语料库从根本上保持了考生作文的原貌。考生作文中的全部内容信息——从汉字的一笔一画到词语的搭配组合，从句子的结构到篇章的安排，不论是正确的表述还是错误的用法，全部得到了保留与体现，从而最大限度地满足了真实性的要求。而在人工录入版本中，由于每个错字都做了标记［C］，看到这个标记，读者即可以到电子扫描版本中去查找对应的汉字，以考察考生使用汉字的错误情况。

我们之所以把真实性作为本语料库的首要原则，目的是要为研究者提供最原始、最准确的研究资料。然而，为了对作文语料的语言使用情况进行相关的统计分析，例如字数、别字数、繁体字数、异体字数、词数、错词数、缺词数、多词数等方面的统计，特别是为了正确地进行分词，有必要对作文答卷中的字、词进行一些改动，以保证统计和分词的正确。当然，在进行这些修改的时候也要遵循"实录"的原则。例如：

我们在考虑这些<u>东西〔CC东〕</u>的时候，世界上几亿人因缺少粮食而挨饿。

在这个句子带有下划线的地方用"问题"更好，但从实际的错误现象来看，考生显然是想用"东西"。本着"忠实于原作"的原则，标注时用"东西"而不用"问题"。

下面的句子也是同样的情况：

这个事情是我很小很小的时候，曾经〔CJX〕爸爸<u>亲口给我说〔CC听〕</u>的。

这个句子带有下划线的部分用"亲口告诉我的"显然更符合汉语的表达习惯，但为尽量保持原貌，不做任何更改。

随着社会〔CQ的〕发展，<u>人们〔CQ对〕吃的东西很重〔C〕视</u>。

本句的后一部分按语序错误处理也可以，但改动较大；按缺词处理则能更好地保持原貌。

（二）标注范围

本语料库对考生作文答卷中的字、词、句、篇错误，乃至标点符号的使用错误进行标注。

1. 关于字处理。

字处理用字母、汉字及中括号表示。包括错字标记（标示考生写的不成字的字，用［C］表示）、别字标记（标示把甲字写成乙字的情况，用［B］表示）、漏字标记（标示应有而漏掉的字，用［L］表示）、多字标记（标示不应出现而出现的字，用［D］表示）、繁体字标记（标示繁体字，用［F］表示）、异体字标记（标示异体字，用［Y］表示）、拼音字标记（标示用拼音代替汉字的情况，用［P］表示）、标点错误标记（标示使用错误的标点，用［BC］表示）、标点空缺标记（标示该用而未用的标点，用［BQ］表示）、标点多余标记（标示不该而用的标点，用［BD］表示）等。

字处理示例：

地球［C］、应该［C］、这［C］

提［B题］高、导致［B至］、事［B是］关、考虑［B虎］、身体［B休］、食桌［B卓］

儿童［L］（表示"童"在原文中是漏掉的字）

农［L］药（表示"农"在原文中是漏掉的字）

我的［D的］（表示括号中的"的"是多余的字，原文中写了两个"的"）

记忆［F憶］、单｛F單｝纯、食粮［F糧］、养分［F養份］

偏［Y徧］、沉［Y沈］

缘［Pyuán］分、战［Pzhàn］争、保护［Phù］

勤奋、［BC，］刻苦的精神。

可是我们吃的时候每次找"绿色食品"［BQ，］这个不是矛盾吗？

在世界大部分国家里［BQ，］"绿色食品"［BD。］很受［BD，］欢迎。

注意：

第一，录入员有可能因不认识繁体字或异体字而将其标为错字，要予以改正。例如：

很多挨饿的人也面对战争、沙漠化等人灾［C］问题。

原文中考生把"灾"写成了"［災］"，这仅仅是异体字的问题，应标为：［Y災］。但录入员将其标为［C］，按错字处理了，审核时应注意改正。

第二，别字包括同音的，也包括不同音而只是形似的，或既不同音也不形似但成字的；其与错字最大的区别是：别字成字，错字不成字。

2. 关于词处理。

词处理用字母、汉字及大括号表示。包括错词标记（标示使用错误的词和成语，用 {CC} 表示）、缺词标记（标示该用而未用的词，用 {CQ} 表示）、多词标记（标示不该用而用的词，用 {CD} 表示）等。

词处理示例：

他们可以用一定程度的农药和化肥来解决〔CC 决解〕这个问题，但由于〔CC 关于〕政策或某个原因，挨饿的人还很多。

这样的活动〔CQ 开展〕以来，肯德基的垃圾总量大大降低。

中国政府应该采取良好的措施来管理农业〔CD 方面〕，……

注意：

第一，错词包括 5 种情况：

把知道的词或成语写错顺序的。例如：

首先〔CC 先首〕众所周知〔CC 众所知周〕

该用甲词而用乙词的，类似别字，但属于用词层面上的错误。例如：

它在〔CC 对〕价格方面有点贵，所以没得到广大消费者的支持。

词语搭配错误。包括词性、音节等方面的搭配错误。例如：

最好的办法是两个都保持〔CC 走去〕平衡。

我想唯一的办法解决〔CQ 这〕个问题〔CJX〕是少用一点化肥和农药来生产农作物〔CC 农业〕。

吃这种东西会〔CC 可以〕得〔CC 得到〕病〔CC 疾病〕。

生造词。例如：

农作物／农产品〔CC 农产物／农物／农作品〕

……但长期来看造成环境污染，破坏自然生态〔CC 目态〕，……

绿色食品的好处在于吃这些食品后在身体里没有农药的残留量〔CC 潜留量〕。

外文词。例如：

这意味着烟所包含的配料都不好，尤其是里面包括客顶，或者尼古丁〔W3nicoutine〕，给我们的精神能带来坏处，所以我们非避免不可。

但有一些老人是不了解他们的歌曲，甚至表现不喜欢舞蹈〔W2dance〕歌手。

第二，因缺少或多余介词、方位词等造成的结构不完整，助词的错用、多用、漏用，词性误用等，均视为词的错误。例如：

在这个过程〔CQ 中〕……

第一，吃"绿色食品"是为了保护世界〔CQ 上〕所有的人的健康。

所以我认为首先农民可以使用天然肥料〔CC 化肥〕，代替化肥来﹛CD用﹜种植﹛CD的﹜农作物，可以大大减少﹛CD了﹜环境污染的问题。

第三，"的""地""得"混用，按错词处理。例如：

按照人们的要求不用化肥和农药的话，产量会大大地﹛CC的﹜下降。

我认为当你很饿的时候，什么东西都吃得﹛CC的﹜下。

孩子们饿得﹛CC地﹜大哭小叫，……

但是，"觉得、记得、省得、免得"等词中的"得"如果写错了，要按别字处理。例如：

你觉得［B的］这公平吗？

第四，该用汉语数字而用阿拉伯数字的，一律按错词处理。例如：

那应该怎样解决呢？所以我想出了一﹛CC1﹜个办法，少用化肥和农药。

第五，原文字数和改后字数不一致的，须在括号中的字母CC之后且紧靠CC处加一个阿拉伯数字，标明改后的字数，以便计算机处理时进行正确的提取。

例如：

化肥｛CC2 化肥药｝

没有｛CC2 重视做未经｝污染的食品就是绿色食品。

战争中最困难的人是没有力气的孩子和老人｛CC5 老弱子｝。

3. 关于句处理。

句处理用字母及大括号表示。对各类病句进行标注，用｛CJ｝表示。在标明病句的同时，用小写汉语拼音字母简要标明错误类型。句子错误类型须具体。例如：

他把那本书看｛CJba｝。

而对生产者来说，尽量不用化肥和农药，在出货之前，进行洗洗｛CJcd｝。

可是这两个问题同时要｛CJX｝解决非常不容易，……

这个问题不可能一两年解决的问题｛CJZR｝。

环保也是从这个观点｛CJ-sy｝出来的。

从具体｛CJ-zxy｝来看，……

如果有人批评这｛CJ＋sy 是｝太奢侈，……

而且研究｛CJ＋buy 下去｝产量能提高的办法。

句子错误类型代码示例：

｛CJba｝：　把字句

｛CJbei｝：　被字句

{CJbi}：　　"比"字句

{CJl}：　　"连"字句

{CJy}：　　"有"字句

{CJs}：　　"是"字句

{CJsd}：　　"是……的"句

{CJcx}：　　存现句

{CJjy}：　　兼语句

{CJld}：　　连动句

{CJshb}：　　双宾语句

{CJcd}：　　句中词语重叠使用错误

{CJX}：　　语序错误

{CJZR}：　　句式杂糅

{CJ-}：　　句子成分残缺

{CJ+}：　　句子成分多余

{WWJ}：　　未完句标记

注意：

第一，对于那些标不出具体偏误类型的、偏误类型标注很不方便的、不明其义且有语法错误的病句，标记为：{CJ？}，表示存疑。例如：

地球上，有的地方还在"饥饿"来艰苦{CJ？}。

还要想每个人的健康是帮助饥饿人的办法越来多健康的人会越来多帮饥饿的人{CJ？}。

第二，句子成分采用层次分析法的观点，共8种：

{CJ-/+zhuy}： 主语

{CJ-/+wy}： 谓语（注：主语和谓语是同一个层次的句子
成分）

{CJ-/+sy}： 述语

{CJ-/+by}： 宾语

{CJ-/+buy}： 补语（注：述语和宾语或补语是同一个层次
的句子成分）

{CJ-/+dy}： 定语

{CJ-/+zy}： 状语

{CJ-/+zxy}： 中心语（注：定语、状语和中心语是同一个
层次的句子成分）

4. 关于篇章处理。

篇章错误用 {CP……P} 标示。

所谓篇章错误，主要指句子和句子之间在连接方面的错误。最典型的情况是每个单句都正确，但作为一个整体来看则句子相互之间缺乏联系，不能构成一个紧凑、自然、流畅的成段表达。

目前我国已建成多种语料库，在字、词、句的处理，包括自动分词、自动标注词性、自动标注句法信息等方面都达到了较高的水平，标注的正确率几乎都在90%以上。（参王建新，1999；黄昌宁、李涓子，2002：145-148；冯志伟，2001）但在篇章处理方面还鲜有人做，而这在对外汉语教学领域中又是一个急需解决的问题。

为了满足汉语本体及教学研究的需要，HSK 动态作文语料库尝试着对作文语料进行了篇章错误的处理。建库者所理解的篇章主要指语段（即句群），也包括复句。标注的错误类型既包括语义衔接方面的，也包括句间连接形式方面的，例如省略、指称方面的错误等。但由于这方面的研究还相对比较薄弱，所以只是标明存在错误的复句和语段等，而并未指出其具体的错误类型，这与对字、词、句的处理是有所不同的。例如：

　　{CP 我们经过了漫长的历史，一些没有用的人死于历史中，挨饿其实是可以克服的。P}（转移话题）

　　{CP 目前，随着人们生活水平的提高，{CJ-zhuy }{CD 就 } 对饮食品很重视。就 {CJX}{CQ 用 } 未经污染的农产品加工的食品叫做 "绿色食品"。P}（语义上缺少过渡）

　　{CP 虽然使用不使用特别影响 {CC 印象 } 农作物的生产量 [BQ，] 但这会 {CC 是 } 对人类 [B 娄] 身 [C] 体产生后果。P}（前后分句使用了转折连词，但语义上无转折关系）

　　{CP 我以前看报纸的时候，有一篇关于农药的文章。他说，一般的食品，比如说，米，蔬菜、水果等东西，好好儿洗一下就行了，不用担心。P}（"他" 指称错误，使两句之间失去联系）

（三）标注深度

最初，该语料库只打算指出字、词、句、篇等方面的各类错误，而不做任何错误类型的分析与更改。在标注过程中则发现，不分析错误类型则可能对用户的帮助不太大，不补出正确的字、词、标点则无法对考生使用汉字、词汇、标点符号等情况进行相关的统计。因此，我们在指出标明各种字、词、标点错误的同时，在保持考生作文原貌的基础上，做了一些必要的订正，补出了正确的字、词、标点。对错句，通过标明其错误类型的方式简要分析了造成病句的原因。

基于同样的原因，对于那些不影响分词及相关统计的错误，则只标明类型，而不做任何补充、更改。例如：

为了增加粮食，{CJ-zhuy} 使用了化肥和农药，这样产量就会大大提高。

那两种东西就容易伤害人类的 {CJ-dy} 系统。

从具体 {CJ-zxy} 来看，……

每天我们的兄弟们正在死 {CJ-buy}。

三、标注方式的局限

本语料库原设想用计算机进行自动标注。受限于中文信息处理的技术水平，让机器对中介语中的各种语言错误进行识别与标注尚难以做到。所以除分词、词性标注及各类统计之外，标注工作都是在标注工具的辅助下人工进行的。然而机器标注是方向，在建库实践中应积极开展自动标注方面的研究、探索与实验，推动机器自动标注的发展与进步。

本章小结

一、目前，汉语中介语语料库建设中的语料标注存在诸多问题，这些问题导致了语料库功能的不完善，对基于语料库的汉语教学与相关研究具有多方面的影响。因此，深入研究语料标注模式对解决语料标注问题具有重大意义。

二、本章提出了"偏误标注＋基础标注"这一标注模式，并对之进行了较为深入的解释。在标注内容方面，首次提出了应进行语义标注和语用标注，深化语篇标注和语体标注。在标注方法方面，提出了"有限的一错多标"的理念，论证了把可扩展的置标语言 XML 应用于"偏误标注＋基础标注"标注模式的可行性与优越性，以及不足之处。并对基础标注的内容和方法做了专门探讨。

"偏误标注＋基础标注"模式源于汉语中介语语料库的建库实践，汉语习得研究从偏误分析到表现分析的学术发展是形成这一模式的根本原因。我们希望有更多同道关注这一问题，对标注模式的探讨能够不断深入，以使语料标注更加完善，进而推动汉语中介语语料库的建设，促进基于语料库的汉语教学与相关研究。

三、全球汉语中介语语料库在研制标注规范的过程中，遇到了一些新问题，通过研究与实验，得到了一些新的认识，在标注的原则、内容、方法上提出了一些新的观点与主张。需求驱动，问题导向，吸取基于语料库和语料库驱动两种研究范式理念的长处并将二者结合，是其在标注内容和标注方法上的核心理念；全面标注、浅层标注、多版标注、自动标注是其针对相关问题提出的具体解决方案。期待这些认识和方法能够引起学界的关注与深入探讨，并最终提高语料库建设水平。

四、HSK 动态作文语料库是第一个采用外国汉语学习者参加高等汉语水平考试的作文答卷语料建设的汉语中介语语料库，在汉语中介语语料库建设的 1.0 时代颇具影响，迄今为止仍然是汉语二语学界广泛使用且产出研究成果最多的一个语料库。其标注系统（含标注内容与代码设计）在 1.0 时代具有显著特征：标注层面最全，内容最多；标注代码的设计最完备，最系统。该标注系统被包括全球库在内的一些语料库所借鉴、继承与发展，在语料库建设史上有其独到地位与价值，在一定意义上体现出汉语中介语语料库语料标注的发展与进步。

五、语料标注是语料库建设的关键环节，在相当程度上决定着语料库的功能与使用价值。而学术的发展永无止境，对语料库功能和使用价值的要求在理论上也是不断发展的。从这个意义上说，语料标注可以说是一个永恒的话题，值得持续关注与研究并使之不断深入，以推动语料库建设与研究的不断发展。

第五章　汉语中介语语料库建设标准研究

　　自 1995 年第一个汉语中介语语料库汉语中介语语料库系统建成以来，基于语料库的汉语偏误分析与习得研究逐渐成为对外汉语教学研究的重要内容。进入 21 世纪以来，汉语中介语语料库在汉语国际教育研究中的作用日益凸显，其建设渐成高潮，"成为语料库研究中的热点"（谭晓平，2014），并积极影响和推动了国内民族语言中介语语料库、特殊教育领域的中介语语料库、国外汉语中介语语料库的建设。今天，以 HSK 动态作文语料库为代表的一批汉语中介语语料库在国内外汉语学界已形成广泛的学术影响，建设队伍不断壮大，语料库类型日益丰富。事实表明，汉语中介语语料库建设正在跨入一个繁荣发展的重要时期。

　　另一方面，汉语中介语语料库建设至今没有统一标准，不论哪一种语料库，不论是已建成的还是在建的，都是根据建设者的主观认识和研究经验进行建设，建库实践中存在很大的随意性。例如在语料收集方面，有的语料库只收作文，有的兼收造句；有的只收作文考试答卷，有的兼收平时的写作练习；有的只有录入版语料，有的还附带原始语料；在语料和语料作者的背景信息方面，有的语料库收集的较多，有十几项，有的很少，只有几项；在语料规模方面，有的语料库有几十万字，有的则达几百万字，而以百万字左右者居多；在语料标注方面，有的进行标注，有的未做标注；有的只经过断句、分词和词性标注等加工处理（陈小荷，1996a），有的只标出错别字，或部分偏误句，有的则从字、词、句、篇、标点符号等角度对全部语料中存在的偏误现象进行穷尽性标注（张宝林，2006、2008a）；而对语料中正确的语言表现，除个别语料库之外，一般皆未标注；（张宝林，2008a；崔希亮、张宝林，2011）标注的方法与代码也不尽相同；语料及相关背景信息的查询与呈现方式各异，有的使用便捷，有的则不甚方便；分词和标注词性使用的是为汉语母语研究或中文信息处理服务的、为母语语料库建设设计的分词规范与词表，并不完全适合汉语中介语的实际情况；已建成的语料库除极少数向学界开放之外，大多没能实现资源共享。这些问题，使语料库在规模、功能、质量、用法等方面尚存在诸多局限，尚不能完全满足用户多方面的使用需求。（张宝林，2010a；崔希亮、张宝林，2011；张宝林、崔希亮，2013）可以说，汉语中介语语料库建设中存在的随意性，已经成为制约语料库建设发展的关键问题。这个问题不解决，语料库的建设水平就无法提高，汉语教学与研究对语料库的迫切需求就无法得到全面满足。而破解之道，就是制定语料库建设标准。

随着 20 世纪 80 年代以来语料库语言学的复苏与发展、自然语言信息处理技术的进步，国内外母语语料库的建设得到极大发展。建设项目剧增，规模十倍、百倍扩充，标注内容不断丰富、深度不断扩展，已从字、词扩展到句，再扩展到话语篇章、语义、语用。可扩展的置标语言（XML）已为国内外学界普遍采用，成为通用标准。国内先后出台国家标准《信息处理用现代汉语分词规范》（GB/T 13715-92）、《信息处理用现代汉语词类标记规范》（GB/T 20532-2006）；其他相关研究则有《北京大学现代汉语语料库基本加工规范》（2002）、《973当代汉语文本语料库分词、词性标注加工规范》（山西大学，2003）、《资讯处理用中文分词规范》（台湾计算机学会，1998）等成果问世。然而，在母语语料库建设领域，全面对语料库建设进行规范的建设标准尚属未见，无法给汉语中介语语料库建设标准的研制提供参考与借鉴。

当前，建设标准已成为制约汉语中介语语料库建设水平与发展的瓶颈，20多年的建库实践则提供了进行建设标准研究的坚实基础。因此，进行汉语中介语语料库建设标准研究的时机已经成熟，急需开展专项研究，以促进语料库建设的进一步发展和建设水平的提高，更好地为全世界的汉语教学与研究服务。

分词和词类标注既是基础标注的一项重要内容，也是语料检索的重要基础。如果分词和词类标注系统做得质量高，效果好，则可以简化甚至取代某些句法标注，因而在语料库建设中具有重要意义。目前尚无为汉语中介语语料库建设服务专用的汉语词类系统、分词规范与词性标记系统及专用词表，而是借用为汉语母语语料库用的系统，导致汉语中介语中的某些特有现象不能很好地得到处理。例如"告广（广告）、面后（后面）、果效（效果）、学博（博学）"等倒序词、"尊佩（尊敬）、信识（信心）、读文（课文）、强热（强烈）"等生造词分词系统均无法处理。而如果词表收词不当，也会对分词和词类标注造成重大影响。某些并不适合作为"分词单位"的组合单位，例如"放下、捡起、拿出、接过"等，在"结合紧密、使用稳定"的认识与规则之下被视为分词单位收入词表，因而出现类似"放下／v 来／vd""捡起／v 来／vd""拿出／v 来／vd""接过／v 来／vd"这样明显不当的切分结果。因而面向汉语中介语语料库建设用的词类系统、分词规范与词性标记系统、词表等也应纳入语料库建设标准的范围。

在用户使用语料库过程中，软件系统起着十分重要的作用。例如语料库的运转、管理与维护、语料标注方法、语料检索与呈现方式、背景信息的查询与呈现方式、数据统计及其查询方式、语料下载方式、留言反馈的功能与实现方式、帮助信息的呈现与使用方式、语料库系统安全等，均与软件系统密切相关。软件系统可谓职能众多，作用关键，占据着语料库建设工作的半壁江山。因而也是建库标准讨论的重要内容之一。

第1节　建设标准

一、研究建设标准的目的、意义与原则

（一）目的

研究语料库建设标准的目的有两条：直接目的和最终目的。前者是为语料库建设服务，后者是为汉语的教学与研究服务。

为语料库建设服务，就要总结以往建库实践中的经验教训。总结经验可以认识语料库的建设规律，加快建设速度，提高建设水平；总结教训可以使新的建库工作不必从头摸索，少走弯路，减少语料库建设中的低水平重复。

为对外汉语教学与研究服务，就要了解广大教师和研究人员的实际需求，并根据这些需求确定语料标注内容。例如，学界的研究兴趣可能分布在汉字、词汇、语法、语篇、语体、语义、语用、辞格、交际文化等各个方面，那么，作为通用型语料库，就应为满足各种研究目的而做语言文字乃至交际文化等各个方面的标注；有做偏误分析的需求，就要做偏误标注；有做表现分析的需求，就要采用"偏误标注＋基础标注"的模式进行标注。总之，应尽可能满足教学与研究方面的多种需求，理论上是满足所有需求。

（二）意义

建设标准是汉语中介语语料库建设经验与教训的总结，凝聚着学界对语料库建设的理论思考，标志着语料库的建设水平，对语料库建设具有重要指导意义。

1.促进语料库建设水平的提高和规范化。研究将为正在繁荣发展而又问题丛生的汉语中介语语料库建设制定标准，以促进语料库建设的系统化、规范化、科学化，提升其建设水平，推动其进一步发展，并将最终决定语料库的功能和使用价值。

2.为汉语教学与研究提供更好的优质资源，促进资源共享，更好地为汉语国际教育事业服务。建设标准研究是汉语中介语语料库建设中带有全局性的重大问题，不仅关系到语料库建设本身，对基于语料库的汉语教学与相关研究同样有重大影响。语料库建设水平的提升，在全世界范围内的免费开放，将为全世界的汉语教学与研究提供优质资源，更好地为汉语国际教育事业服务，为落实国家的语言政策服务。

3. 为母语语料库建设标准的研究提供参考和借鉴。如上所述，目前在汉语母语语料库建设领域尚未提出建设标准，也缺乏相关研究。汉语中介语语料库建设标准的探讨与研制将反哺汉语母语语料库建设，为其建设标准的研制提供参考与借鉴。

（三）原则

1. 全面性。

研究语料库建设标准的目的决定了本项研究必须贯彻全面性原则。从其直接目的看，语料库建设从设计到施工，从收集语料到语料标注，从研制管理与查询系统到上网运行与维护，是一项非常复杂的系统工程，涉及很多方面的很多工作内容和细节，哪个环节处理不好都会影响语料库的建设。因此，语料库建设标准的研究要全面。

从为教学与研究服务的角度看，不同研究者的关注点与研究兴趣往往存在很大差异，研究的对象与内容各不相同，使用电脑的习惯方式也可能多种多样。那么，就要在语料库建设过程中，从语料类型、语料标注、语料检索与呈现方式等方面进行妥善的设计与安排，确保语料库功能的全面，以满足他们的需求。这同样需要贯彻全面性原则。

2. 可行性。

即建设标准的制定要有充分的现实基础，有些虽然需要但暂时做不到的事情不能作为标准。例如使用计算机进行自动标注，不但效率高，标注的一致性也好，但中文信息处理除分词和词性标注达到实用水平之外，对其他语言层面的自动标注尚无实用价值，目前就不能把自动标注作为建设标准。

3. 区别性。

汉语中介语语料库包括口语语料库和笔语语料库，通用型汉语中介语语料库的建设标准理应包括口语语料库和笔语语料库的建设标准。由于两种语料在承载媒介上的根本区别，建设标准必须对不同类型的语料库做出不同的规定。例如，口语语料库必须包括声音语料，这是笔语语料库所没有的；为了满足对中介汉字的研究需求，笔语语料库必须进行汉字标注，而口语语料库的文本部分系由母语者转写，因而无须进行汉字标注。

二、建设标准的研究内容

（一）基本认识

语料库建设标准研究是一项非常复杂的系统工程，涉及语料库建设的整个过程，并要充分考虑到汉语教学与研究领域对语料库的多方面需求。根据以往的建设经验和相关研究，我们认为可以把语料库建设过程细化为彼此相关的 10 个方面的工作，分别对这 10 个方面进行研究，得出 10 个方面的标准，进而整合为汉语中介语语料库建设的总标准。

（二）语料库建设流程

1. 研究建设流程的重要性。

研究这一问题的目标是设计一套汉语中介语语料库建设的标准流程，使任何从事这一工作的人可以沿着正确的途径，按部就班地建设语料库，而无须每建设一个语料库都从零开始，一步步地探索，甚至重复前人走过的弯路，因而能在一定程度上避免低水平重复，提高建设速度，及时地为汉语教学与研究服务。

2. 标准流程。

（1）提出建库任务，进行总体设计。

提出建库任务：明确建库的具体目标，说明要建设一个什么样的语料库，建设这样一个语料库的原因、目的和意义，解决语料库建设的必要性问题。

进行总体设计：研究怎样建设语料库，怎样实现建库的目的和意义，明确语料库的特点，决定语料库的规模、选材、结构、标注内容与方式、建设原则、使用方法等，解决语料库建设的可行性问题。

（2）语料的收集与整理。

语料是建库的基本前提，建设一个语料库首先要解决语料来源问题。

（3）语料相关背景信息的收集与整理。

语料背景信息包括两种：语料作者的背景信息，也就是学习者信息；语料自身的背景信息。

作者背景信息包括其自然情况、学习情况（含考试成绩）等。例如性别、国别、是否华裔、母语或第一语言；汉语学习目的；汉语学习的时间与地点；各学期的期中考试成绩、期末考试成绩、平时成绩等。据悉，在全世界4000多万汉语学习者中，华裔学习者占70%，（贾益民，2007；赵金铭，2013）而华裔和非华裔的二语学习者的学习情况有很大差异。因此，在上述背景信息中，是否华裔具有重要意义。母语或第一语言对二语习得情况深层原因的分析具有重要价值，应予以特别关注。

语料本身的信息指语料产出时的相关要求。例如语料的语体和文体；笔语语料的标题或口语语料的话题；笔语语料的字数要求和口语语料的时长要求；完成语料的时间要求；语料产出的地点（指课上、课下、考场）等。

（4）语料的录入与校对。

语料录入与转写中难免有错误与疏漏，而"底层不一致性在上层应用中会被放大几倍到几十倍"（宋柔，2010），因此必须对录入与转写的语料进行严格的校对。这是确保语料真实可用的重要环节。

（5）制定标注规范与实施语料标注。

语料标注规范主要解决标注内容与方式的问题。标注内容是标什么的问题，例如只标偏误还是也标注正确的语言表现？对语料的标注是深加工还是"浅"加工？深加工的话，"深"到何种程度？标注方式是怎么标的问题，例如先标什么后标什么？人工标注还是机器自动标注？使用什么样的标注代码？这些内容也可以概括为"标注模式"问题。（参张宝林，2013）把这些问题解决了，制定出科学、完备、明确、易行的标注规范，才能实施标注。这也是保证标注质量的一个非常重要的方面。

（6）开发人工辅助标注工具。

语料标注是一项非常烦琐、细致的工作，标注内容越丰富，标注的层次越深，标注人员需要记忆的规范条款就越多，标注过程中也就越容易出现错误，包括代码使用不一致的现象。计算机技术人员则可以研发一些供标注使用的工具软件，把标注项目与代码——对应起来，从而大大减轻标注人员的记忆负担，使他们可以把主要精力集中在对语料的考察、对各种语言现象的分析和对各种偏误性质的判别上。还可以用"一键 OK"的方式取代标注人员添加标注代码的多道复杂程序，并确保代码的完整性。"基于 Web 的语料协同标注系统"则可以实现"人机互助""人人互助"，从而大大提高标注的科学性与效率。（张宝林、崔希亮，2013）

（7）各种数据的统计与表格编制。

语料标注完毕后，可经统计得到多种相关数据，例如总字次、总词次、不同字的数量、不同词的数量、各种短语、句类、句型、句式的总数量、偏误语言现象数量、与偏误项目相对应的正确语言表现的数量，等等。显而易见，这些数据对了解学习者的汉语使用情况具有十分重大的意义。将数据制成表格则可以方便用户使用。

（8）语料库管理软件与检索系统的开发研制。

在语言研究人员进行语料的收集与标注时，计算机设计与编程人员应进行管理软件与检索系统的开发研制工作。

（9）语料库集成与上网试运行。

在语料标注和语料库管理软件与检索系统的研发工作结束后，由计算机技术人员把语料及各种统计数据入库，整合语料库系统，并上网试运行。在此过程中，语言研究人员要与之密切配合，根据语言研究的相关需求，完善语料库的各种功能，并对语料库进行多方面测试，发现问题，及时研究并予以修正。最终使语料库顺利运行，具备完善的使用条件。

（10）语料库发布与开放。

在经过测试，语料库具备预定的各项使用功能之后，应通过多种途径，如互联网、专业刊物等，向学界发布消息，并向学界乃至社会各界开放；如果没有特别原因，应向全世界免费开放。

（三）语料的收集与录入

1. 语料收集标准。

（1）真实性与代表性。

语料的真实性指语料必须是由汉语学习者自主产出的成段表达语料。自主产出是说不论写出来的文字还是说出来的口语，都是学习者主观思考的产物，而不是抄写的或记录的别人的话；成段表达是说不论长短，都必须是有语境的一段话，而不是造句。

需要特别指出的是，必须将这些原始语料放入语料库，以供用户使用与查核。因为语料的行款格式、中介汉字与标点符号的原始面貌等第一手信息只有在原始语料中才能得到最真实的体现；语料录入的质量也只有对照原始语料才能做出准确的评价。

语料的代表性指所选语料要能真实反映学习者整体或大多数学习者的汉语面貌与水平，而不仅仅是反映个别或某一小部分学习者的汉语学习情况。因为"我们需要分析由许多说话者收集的大量语言，以保证我们的结论不是基于少数说话者的个性语言而做出的"（道格拉斯·比伯等，2012：3）。"语料库的代表性反过来决定研究问题的种类和研究结果的普遍性。"（道格拉斯·比伯等，2012：152）为了确保语料的代表性，语料应达到较大规模，应来自较多样本，较大范围。例如全球汉语中介语语料库的语料来自全球的汉语教学单位，数万个样本，5千万字规模，无疑将具有非常充分的代表性。

真实性是建设汉语中介语语料库的基本前提，没有这个前提，语料库就不能反映汉语学习者真实的语言面貌，基于语料库的研究及得出的结论也必然是毫无意义的。而代表性与真实性密切相关，在某种程度上可以说是一种更大范围和更高层次上的真实性。

（2）平衡性与系统性。

平衡性与系统性是语料库建设中受到普遍关注的重要问题，不仅关系到语料库的建设水平，而且决定着基于语料库的应用研究的可靠性。本书提出了"实事求是的平衡性"的观点，对系统性也从背景信息的完备性、相同学生不同时期或不同学生语料的全面性角度进行了界定。这些内容本书第一章第4节已有具体阐释，兹不赘述。

（3）有声性与图像性。

这条原则针对口语语料库和多模态语料库的建设而言。与笔语语料库相比，口语语料库的价值在于：除了可以考察学习者口语中词汇、语法、语义、语用等方面的实际表现之外，还可以了解学习者实际的汉语语音面貌，可以对其进行声、韵、调等方面的考察与分析。多模态语料还有视频材料，可以对言语交际中的体态语进行研究。这是口语语料库和多模态语料库的最大特点。因此，口语语料库必须具备"有声性"特点，多模态语料库还须具备"有图像性"特点，配备与文本文件相对应的声音文件和视频文件，以满足语音和口语教学与习得方面的研究需要。（张宝林，2012a）

2. 语料录入标准。

为了保证语料的真实性，在语料录入阶段应采取"实录"原则，对语料中字、词、短语、句、篇、标点符号等方面的偏误及书写格式均须原样录入，不能做任何更改，以最大限度地保持语料原貌。对于笔语语料来说，错字是录入的难点，因为电脑字库中没有，无法直接录入。录入时可先以代码标示，后期加工时则应体现其原貌。对于口语语料库来说，在把口语形式的语料转写为书面形式的语料时，还应如实反映口语表达中的停顿、重复、语音偏误等。对于多模态语料库，还应描绘与口语交际相伴随的表情与肢体动作。

（四）语料标注

1. 全面性与相对性。

作为通用型汉语中介语语料库，语料标注的内容越丰富、越全面，就越能满足各种基于语料库的研究需求。为此，应在汉字、词汇、短语、句类、句型、句式、语篇、语体、语义、语用、修辞，乃至交际文化因素等各个方面、各种层面上对相关的语言文字现象进行标注，以保证语料库功能的全面，从而更好地为汉语教学与研究服务。（张宝林，2013）

　　然而，由于汉语本体研究与习得研究的局限，所谓"通用型"语料库的建设也必然受到某些限制，难以做到百分之百的"通用"，因而语料标注又有一个相对性问题。例如语义问题，从某些实例来看，是应该，也是可以标注的。以"时常在家里弄得乱七八糟"为例，"家里"并非动作的处所，而是动作的受事，因而是典型的语义问题，可以根据语义角色关系进行标注。但是由于语义和语用在本体研究中的研究尚不够充分，有些现象难以区分，不易甚至无法标注。例如"老师，你媳妇漂亮吗？"究竟是学生不了解该词含有的不严肃、不庄重之意而造成的语义偏误？还是其使用场合不对导致的语用偏误？应该说都有可能，操作上应该如何标注？似难把握。另一方面，这方面的"大多数问题都可转化为词汇、语法问题来解决"（侯敏，2013）。例如前一例可处理为把字句的回避偏误，后一例可处理为词汇误用。在这种情况下，为了避免"不仅加大了标注员的工作量和工作难度，还会增加语料标注的错误率，影响语料库的信度和形象"（侯敏，2013），语义标注就应暂缓，待语义语用方面的相关研究取得进一步的成果后，再考虑其标注问题。交际文化因素的标注与此相类。

　　2. 科学性与通用性。

　　科学性指语料标注要正确，准确，符合汉语字、词的相关规范，符合一般的语法规则。对同类语言现象的判断与标注，要具有一致性。要达到这样的质量要求与标注效果，既要求"标注规范"的规范性与严谨性，又要求标注员具有充足的汉语言文字的专业知识，以及对各种语言文字现象的敏感性和分析判断能力。

语料库是"语言大数据"（曹大峰，2019），其所体现的是大规模语言事实所揭示的语言规律。由于其规模庞大，由于中介语语料库的基本标注方式是众多标注员手工标注和人标机助，标注的不一致性乃至错漏总是难以避免的。因此，检验并说明标注错误率对语料库的使用者及其研究结论来说极为重要，"语料库的标注者应该提供相关的标注质量信息"（郑家恒等，2010：6）。这样可以使用户了解依据该语料库进行的相关研究，其结论有多大的可信度。但从现实情况看，迄今为止，除全球汉语中介语语料库之外，尚无其他汉语中介语语料库做过这样的说明。这充分表明问题的重要性和紧迫性。建设标准不仅要关注此问题，将其列为条款，而且应予特别强调。

通用性指语料标注代码应符合标准化与通用化要求，使用通用代码，以便于用户使用，也有利于语料的资源共享。为此目的，学界应积极开展协作研究，尽快研制出能为学界普遍接受并乐于使用的语料标注规范与代码，从而实现语料标注的标准化与通用化。

国内外母语语料库建设大多采用可扩展的置标语言（XML）进行编码，对语料的文本信息进行标注。在汉语中介语语料库的建设中，也已有人开始研究利用XML进行编码，对语料进行标注，例如李斌（2007）、林君峰（2014）等。从理论上说，XML 具有最广泛的通用性，最适合通用代码的开发，应深入研究并尽快应用于汉语中介语语料库的语料标注。而目前 JSON[①]也已经得到广泛应用，汉语中介语语料库的语料标注也应给予充分关注。

3. 只标不改。

作为中介语语料库，保持其中介语的"原汁原味"是建库过程中各个阶段都必须遵守的一条基本原则。在语料标注阶段也不例外，标注也要忠实原作，对各种偏误现象"只标不改"，即只是指出语料中的偏误现象与偏误类型并进行分类标注，而不做任何修正。这样处理的原因，一是同一个错误可能存在多种不同的改法，在语料库中很难将所有改法一一列出；二是修正会导致语料"失真"，影响研究结果的客观性；三是对于广大用户来说，语料库的最大价值是提供汉语中介语的语言事实，从中可以发现各种偏误现象及数量、比例等相关数据，进而通过研究得出结论指导教学。要达到这样的目标，标出偏误即可，无须修改。

（五）资源共享

1. 现状。

有研究指出，近十年来，虽然语料库数量众多，类型丰富，但可公开使用的语料库并不多。如何最大范围地实现语料库的

---

① 关于 JSON 参见本章第 3 节第三部分（二）"2. 标注符号"。

资源共享模式，让语料库研究成果的受益群体最大化仍然是一个值得研究的课题。（谭晓平，2014）

早在18年前，在设计HSK动态作文语料库时，该库建设者就提出了语料库建设的开放性原则。（张宝林、崔希亮、任杰，2004）语料库建成后，建库者立即兑现承诺，向海内外各界人士免费开放；后来又应用户要求，取消了普通用户与高级用户的区分，提供了语料下载功能，全面开放了语料库。自2006年语料库建成以来，为数以万计的海内外用户提供了语料支持，发挥了其应有的作用。

近年来，要求语料库开放的呼声越发强烈。这种呼声有其充分的合理性，因为语料库本来就"应该是一个可以被人类和科学研究者重用的、共享的资源"（郑家恒等，2010：6）。

2. 资源共享的理据。

（1）梁任公有言："夫学术者，天下之公器也。"此言之重要前提，学术研究之材料亦当为天下之公器，否则，无学术矣。[1]语料库之语料即"学术研究之材料"，实乃公器，本来就应该为天下人所用。

（2）国家资助语料库建设的目的就是促进学术发展，推动国家教育事业与科学技术的进步，而实现最充分的资源共享是达此目的前提。

（3）公民作为国家税收的纳税人，完全有资格与权利使用国家科研经费资助的科研成果。当然，涉密的成果除外。

---

[1]　故纸沉吟（2011-06-07）http://blog.sina.com.cn/u/1342911437。

（4）近年来，随着我国经济的持续发展和国际地位的不断提高，在全球范围内希望了解中国、愿意学习汉语的人越来越多，汉语国际教育形势迅猛发展。在这种情况下，我们更应关注、了解各类学习者的汉语学习状况，探索与总结面向各类汉语学习者的教学规律，千方百计提高教学效率。在这方面汉语中介语语料库有着不可替代的重要作用，应该积极主动地、全心全意地为汉语的教学与研究服务，尽快开放。

（5）今天是一个以互联网、云计算、大数据为显著特征的信息时代，其核心观念是开放。目前国外一些国立图书馆和大学图书馆的数字化成果都是全数上网，完全公开，免费下载。这已成为一些国家进行公助数字化项目的前提。人文计算（humanities computing / computing in the humanities）是一个新兴的将现代信息技术深入应用于传统人文研究的跨学科领域。数据是人文计算的基础，从目前整个学科的发展来看，数据开放、数据共享已经逐步成为这一学科的趋势。（李启虎等，2014）

据了解，我国国家图书馆的数字文献只要是不涉及版权问题的也都能上网阅览、下载，而且是免费的。

汉语中介语语料库及基于语料库的相关研究是信息技术的成果，网络时代的产物，属于人文计算的范畴，同样应该贯彻数据开放、资源共享的时代精神。

3. 资源共享的途径。

如上文所述，数据公开，资源共享已经成为一些国家进行公助数字化项目的前提。我国也有研究指出，要顺应人文计算学科数据开放和数据共享的发展趋势，将数据共享作为项目的考核指标。（李启虎等，2014）我们认为，这是实现资源共享的有效途径。

我们主张，凡是由各级政府科研管理部门批准立项和资助的语料库建设项目，包括汉语母语语料库和汉语中介语语料库，乃至其他各种语料库，建成后必须向学界与社会开放，免费供高等院校、科研院所、公民个人浏览使用，并将此作为项目中检与结项的重要指标之一。

这当然应成为汉语中介语语料库在使用方面的标准，并应该成为国家科研管理部门的明文规定。

4. 知识产权与隐私保护。

（1）语料库上网开放，欢迎任何人登录浏览与研究使用，唯一的条件是限于非商业目的的。

（2）使用语料库进行教学与学术研究，是语料库价值的体现，唯一的要求是在研究成果中注明语料来源。

（3）汉语中介语语料库中的语料来自教学单位，有些单位的作文题目和综合课考试题目在更换新的教材之前可能还会使用。为了保证正常的教学秩序，这些题目不能公开，根据这些题目写的作文也不能全文公开，而仅以句子形式呈现。这当然会在一定程度上影响语料库的功能，但也只能如此。

（4）尊重并保护语料产出者的个人隐私，其姓名信息不能公开；视频语料中的人物图像等如未得到当事人同意，也不能公开。

三、研究的思路与方法

（一）研究思路

1. 调查研究，了解情况。

需求分析：通过问卷调查、访谈与座谈，了解教师和研究人员的教学与研究需求，了解他们对语料库的意见、要求与期望。

文献研究：通过中国知网（CNKI）、读秀知识库等资源库中的专业论文和学术著作，了解国内外中介语语料库和母语语料库、民族语语料库、外语语料库的建设与研究情况，了解国内外与语料库建设与应用相关的标准与规范。

实地考察：通过登录实际使用国内外开放的语料库，或走访语料库建设单位，了解现有与在建汉语中介语语料库的具体情况与特点，并考察国内外有影响的母语语料库、民族语语料库、外语语料库，吸取其成功经验，作为参照与借鉴。

2. 整理归纳，对比分析。

对经调查与考察而了解到的上述三方面情况进行整理、分类、统计，通过对比分析，确认现有汉语中介语语料库的优点与不足、成就与差距、可以继承发扬之处和应予改进之处。

3. 研发设计，形成草案。

根据现有语料库的长短优劣，并针对用户教学与研究的具体需求，总结语料库建设与研究的经验和规律，设计改进方案，同时参照现有的一些相关的标准和规范，草拟语料库建设标准，形成草案。

4.专家咨询，实验检验。

请语料库建设与应用、中文信息处理、汉语教学与研究领域的专家、学者、教师，对标准（草案）进行评审与咨询。

用已建成和在建的语料库对标准（草案）的各项内容进行比较验证，以确认其有效性和可行性。

5.反复修改，确定标准。

在实验研究中发现建设标准的问题，加以改进，再实验，再改进，直至最终形成标准定稿。

上述研究思路可以概括为图 5-1。

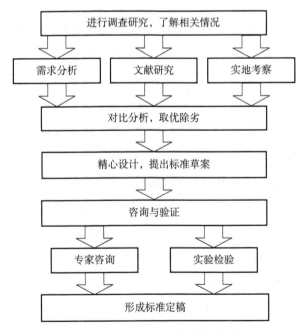

图 5-1　语料库建设标准研究流程图

（二）研究方法

1. 问卷调查、座谈、访谈：这些研究方法是传统的，也是有效的，可以用于调查研究，进行需求分析。

2. 文献研究：用于调查研究，了解国内外中介语语料库和母语语料库、民族语语料库、外语语料库的建设与研究情况，以及国内外语料库建设与应用方面的各种标准与规范。需要特别指出的是，由于网络技术的发展，以及中国知网（CNKI）、读秀知识库等文献资源库的建成与开放，研究者除可以十分方便地获取学术论文等研究资料外，还可以得到有助于研究的多种帮助，例如按照文献、期刊、会议等对某类论文进行查询；对查询到的论文还可以进一步按发表年份、作者、机构进行查询；还可以再进一步，按照某类论文的下载频次和被引频次进行查询；还可以对某研究领域的学术趋势、学术研究热点等进行查询。资源库的这些功能对检索文献、提高文献研究效率具有重大作用。

3. 实地考察：用于调查研究，了解国内外已上网开放的汉语中介语语料库的具体情况与特点，以及国内外有影响的母语语料库、民族语语料库、外语语料库的建设与使用情况。

4. 对比分析：用于考察与甄别各类、各个语料库的优点与问题，寻找原因，并研究解决办法。

5. 专家咨询：对研究中发现的难以解决的问题、提出的标准草案等，请学界相关领域的专家学者提供意见，进行指导，以解决问题，使研究工作得以顺利进行。

6. 实验研究：建设标准草案除请专家把关提供意见之外，还需经过实验研究的检验以证实其有效性与可行性。用研究得出的标准进行衡量，应能发现已建成或已完成设计的语料库的不足之处。例如假定把附有汉语学习者产出的原始书面语料作为笔语语料库的一条建设标准，那么如果一个中介汉字语料库只有经过分析处理的标注语料而没有收入原始语料，就应视为不合标准的语料库。

第 2 节　词类系统

一、现状

词类问题是汉语语法研究的重要课题之一。在 20 世纪 30 年代的中国文法革新讨论、50 年代的汉语词类问题讨论、80 年代对汉语词类问题的再认识过程中，都引起过众多国内学者乃至国外学者的极大关注与热烈讨论。关于词类划分的标准，学界普遍接受以吕叔湘（1979：33）、朱德熙（1982：37-38）为代表的句法 / 语法功能标准。而在基本词类的划分、基本词类下位小类或附类的划分、具体词的归类等问题上，仍存在不同意见。胡明扬（1996：48）指出："现在，划分词类的标准问题可以说基本上解决了。至于分多少类，给个什么名称，这些都不是原则问题。在某个词类体系中的小类，在另外一个词类体系中可以升为大类，反之，大类也可以降为小类。只要分类标准一致，完全可以根据具体的整个语法体系的需要上下浮动，这里当然有一个怎么处理更恰当的问题，但是没有绝对正确和绝对错误的区别。"我们认为这一概括与判断十分精辟，非常准确地指出了汉语词类问题的研究现状与基本结论。其关于词的大小类升降的观点尤为精到，对汉语教学和语料库建设具有特别重要的指导意义。

从教学语法的角度看，词类系统可谓"有同有异，大同小异"：同者都是以 12 类词为主，异在某些小类的升降处理。

中文信息处理和语料库建设用的词类系统则要细致得多，复杂得多。因为它需要穷尽性地切分语料库中的所有词语，并为之标注词性；不但要处理词和固定短语，还要处理分词后剩下来的语素、构词成分，乃至某些自由短语。因而其所分之"词"和语言学理解的词有所不同，前者指的是"分词单位"，即"汉语信息处理使用的、具有一定的词汇性质以及确定的语义或语法功能的成分，包括词和 GB/T 13715-92 所谓'结合紧密、使用稳定'的词组"。提出"结合紧密、使用稳定（频繁）"的目的是为了"对某些介乎'词'与'词组'之间的'分词单位'进行界定"，"配一个词表作为该规范的补充，凡收进词表的'分词单位'，即认为是'结合紧密、使用稳定（频繁）'，否则不是。以此策略将该规范中存在的'灰色地带'明确地区分开来"。（孙茂松等，2003）但词表并没有彻底解决问题，例如有的配有词表的分词系统会做出这样的分词与标注："把 /p 手机 /n 放下 /v 来 /vd"。其中"放下 /v 来 /vd"这种切分难以理解，而如果切分并标注为"放 /v 下来 /vd"，则毫无问题。

综上所述，汉语词类的分类标准虽已确定，但仍然存在一些问题。应该说这些问题从本体研究或教学的角度看，问题都不大。但在语料库建设的分词环节则会导致因语法上不合规则、语义上难以理解而产生令人难以接受的切分与标注结果，并进而影响到其他层面的语料标注与检索。此外，中介语偏误现象的存在也会影响到分词和词性标注的正确性和准确性。因此，面向汉语中介语语料库建设的词类问题还有进一步探讨的空间与必要。

二、汉语中介语词类标注的相关原则

就汉语中介语语料库的语料标注而言，分词和词性标注属于词的基础标注范畴。（张宝林，2010b：367-373）张宝林、崔希亮（2018：69-81）提出的全面性、有限性、渐进性、准确性、系统性、简洁性、开放性、自动化等语料标注原则适用于词类标注。而针对语料库建设用的词类系统，还需注意以下三项原则。

（一）为教学与研究服务的原则

汉语中介语语料库的建设目的是为汉语教学与研究服务，满足其多方面需求。在语料标注过程中，也应贯彻这一宗旨，以之为语料标注的首要原则。具体来说，就是要根据广大汉语教师、研究人员、学习者的实际情况进行语料库的整体设计，建成的语料库要能够切实满足他们的教学与研究需求。例如教学语法长期采用传统语法体系，自 20 世纪 80 年代以来，逐渐转向结构主义语法体系。因此，今天的广大教师，特别是一线教师，可能对传统语法、结构语法更为熟悉，在进行词、短语、句的标注时，就应主要采取结构语法并适当兼顾传统语法的体系和方法。

（二）理论中性原则

语料标注直接影响语料库的功能和使用价值，受到语料库建设者和研究者的高度重视。而如何使语料库能被更多的人使用，也成为语料库建设的一个重要问题。语料库语言学的奠基人和倡导者 G. Leech 提出语料标注的七条基本原则，其中之一是"（6）标注模式应不依赖于某一家之言，尽可能中立"（丁信善，1998）。该原则可以概括为理论中性原则，"以确保所标注的语料能为尽可能多的潜在使用者所使用"。（Leech，1993）即为了使语料标注能为更多的用户所接受与使用，在标注模式和所依据的理论上，要尽量采用大家普遍熟悉、认可的词类系统，而非最新鲜、最前沿的，甚至也非最有理据、最有解释力的系统。

（三）浅层标注原则

语料标注在很大程度上决定着语料库的功能和使用价值，因为"语料标注是对语言进行多维多层分析的基础，而且此种分析并不仅限于原标注者，因而语料的有效利用在很大程度上有赖于语料标注的层次和质量"。"从用户的角度，语料标注得越详尽越好……"（丁信善，1998）然而结合前面两条原则来看，这样的看法是有一个前提的，即用户对作为标注内容的各种语言现象的认识是一致的。否则，标注就并非"越详尽越好"。因为标注越详尽、越细致，标注的不一致性越突出，系统的冲突就越严重，反而不便、甚至无法使用了。而浅层标注则可求同存异，彼此相安。例如学界对某些句式的下位分类的认识与做法并不一致，就把字句而言，其下位分类有两大类五小类之分（崔希亮，1995）和十类之分（范晓，2001）。如果为图详尽而对把字句做下位句式的标注，应依据哪家的分类？依前者则持后者观点者不认同；按后者则持前者观点者亦不认同。可见，不论依据哪一家的意见做分类标准，都违反了理论中性的原则，对持其他观点的人来说，标注的结果都难以使用。"在语料库标注的短暂历史上，对语料库建造者所加的标注，其他人用起来很困难，或甚至不能用的例子时有发生。"（黄昌宁、李娟子，2002：143）这种深刻的教训，建库者必须引以为戒，加以避免。

由此看来，"浅层标注"（张宝林、崔希亮，2018：69-81）是更妥当的做法。

三、语料库建设中的分词与词性标注

（一）以教学语法的词类体系为主体

1. 教学语法词类体系的基本面貌。

教学语法有 3 个体系：中学教学语法体系，大学中文系本

科教学的语法体系，对外汉语教学语法体系。三者的共同之处是，一般都有名、动、形、数、量、代、副、介、连、助、叹、拟声/象声等12个基本词类，11类或14类、15类的皆为少数。其区别在于区别词、状态词、语气词、时间词、处所词、方位词的升降，以及其他一些词的立类与归属问题。

2. 相关问题讨论。

（1）区别词、状态词的划分。

区别词或称非谓形容词，也称属性词。研究者众多，例如吕叔湘等（1981）专文探究非谓形容词，朱德熙（1982：52）则称之为区别词，且将其归入体词。还有学者使用属性词的概念并予以专门探讨，例如缪小放（1988）、孟凯（2008）。应予以注意的是，《现代汉语词典》[①]也用属性词的概念，作为形容词的附类之一。朱德熙（1982：73）把形容词分为性质形容词和状态形容词两类，北大中文系现代汉语教研室[②]（1993：279）则把状态词与形容词并列。

两种处理方法都指出了区别词/非谓形容词/属性词、状态词/状态形容词和性质形容词在用法与功能上的差异，在认识上并无本质区别。区别仅在于名称和大小类，其间又存在对应关系，即：升为基本词类就用区别词、状态词概念；作为小类或附类就用非谓形容词、状态形容词术语。鉴于区别词、非谓形容词、状态词、状态形容词等概念在学界沿用已久，为学界

---

① 以下简称"《现汉词典》"。
② 以下简称"北大中文系"。

所熟知，非谓形容词与唯谓形容词功能对立，（张宝林，1996：208-214）故而采用。而属性词概念虽用于《现汉词典》，但实际使用者较少，"普及度""知名度"相对不高，应予以舍弃。

考虑到实词的三大词类中名词、动词都有若干下位小类，故将性质形容词、状态形容词、非谓形容词和唯谓形容词作为形容词的小类。

（2）数量词的性质与归属。

数量词由数词和量词组成。一般来说，两个不同词类的词组成的单位应该是短语，因而"数量词"的概念可以作为数词量词的简称，而不宜作为一个新的词类。如果词类系统在数词、量词之外再加"数量词"一类，则每类词"对内有普遍性"和"对外有排他性"的"理想标准"（吕叔湘，1979：34）似乎就无法保证，难免造成界限不清、体系混乱的后果。暂拟汉语教学语法系统[①]（参张志公主编，1956）、朱德熙（1982：52）、北大中文系（1993：284）、人民教育出版社中学语文室[②]（1984）都提到了"数量词"这一概念，朱德熙明确指出其为体词，暂拟系统、北大中文系皆未说明其是词还是短语。人教社中语室则明确指出其为短语，数量词只是简称。显然，视为短语是恰当的，可以确保词类之间的界限清晰，体系合理、完整、明确。

有观点认为，"半点儿、半天、俩、两下子、一点儿、一刻、一气、一下、一会儿"等词在《现汉词典》中被标为数量

---

① 以下简称"暂拟系统"。

② 以下简称"人教社中语室"。

词；而在词义和语法功能上都与"数＋量"构成的数量短语相当的"一切、一半、大量、许久、片刻"却被分别标为代词、数词、形容词、名词，这是不恰当的，应该也标为数量词。我们认为，该观点所提及的语言现象尚需具体分析。

首先，在某些词类系统中，例如朱德熙（1982：49），黄伯荣等（2002：21），刘月华等（2001：121、127、131-133），房玉清（1992：419-421），"点儿"与"些"被视为不定量词，"天、会儿"是自主量词，或称准量词、时量词（北大中文系，1993：285），"半"是数词，也是量词（丁声树等，1961：171）。这样看来，"一点儿、半点儿、半天"即为数量短语。"一会儿、一刻、一下"（以及"半会儿、半刻、半下"）与"一点儿、半点儿"类似，可以处理为数量短语。作为数量词，"两下子"在《现汉词典》里的例句是"轻轻搔了～"，其中的"两下子"可替换为"一下子""几下子"等，即其前后组合成分是自由的，这是短语的特征。"一气"作为数量词，其前后组合成分是凝固而不可分开的，具有词的特点。而"俩"与"仨"都是一身二任，一个汉字中包含了数词"二""三"和量词"个"，是真正的"数量词"。认为这样的词是"数量词"没有问题，但如果只为了两三个词而建一个词类，进而改变词类系统，显得不太经济。倒不如将其视为数词的特例，并说明其用法的特殊性更为恰当。

其次，对"一切、一半、大量、许久、片刻"等词的类属，学界的看法并不一致。详见表5-1。

表5-1 "数量词"的不同认识简表

	一切	一半	大量	许久	片刻
所引观点	数量词	数量词	数量词	数量词	数量词
《现汉词典》	指示代词	数词	属性词	形容词	名词
《现汉八百词》[①]	指别词	—	—	—	—
邢福义（1991）	指示代词	—	—	—	—
汉办[②]（1992）	形、代词	名词	形容词		名词
汉办（2002）	形、代词	名词	形容词		名词
语合中心[③]（2021）	代词	数词	形容词	—	—

从功能标准出发，5个词均可放在名词前修饰名词，将其视为数量词不无道理，且富有创新性。但从服务教学的角度看，这种观点的普及面尚不够广泛；从理论中性的角度看，持这种观点的人似乎不多，因而暂时不宜采用。其余观点对"一切"的认识略同，可以视为指示代词。"半"既是数词，也是量词，在"一半"中显然系量词，因而应视为数量短语。"大量""许多"一般不做谓语，可以视为非谓形容词/区别词。"片刻"为名词。

（3）部分代词的归属。

有观点认为，"这、那、某、每、另、任何、唯一、同、头、上、下、前、后"等词具有共同的语法功能和语义类别，即可以出现在"数量+（名）"前面做定语，表示指示。《现汉词

---

① 即《现代汉语八百词》。

② 指国家对外汉语教学领导小组办公室。

③ 指教育部中外语言交流合作中心。

典》将其分别标为代词、形容词、方位词是不恰当的，因为那样做仅仅是根据词义，而不顾这些词的语法功能。词类系统应为这些词另立指示词一类。

在教学语法的词类系统中，"这、那"是典型的指示代词；"上、下、前、后"系方位词，皆属共识。"某、每、另、任何、唯一、同、头"则有所分歧，部分论著的观点见表 5-2。

表 5-2　部分代词的不同认识简表

	某	每	另	任何	唯一	同	头
所引观点	指示词	指示词	指示词	指示词	指示词	指示词	指示词
《现汉词典》	指示代词	指示代词	指示代词	指示代词	属性词	形容词	形容词
黄伯荣等	指示代词	指示代词	指示代词	—	—	—	—
邢福义	指示代词	指示代词	指示代词	指示代词	—	—	—
刘月华等	特殊代词	特殊代词	—	—	—	—	—
房玉清	—	指别词	—	—	—	—	—
汉办（1992）	代词	代词	形容词	代词	形容词	形容词	形容词
汉办（2002）	代词	代词	形容词	代词	形容词	—	—
汉办（1996）	—	其他代词	—	—	—	—	—
语合中心（2021）	—	指示代词	—	指示代词	—	—	—

从上表来看，各家对"某、每、另、任何"所起的指示区别作用总体认同，对"唯一、同、头"的认识则集中于形容词。而从这些词"出现在'数量＋（名）'前面做定语，表示指示"的共同用法来看，确以归为指示代词为宜。这样处理还可以把"这、那"放进来。同时也无须另起新的名词术语"指示词"，只要认为代词的作用是指别、称代，而非仅仅是称代即可。

至于"上、下、前、后"，只要指出其具有"出现在'数量＋（名）'前面做定语，表示指示"的用法，沿用方位词的概念并无不可。因为此概念由来已久且深入人心，符合为教学服务和理论中性的原则。

（4）关于动词的再分类与离合词。

动词分为及物动词和不及物动词，能愿动词或称助动词，还有趋向动词，这是普遍的认识和做法，基本没有争议。而对离合词则颇有争议，一是离合词应否作为动词的一个小类；二是离合词是词还是短语。有观点认为，"见面他们"之误，并非离合词问题，而是不及物问题。

离合词在对外汉语教学领域被视为高级别、高难度的词，而中学教学语法体系中没有离合词。大学中文系本科教材中也未出现"离合词"这个术语，但在讲解动词的小类时列举了离合词的例子。其中邵敬敏主编（2001：178）例举的38个不及物动词中包括"游行、接吻、鼓掌、散步、转弯、起身、发抖、接头、结婚、开幕、旅行、上学、考试、毕业、赛跑、生气、播音、点名、充电、放假、睡觉、理发"等22个离合词。如此看来，大学本科教材虽未列离合词一类，却并未忽视该语言现象，并将其处置为不及物动词。

显而易见，离合词在对外汉语教学语法体系中得到了充分的重视和突显，而在母语教学领域则以隐性方式呈现。不同的处理方式体现了汉语作为第二语言教学和作为母语教学在教学重点和难点上的不同认识。由于大部分离合词具有不及物性，将其视为不及物动词的下位小类亦无不可。只是由于其在对外汉语教学中的特殊地位，故而将其与不及物动词并列，突显了其重要性。

这样，动词就包括5个小类：及物动词、不及物动词、能愿动词/助动词、趋向动词、离合词。

（5）其他词类或具体词的归属。

根据普遍的做法，时间词、处所词、方位词宜作为名词的附类。

词头与词尾非词，不能脱离词干独立存在，因而不能作为分词单位。

"有的、有些、别人、别的、它、它们"等词在汉办（1996）中被视为"其他代词"。"有的、别的、别人"在语合中心（2021）（一级语法点）中被视为代词，未收入"有些"；《现汉词典》则将5个词分别标为指示代词、名词、人称代词，未收入"别的"。我们认同《现汉词典》的做法，无须另立"其他代词"小类。

3.教学语法的词类系统归纳。

根据上述讨论，得出教学词类系统，详见表5-3。

表5-3　教学词类系统简表

序号	基本词类	下位小类 / 附类
1	名词	时间词
		处所词
		方位词
2	动词	及物动词
		不及物动词
		能愿动词 / 助动词
		趋向动词
		离合词
3	形容词	性质形容词
		状态形容词 / 状态词
		非谓形容词 / 区别词
		唯谓形容词
4	数词	基数词
		序数词
5	量词	名量词
		动量词
		借用量词
		复合量词
6	代词	人称代词
		指示代词
		疑问代词

序号	基本词类	下位小类／附类
7	副词	0①
8	介词	0
9	连词	0
10	助词	结构助词
		动态助词
		语气助词／语气词
11	叹词	0
12	拟声词	0

（二）借鉴中文信息处理用的词类系统

1. 概述。

相比于教学语法的词类系统，为中文信息处理用的词类系统分类较细。就大规模真实语料处理的实际效果来说，也更好一些。

可供参考的中文信息处理用词类系统较多，我们仅以国家标准《信息处理用现代汉语词类标记规范》中的《词类及其他切分单位标记代码表》（简称"代码表"，含大小词类 49 个）、教育部语言文字应用研究所的《词类标记集简表》②（简称"简

---

① "0"表示不分小类，下同。

② 该表来自教育部语言文字应用研究所研发的"分词与词性标注软件"的说明文件，该文件的写作时间为 2014 年。

表"，含大小词类 35 个)、hightman 开发的"简易中文分词系统SCWSv1.2.3"[①]（简称"SCWS"，含大小词类 47 个)，以及 BCC的词类系统（简称"BCC"，含词类 40 个 ）这 4 个有代表性的系统为例进行了分析与说明。需要指出的是，BCC 与 SCWS 的词类系统略同，不同之处是：把所有小类都升级为同一层级的大类；介词、助词都未分小类；增加了"未知词"一类。

2. 取舍。

结合教学词类系统和中文信息处理用词类系统，参考学界相关研究成果，本着服务教学、理论中性、浅层标注等三项原则，做出如下取舍：

（1）名词。

主要分歧是把时间词、处所词、方位词升为大类还是降为小类，根据上述取舍依据，将其降为小类。切分出人名已满足分词要求，无须再分为姓和名。这样，名词就有 9 个小类：普通名词、时间词、处所词、方位词、人名、地名、民族名、机构名、其他专有名词。

（2）动词。

动词包括及物动词、不及物动词、能愿动词、趋向动词、联系动词、离合词，共 6 个小类。

（3）形容词。

包括性质形容词、状态形容词 / 状态词、非谓形容词 / 区别

---

① 网址：http://www.xunsearch.com/scws/docs.php。该系统自称使用的是"北大词性标注版本"。

词、唯谓形容词，共 4 个小类。鉴于状态词、区别词概念使用较广，可以把两个概念并列呈现：状态形容词 / 状态词、非谓形容词 / 区别词。

（4）代词。

按照传统做法分为人称代词、指示代词、疑问代词 3 种。需要注意的是，应在词表中把"某、每、另、任何、唯一、同、头"等词标为指示代词。

（5）助词和语气词。

依据传统做法，助词分为结构助词、动态助词、语气助词 3 种。为了突显语气词的黏附特性和成句作用，强调其在对外汉语教学中，特别是口语教学中的重要性，把语气助词独立出来，升为大类。

（6）数词、量词、副词、介词、连词、叹词、拟声词。

均保留原有名称、地位，不分小类。

（7）习用语、缩略语。

习用语包括成语、惯用语和一些起连接作用的四字语，例如"总而言之、综上所述"等。歇后语、谚语、俗语等以句子形式呈现，不作为分词单位。

习用语、缩略语均不分小类。

（8）语素字、非语素字、前接成分、后接成分。

语素字的立类有其必要性，例如一些离合词在"离"的用法下构词成分中的不成词语素也处于独立状态，"毕了业、鞠个躬、东海之滨"中的"业、鞠、躬、滨"等即如此。处理为语素字可以避免关于离合词由来已久的词与短语之争。内部则无需再分小类。

非语素字指"琵、琶、踌、躇"等有音无义的汉字；前接成分即词头"第、老、初、阿"等，后接成分即词尾"子、头、儿、者、化、性"等，皆具有黏附性，组词时是不能离开词干单独存在的。因而不能成为分词单位，应予剔除。

（9）名动词、副动词、名形词、副形词。

这些术语属本体研究层面的内容，有其意义和作用。总体上看，并未进入教学语法体系，使用面较窄，不宜进入语料库建设用词类系统。

（10）标点符号、非汉字字符、其他符号。

标点符号在书面表达中具有重要作用；以外文形式、汉语拼音形式出现的书写单位皆属非汉字字符；其他符号包括未知词，作为预设的一个垃圾筐有其存在价值，应单作一类，内部则无需再分小类。

（三）面向汉语中介语语料库建设的词类系统归纳

根据上述考察与对比分析，得出面向汉语中介语语料库建设用的词类系统，列表如下：

表5-4　面向汉语中介语语料库建设用的词类系统

序号	大类	小类
1	名词	9类：普通名词、时间词、处所词、方位词、人名、地名、民族名、机构名、其他专有名词
2	动词	6类：及物动词、不及物动词、能愿动词、趋向动词、联系动词、离合词

续表

序号	大类	小类
3	形容词	4类：性质形容词、状态形容词 / 状态词、非谓形容词 / 区别词、唯谓形容词
4	数词	
5	量词	
6	代词	3类：人称代词、指示代词、疑问代词 "某、每、另、任何、唯一、同、头"：指示代词
7	副词	
8	介词	
9	连词	
10	助词	
11	语气词	
12	叹词	
13	拟声词	
14	习用语	
15	缩略语	
16	语素字	
17	标点符号	
18	非汉字字符	
19	其他符号	
合计	19 种	37 种

（四）影响分词的其他问题

1. 语料库建设中的分词和词类标注问题与词表密不可分，词表如果收词不当，将对分词和词类标注造成重大影响。某些并不适合作为"分词单位"的组合单位，例如"放下、捡起、拿出、接过"等，在"结合紧密、使用稳定"的认识与规则之下被视为分词单位收入词表，因而出现类似"放下 /v 来 /vd""捡起 /v 来 /vd""拿出 /v 来 /vd""接过 /v 来 /vd"这样明显不当的切分结果。

适宜的做法是分别将"放下、捡起、拿出、接过"等分开，分别作为"单音节动作动词"和"单音节趋向动词"收入词表。这样，词表中既有"放、捡、拿、接"等单音节动作动词，又有所有的单音节趋向动词和双音节趋向动词；既可以组成"放 +下、捡 +起、拿 +出、接 +过"这样的动补结构，又可以组成"放 +下来、捡 +起来、拿 +出来、接 +过来"这样的动补结构，这样的切分结果符合语法规则，易于被理解与接受。

2. 中介语词语偏误，例如别字、错序词、生造词等，会影响到分词，进而导致词性标注的错误。例如：

（1）我一定会好好学习，你那种对我的爱最重要的是我收获了很多【有】［Zb 友］【宜】［Zb 谊］……

（2）被我们家人渐渐【忘淡】［Cx 淡忘］。

（3）我的【爱亲】［Cx 亲爱］【　】［Cq 的］父母，您好！

（4）听完后，我吓了【　】［Cq 一跳］凝视【　】［Cq 着］祖母的【慈脸】［Cz］。

（5）一个好广告等于一个好作品，它包含【高量】［Cz 大量］艺术因素和知【说】［Zb 识］内容……

上面的例子中，由于别字形成的"有宜（友谊）、知说（知识）"，由于语素顺序颠倒形成的"忘淡（淡忘）、爱亲（亲爱）"，由于学习者臆测形成的"慈脸（慈祥的脸）、高量（大量）"在汉语词汇中并不存在，在各个分词系统中的词表中也不可能有。因而在分词时会将这些组合切分开，并错误地标记不正确的词性代码。例如：

（1'）最 /d 重要 /a 的 /u 是 /vl 我 /r 收获 /v 了 /u 很多 /a **有** /**v** **宜** /a……

（2'）被 /p 我们 /r 家人 /n 渐渐 /d **忘** /**v** **淡** /a。

（5'）一个 /r 好 /a 广告 /n 等于 /v 一个 /r 好 /a 作品 /n，/w 它 /r 包含 /v **高** /a **量** /v 艺术 /n 因素 /n 和 /c **知** /**v** **说** /v 内容 /n……

改进的方法是在词表中增加汉语中介语词语偏误子集，并编制软件程序，分词时遇到这些因为别字、错序、生造导致的偏误组合，可以自动标明错误并代以正确的词语，继而标注正确的词性。

第3节 软件系统的研发标准

一、现状与问题

在语料库的建设、组织、管理、运行、应用、维护过程中，软件系统发挥着十分重要的作用。例如语料检索是用户使用语料库的基本方式，其设计与设置是语料库软件研发的重要内容之一。与之相关的语料呈现与下载方式、背景信息的查询与呈现方式、数据统计及其查询方式、留言反馈的功能与实现方式、语料库系统安全等，均与软件系统密切相关。软件系统在相当程度上能够决定语料库的功能，作用关键，可以说是语料库建设工作的半壁江山。

汉语中介语语料库建设一般以语言学专业人员为主导，承担任务提出、总体设计、语料收集、标注规范制定与组织实施等方面的工作。由于专业领域所限，语言学专业人员一般对软件系统的研发关注不够，具体研究几近于无，更谈不上深入探讨。笔者在中国知网（CNKI）中分别以"汉语中介语语料库＋软件系统""汉语中介语语料库＋研发标准""汉语中介语语料库＋软件系统研发标准""汉语中介语语料库软件系统＋研发标准"为检索式在总库的中文文献中进行查询，只有第1个检索式查询到5篇论文，其中学术期刊3篇，会议论文1篇，硕士研究生学位论文1篇。3篇学术期刊论文中1篇只是作为相关问题简要提及"软件系统",(张宝林,2019a)而非作为主要问题加以讨论。另 2 篇只是引用了前 1 篇论文中的同一句话。(李建涛,2019;童盛强,2020)后 3 个检索式则未查询到任何数据。[1] 作为建库主导者的语言学专业人员对软件系统的这种忽视致使语料库在语料检索与下载、系统的安全、维护与升级迭代、语料库的二次利用等方面均不同程度地存在问题与缺陷;其中有些问题是很严重的,也曾造成十分严重的后果。例如语料标注的层面不平衡、数据统计不一致、语料库被攻击乃至被攻陷等,都会严重影响语料库的功能和使用价值。(参张宝林,2022)

导致软件系统存在问题的原因是多方面的,除建库主导者的问题之外,还包括建库者内部不同专业人员对相关问题认识存在差异,又缺乏及时有效的沟通;对某些问题缺乏研究,尚无解决问题的有效途径与方法;而最重要的原因是汉语中介语语料库建设中普遍存在的主观随意性,缺乏学界公认且有广泛指导意义的建设标准。这是汉语中介语语料库建设中的一个老问题,是导致存在上述一系列问题的根本原因。"这种随意性表现在许多方面",例如语料收集、语料和语料作者的背景信息的收集、语料规模、语料标注、标注的方法与代码、语料及相关背景信息的查询与呈现方式、分词和标注词性所使用的分词规范与词表、语料库开放与资源共享等。(张宝林、崔希亮,2015)在软件系统研发方面也是如此,无标准,不规范。例如

---

[1]　查询日期:2022 年 4 月 2 日。

系统采用哪种编程语言？如何设置检索系统？检索到的语料能否下载？如何下载？是否设置不同权限？不同的建库者均根据各自的经验、认识与感觉，自行其是。而采取不同的做法，带来的效果与效益是截然不同的。例如标注代码是否采用 XML 或 JSON 格式，对语料库的资源共享、二次开发，以及"上网加工语料的时间"（于康，2016）等的影响都是不同的。至于如何设计与实现语料库的可成长性？如何确保系统安全运行？是否定期备份？本地备份还是异地备份？等等，更是缺乏有意识的考虑与未雨绸缪。

我们认为，针对上述问题，至关重要的解决方案之一就是为语料库的软件系统研发制定标准，以促进软件系统研发的规范化、标准化、科学化。软件系统研发应遵循哪些原则？针对并解决哪些问题？包括哪些内容？汉语中介语语料库建设与研究领域对这些问题几乎尚无研究。本节将就这些问题进行探讨，提出意见，以期抛砖引玉，引起学界的关注与讨论，促进问题的解决。

二、软件系统研发标准的设计原则

（一）功能强大，满足需求

汉语中介语语料库的建设宗旨与根本目的是为汉语教学与研究服务。为此，其软件系统应设计周密，制作精良，功能强大，能够满足教学与研究的多方面需求。从用户使用的角度看，应具备语料的检索与呈现、背景信息的查询与呈现、数据统计、自动下载等基本功能。再进一步则可以增设辅助性的语料分析、数据统计与分析、可视化图形设计、论文写作等扩展服务功能，使语料库具备用户进行汉语教学及其相关研究的"个人工作室"功能。就语料库建设而言，还可设置语料上传、录写、标注、管理、众包维护、升级迭代等增强功能。语料库的作用主要是为用户提供语料收集与检索的方便，因此基本功能是语料库的必备功能，而扩展服务功能和增强功能则是可选功能。

（二）确保安全，正常运行

1. 软件系统必须符合网络安全的相关要求，不存在高危、中危漏洞，低危漏洞也应尽可能维持在最低水平。当软件系统出现中高危漏洞时，语料库管理方应在接到报告的第一时间做出响应，一般应在 48 小时之内进行处理，对系统进行安全加固，并确保其通过安全扫描检查。从而确保语料库能够正常运转，对外开放，持续不断地为汉语教学与研究提供服务。

2. 软件系统必须定时进行异地备份，一旦发生语料库被黑客攻陷、锁闭的事件，能够在数小时之内重新部署语料库系统，迅速恢复开放。

（三）界面友好，简便迅捷

1. 语料库界面友好，易于理解，便于使用。使用户对其"一看就懂，一用就会"，而无需过多的专门学习。例如"语料的最终使用者应该清楚标注的原则和附码的意义"（Leech，1993），为了实现这一目标，标注代码的设计应简化且便于理解

与记忆。标注代码设计越简单且标注后语料的可读性越强，对语料库的建设者与使用者越方便。（赵焕改、林君峰，2019）

2. 使用便捷，方式多样。语料库应具备多种使用方式，供用户根据自己的实际情况选用。例如语料库应有网络版和单机版，电脑版和手机版，以方便用户在不同条件下使用。用户使用语料库时可以注册，也可以不注册。根据用户是否注册，可以设置不同的使用权限。例如非注册用户可以登录语料库并进行检索与浏览，但检索到的语料不能下载；注册用户则不但可以检索、浏览，而且可以自动下载检索到的语料。语料下载可以设定数量限制（以不影响研究结论的科学性为条件），也可以无限制。下载语料时可以选择每条语料同时带有背景信息，也可以不带背景信息。如此设置可以满足不同用户的不同需求。

3. 检索、下载等操作响应速度迅捷，无明显的等待过程。有的语料库"检索一次要用一两分钟"（陈小荷，2021），那是很不方便的。

（四）整体结构合理，便于升级迭代

软件系统负责语料库各个组成部分的结构分布、衔接关联和语料库的整体运转。软件系统的整体结构应采取模块化设计，便于不同类型语料的分别存放与处理，便于补充增加新的功能与内容。例如笔语语料、口语语料、视频语料、生语料、熟语料均应独立建库，可以分别检索；某些类型的语料也应可以合并检索，例如笔语语料和口语语料或视频语料中的词语对比检索；可根据需要增加新的标注层面，补充新的功能，例如话语标记标注。语料库应可以灵活扩展功能与规模，具有良好的可成长性，能够升级迭代为新库。

三、软件系统研发标准的基本内容

从语料库的功能和使用价值的角度看，应从下列几方面制定软件系统研发标准。

（一）整体结构

语料库在整体结构上应布局合理，具备可扩展性。语料库应由生语料库、熟语料库、背景信息库、统计信息库、软件系统等五个基本组成部分构成。生语料库用于存放手写语料的扫描图片（用电脑、手机书写的语料可以直接入库电子版而无需图片）、音频、视频等原始语料和只经过错字处理和字存疑处理的录入版或转写版语料；熟语料库用于存放经过各种加工处理的语料；如采用分版标注①方式，还需考虑各版语料之间的关联与协调；背景信息库用于存放语料产出者的背景信息和语料自身的背景信息；统计信息库存放各种统计数据；软件系统负责语料库各个组成部分的衔接、关联和语料库的整体运转。

语料库建设与应用综合平台是 2019 年以来出现的一种语料库存在形式，包括语料库检索、语料库建设、系统管理、个人工作室等组成部分，集语料的上传、录写、标注、统计、检索、

---

① 关于分版标注的含义与做法见本书第三章第 3 节。

管理、众包维护、迭代升级等八大功能于一体。其中语料库检索部分即一般所谓语料库，供语料查询与下载之用。语料库建设部分承载语料库建设的所有相关环节与流程。系统管理包括人员管理、角色管理、人员语料分类管理、审核与汇总、标注员工作量统计等。个人工作室对用户而言可以管理更改自己的注册信息，进行语料分析与论文写作；对于建库人员来说，语料的录入与标注等工作都在这里进行。众包维护指用户在使用语料库过程中发现录写与标注等方面的错漏时可以即时予以修正，待语料库管理员审核确认后即可替代原有语料。这样可以使广大用户参与维护，从而不断提升语料库质量，更好地服务用户。迭代升级指语料库建设的一种新范式，即可以把建设新库转为补充、完善与升级旧库，从而大大节省了建设新库的人力、物力、财力和时间。①

这种平台具有软件系统集约化、建设流程标准化、建设方式网络化和一定程度的自动化、移植推广灵活化等特点，（张宝林，2021a）应予推广，使之成为 2.0 时代② 语料库建设的主要方式。它的研发与存在也表明，软件系统的研发对语料库功能的增强与改进具有重要作用，应予以特别重视。

可扩展性指语料库结构和内容可以根据需要增减，不断完善。例如在笔语语料库的基础上可以增加口语子库；只有字、词、句、篇标注的语料库，可以增加语体、语义、语用、语音、

---

① 详见全球汉语中介语语料库，网址：qqk.blcu.edu.cn。

② 关于汉语中介语语料库 2.0 时代的论述见本书第一章第 1 节。

体态语等其他语言层面的标注内容；检索系统也可以根据需求随时增加新的检索方式。显而易见，语料库建设与应用综合平台对可扩展性具有很高的要求，否则升级迭代就无法实现。

（二）语料标注

从软件系统研发的角度谈语料标注，只谈标注方法，不谈标注内容。因为前者和软件系统研发密切相关，后者则关系不大。

1. 自动标注。

语料标注有人工标注、人标机助、机标人助、自动标注4种方法。早期的汉语中介语语料库建设的标注方法为人工标注，目前主要是人标机助，而方向则是计算机自动标注。

所谓自动标注可以包括机器标注、机标人助、标注过程的自动化控制等。除技术成熟的自动分词和词性标注之外，根据汉语中介语和中文信息处理水平的实际情况可以进行其他一些自动标注的探索和实验。例如繁体字、异体字标注、某些语体色彩鲜明的词语句式的语体标注均可进行自动标注，且有比较好的标注效果；某些形式结构特征（例如疑问句、感叹句等的标点符号，把字句、被字句、"比"字句、"使"字兼语句、"给"字双宾语句等的标志词）凸显的句类、句式，在分词和词性标注基础上，也可以进行一定程度的自动标注；中介语的一些特有偏误现象，例如倒序词（"持支""决解"等）、外文词等在广泛收集整理之后也可以进行自动标注。而语料库建设与应用综合平台则可以实现"语料上传→审核→录写→审核→标注

→审核→入库"流程的标准化与一定程度的自动化。

2. 标注符号。

标注符号 / 代码应采用标准通用语言 XML 或通用格式 JSON 编码。XML 是可扩展置标语言（Extensible Markup Language，XML）的缩写，JSON 是 JavaScript 对象表示法（JavaScript Object Notation）的缩写，二者的作用是存储和交换文本信息。由于它们都采用独立于编程语言的文本格式来存储和表示数据，易于在不同的语言程序之间交换数据。因此，标注符号采用 XML 或 JSON 编码，便于不同语料库之间的资源共享，彼此移植，也方便语料库的二次开发与利用，在语料库建设中具有重要意义。目前在汉语中介语语料库建设领域，使用这两种技术的尚不多见，应充分重视，积极推广使用。

（三）语料检索

语料检索是用户使用语料库的基本方式。检索系统应方式多样，设计周密，操作简便，可供用户从多种角度查询所需要的语料，从而满足用户的使用需求。

目前语料库检索系统的研发思路与做法有两种。其一，检索界面只有一个对话框，需要查询什么即输入什么，例如 BCC 语料库。其二是设置类型较为丰富的检索方式，不同类型的检索方式有不同的查询功能，可以满足不同的查询需求，例如全球汉语中介语语料库。前者的特点是检索界面简洁而规则相对复杂，后者则是检索界面较为繁复但无须附设很多规则，可谓各有千秋。而就中介语语料库大多数用户的文科背景而言，后

者较为适宜。（张宝林，2021b）

结合汉语汉字的特点，语料库的检索方式可以设置但不限于以下 9 种：字符串一般检索、分类标注检索、特定条件检索、搭配检索、按词性检索、对比检索、按句末标点检索、重叠结构检索、离合词检索。其中前两种方式一般语料库都具备，但其查询能力有限，不能满足用户多方面的使用需求；而后七种则弥补了前两种检索方式的不足，增强了对语料的查询能力。（张宝林，2021c）例如字符串一般检索只能检索到带有"是"和"的"的句子，而无法检索到"是……的"句，特定条件词检索则弥补了这一缺陷。

（四）语料呈现与下载

用户检索到的语料应可以自主呈现，随需要而定。例如每页可以分别呈现 10 条、20 条、50 条、100 条等；应可以同时带有语料作者和／或语料自身的背景信息，也可以不带；可以带有全部背景信息，也可以带有部分背景信息。

检索到的语料应设置自动下载功能。下载数量可以无限制，也可以有限制；如果有限制，所能下载的语料数量应以不影响研究结论的科学性为条件：（1）随机下载；（2）检索到的语料如多于 400 条，则下载的语料数量不得少于 400 条，以符合统计学的基本要求。（参张勇，2008）

（五）数据统计

数据是事实，大数据是规律，语料库体现的是语言使用和研究中的大数据思想。从成百万字、上千万字语料中得出的各个语言层面的相关数据本身就是极具普遍意义的规律，对语言教学和研究来说都具有十分重大的意义。

语料库的数据统计可以有两种方式：预先统计和实时统计。预先统计是将统计数据做成表格放到语料库的相应部分，查询时调出。这种统计方法适用于规模较小、可以一次性完成全部建设工作的语料库，其优点是打开的速度很快。实时统计则是在每次查询语料时对相关数据进行即时统计。这种方法适用于规模大且动态建设的语料库，其优点是获取相关数据的即时性，不足则是统计速度相对慢一些。

不论采取何种统计方法，统计数据都必须全面、准确。全面是指语料及其背景信息中所能提供且对教学与研究有参考价值的数据皆可统计，应有尽有；准确是指统计数据无误差或误差很小，可以忽略不计，且从各种不同角度对同一个语言现象所做的统计应具有一致性。如此，所得到的统计数据才具有实用价值。

（六）沟通反馈功能

语料库的建设目的是为汉语教学与研究服务，广大汉语教师、研究人员、汉语相关专业的研究生是语料库的主要使用者；而以汉语为第二语言或外语的学习者则既是语料库所收集的语料的提供者，也是语料库的使用者或潜在使用者。一个语料库做得如何，是否好用，能否满足使用需要，广大用户经过实际使用所做出的评价最准确，最有意义，因此及时听取用户的反馈意见非常重要。为了及时得到用户提出的问题、意见、建议等，语料库应设置沟通反馈功能，广大用户可以通过该功能随时反馈意见。语料库管理方应安排专人随时接收这些意见并根据实际情况及时予以回应、解答，或与用户就某些问题进行研讨。这样不仅能够方便用户更好地使用语料库，对于吸取用户的合理化建议，改进服务质量，增强语料库功能也是非常有益的。

（七）语料库维护

语料库是"语言大数据"（曹大峰，2019），基于大规模真实语料而建设，在语料录入与转写、标注过程中难免会存在错漏增衍之处。对这些错误可以有 3 种处理方法：（1）在语料库建成之后专门组织人员进行质量评测，审核修正。其优点是修正及时，便于用户使用；但仅适用于规模较小的语料库，而对于规模庞大的语料库则因受限于人力、财力、时间等因素，实施难度较大。（2）在语料库的开放与使用中注意记录用户发现与反馈的错误，随时修正或积累到一定数量规模之后集中处理。其优点是针对性强，修正效率高；前提是广大用户遇到错误后能够及时反馈，语料库管理方则须有专人记录。（3）基于众包理念，实行开放维护。语料库设置用户修改功能，由用户动手对使用过程中发现的各种错误进行修正；经语料库管理人员审核确认无误之后即可进入语料库替换原有语料。在这种"人人参与、协同创作（collaborative）"（付巧，2016）的众包理念之下，用户不但是语料库的使用者，也是语料库的维护者。这样形成良性循环，语料库的各种错误与问题不断被发现，并及时得到修正与解决，其质量即可不断得到提升，进而改进其服务功能。前提是用户有较高的参与热情，乐于持续地进行这种修正工作；还要熟悉相关知识与规范，以确保所做修改的正确性。语料库管理方需对此功能与做法进行大力宣传与号召，鼓励广大用户参与。"众包（crowdsourcing）"概念的最初含义就是指企业或组织（the crowdsourcer）通过公开呼吁，调动并运用大众（the crowd）的创意和能力。（Howe，2006）维基百科20年来的发展与成长充分证明了这一做法的可行性与有效性。归根结底，这是一件"人人为我，我为人人"的事情，对每位用户都是有利的。

（八）系统的升级迭代

一般来说，系统的升级迭代指语料库大的结构性改造或重要内容的增减调整。例如对建设方案进行重大调整，语料库基础结构发生变化，大规模增加语料，增加子库，扩展标注内容，系统性地改变标注规范，改变检索系统，增加检索方式等。升级迭代之后，语料库的版号通常会随之更新。

语料库升级迭代的内在驱动力是应用需求；而其技术支持则是计算机存储技术、运算能力的提升，编程语言、文件存储和交换格式的发展，互联网技术的不断进步。一个只收集了中高级阶段汉语学习者的语料且只做了偏误标注的中介语语料库可以进行横向、静态的中介语偏误分析，而无法满足纵向、动态的习得过程研究的需要；一个只能检索离合词"合"的用法而不能查询"离"的用法的语料库也难以用于对离合词习得情况的全面考察。以往的语料库建设方式是"原子主义"的，即单个的，独体的，不可分的，一次性的。（张宝林，2021b），当遇到这种语料不系统、标注不全面、检索方式不完善的语料库而不能满足使用需求时，即采取另建新库的办法来解决遇到的问题，其付出的人力、财力、时间成本都是比较大的。而具备升级迭代功能的语料库则可以不断改进、完善、进化，而无需另起炉灶，重建新库。这显然要经济得多，灵活得多，能够更好地满足应用需求。

本章小结

一、汉语中介语语料库经过 20 多年的探索与发展，已经从当初筚路蓝缕的艰辛变成今天蓬勃发展的良好势头。为了使其更好地发展，需要进行一些回顾、反省与总结。正如"一个人，一个组织，一个国家，在永恒不断流逝的时间的长河中，到了一定的时候，应该回头看一看，看看走过的历程中自己走得是否都完全正确，正确的要坚持，不正确的要扬弃。这是十分必要的"（季羡林，2008：13）。研究并制定"汉语中介语语料库建设标准"就是要回头看一看这 20 多年来走过的历程，并将在调查研究、总结经验教训的基础上，规范语料库建设流程，促进语料库建设的规范化、科学化、系统化，提高其建设水平，促进其更好地发展，最终更好地服务于国际中文教育事业。

二、目前，汉语中介语语料库建设中存在的随意性，已经成为制约语料库建设发展的关键问题。这个问题不解决，语料库的建设水平就无法提高，汉语教学与研究对语料库的迫切需求就无法全面满足。而破解之道，就是制定语料库建设标准。然而时至今日，这一问题并未引起学界的充分关注。对这一问题的研究仍是汉语中介语语料库建设领域的一个冷门话题，而这一问题不真正解决，汉语中介语语料库建设的研究就难以深入，其建设水平也就无法提高。因此，本章的研究内容对汉语中介语语料库的建设与发展，乃至对基于语料库的汉语教学研究、中介语研究和习得研究都具有十分重要的现实意义和理论价值。

三、本章从汉语中介语语料库建设的实际需要出发考察与探讨汉语的词类问题，目的是解决语料库建设中的分词和词性标注问题。根据为教学与研究服务、理论中性和浅层标注等三项原则，提出了一个面向汉语中介语语料库建设用的词类系统，以期改进分词和词性标注的质量，提高语料库建设水平。

四、语料库软件系统的研发是一项非常重要的研究工作，在语料库建设中占有极为重要的地位。以往的汉语中介语语料库建设对此认识不足，重视不够，缺乏具体研究，导致语料库软件系统存在种种不足乃至缺陷，难以满足教学与研究的多方面需求。而探讨和确立软件系统研发标准对软件系统的具体研发工作具有十分重要的指导作用，对拓展语料库建设本体研究范围，提高语料库建设水平与效率具有重要意义。目前这方面的研究十分匮乏，需要学界提高认识，尽快开展这方面的研究。

　　五、不论是语料采集标准、标注标准，还是软件系统研发标准，固然对语料库建设具有规范和指导作用，但其所谓"标准"仅仅是推荐性标准，而非强制性标准。其作用是告知大家建设语料库时"可以"这样做，而非"必须"这样做。例如语料检索系统的两种研发思路和九种检索方式只是提供给大家参考，在具体的语料库建设中究竟采取哪种思路，设置哪几种检索方式，是要根据所建语料库的性质、目的、客观条件等因素通盘考虑，进而做出决定的。

第六章　汉语中介语语料库
软件系统研究

　　汉语中介语语料库建设取得了引人瞩目的成就，同时还存在一些问题，包括软件研发方面的问题。这些问题使语料库尚不能满足教学与研究的多方面需求，也影响了语料库建设的进一步发展，应引起学界的充分重视。

　　一、标注工具不完善，不能给予语料标注乃至语料库建设充分的支持。例如标注工具设计简单，功能不强；标注工具本身存在问题，会导致经过处理的语料部分丢失；缺乏支持在线标注的标注工具；没有综合性的、支持语料库建设、管理、检索的软件平台。

　　二、检索方式太简单，不能对某些语言现象进行查询。例如在 HSK 语料库 2.0 版面世之前，"是……的"句、"连……也 / 都……"句、半固定搭配格式、离合词"离"的用法等均不能直接查询，也没有词语组合查询，更不能按词性、词性组合进行查询。

　　三、某些设计不够人性化，使用不方便。例如检索到的语料不能自动下载，只能逐页手工复制下载，增加了人的劳动强度；用户不能根据自己的使用习惯自主调整每页显示的语料条数；用户遇到语料录入或标注错误，不能加以修正；缺乏反馈与沟通功能，用户对语料库的设计与功能有什么看法、意见、建议等无法表达沟通，不利于语料库功能与质量的改进。

四、网络安全不达标，因而不能确保开放，严重影响用户使用。2016、2017 年这一问题十分突出，HSK 动态作文语料库因此频繁停止对外开放，用户反应很大。对基于该语料库的汉语教学与相关研究造成了较大影响。

五、缺乏标准化，随意性强，低水平重复。以往的语料库建设一般都是根据建设者，特别是项目负责人的专业知识、研究目的与经验进行，对语料是否标注、标什么、怎么标等问题缺乏专业性的见解，完全根据自己的主观认识进行设计，所建语料库差异很大，功能不完善，不能满足广大用户的使用需求。而大多数语料库建成后并不开放，建设过程秘而不宣，其建设经验无法为新的建设者继承与使用。在建设新的语料库时，建设者只能从头摸索，甚至把前人走过的弯路再走一遍，是非常典型的低水平重复，造成人力、物力、财力的极大浪费。

六、大规模语料库的建设周期很长，无法及时使用。语料库建设的一般程序是语料收集、语料录入、语料标注、系统开发、语料入库。其基本特点是所有建设环节逐一展开，整库一次建成。这种建设方式适合建设小规模、短周期的语料库，而非常不适合建设语料规模大、建设周期长的语料库，因为不能及时使用，不能满足广大用户的需求。

上述问题皆与软件系统密切相关，这表明软件系统是语料库建设研究中不可回避的重要问题。

第1节　关于软件系统的思考

一、现状

在汉语中介语语料库建设及其本体研究中，汉语学界对语言学部分的工作与研究非常重视，对语料库的总体设计、语料的采集、录入、转写、标注及标注规范等的研制和探讨较多，认识和做法都相对比较成熟；对软件部分的工作与研究则不够重视。其具体表现一是在建库实践中较少关注，把软件系统的研发完全推给软件技术人员，基本不参与，也不大过问。二是极少开展软件系统方面的实际研究。虽然仅凭常识也能理解软件系统是使语料库得以建立、语料得以检索与呈现的重要组成部分，但这种认识是基于逻辑事理的，并不具体，更不深入。从建库实践看，不论是语料库的管理系统，还是检索系统，都还存在多方面的问题，尚不能充分满足学界对语料库应用的诸多需求。软件系统在语料库建设中究竟存在哪些问题？原因何在？应如何改进？对这些问题还缺乏全面、系统的研究，尚未形成明确、深入的认识。本节试图对这些问题进行探讨，以明确认识，发现问题，探讨原因，制定对策，改进软件系统的研发工作，进而提高语料库的建设水平，使之更好地为汉语教学与研究服务。

二、软件系统存在的问题

由于观念、认识、专业领域、研究水平、技术条件等方面的制约，语料库软件系统的研发还存在一些问题，乃至较大的缺陷，给语料库的建设与应用造成一定困扰，致使语料库尚未得以充分发挥其多方面的作用。

（一）标注问题

以往的语料库建设一般来说规模较小，以百万字左右居多；标注内容相对较少，较为简单。以在学界影响较大的 HSK 动态作文语料库来说，规模不过 424 万字；只有字、词、句、篇、标点符号等 5 个层面的标注，且只有偏误标注。对这种规模较小、标注内容较少的语料库，标注一般采用"同版多层面标注"的方式，即同一篇语料所有层面的标注都在同一版语料上，由同一名标注员一次性完成。对标注员而言，一次标注一个语言层面的工作内容相对单纯，容易；而一次标注多个层面，则要复杂、困难一些，标注出错的概率相应增加。标注员须承担并完成所有语言层面的标注任务，而不管其对这些层面的哪个或哪些有研究兴趣，这样的标注安排与要求对标注员的工作积极性难免存在消极影响。

就用户而言，一般来说一次研究只关注一个语言层面，其他层面的标注对其当次研究来说，实属干扰信息，会对语料的阅读、观察、分析造成妨碍。小规模的语料标注一般采用线下标注的方式，完成标注之后交给软件技术人员将其入库上网，然后才能检索使用。即语料标注和语料上网分属两个工作环节，较为烦琐。总体来看，以往的标注工作程序及其软件设计在标注方面造成了不便标注、不便阅读、不便使用的后果。

（二）二次利用问题

多数语料库在进行标注时并未采用可扩展的置标语言 XML 或 JavaScript 对象表示法 JSON 等数据交换格式（Bassett，2016）进行编码。例如全球汉语中介语语料库的原始语料规模约 2367 万字，采用在线标注的方式进行"多版 / 分版标注"，即复制多版语料，每个语言层面作为一版进行标注，标注员可以自主选择标注内容，在很大程度上解决了 HSK 语料库在标注方面存在的问题。但其语料标注代码并未使用 XML 或 JSON 进行编码。语料库今后在资源共享、彼此移植和二次利用方面会有所不便。[①]

（三）查询问题

语料检索是用户使用语料库的基本方式，查询到准确的结果，是用户利用信息检索系统的最终目的。（曾照华，2020）检索方式的设计直接影响着用户使用语料库进行汉语教学和研究的实际效果和效率，应能帮助用户方便、快速、准确地查询到研究需要且语料库中存在的语言现象。而以往语料库的检索功能

[①]　全球库为此以其他方式预留了接口，但毕竟不如 XML 或 JSON 规范和方便。

不够健全，有些库存语料中存在的语言现象却无法检索。例如"是……的"句、离合词"离"的用法、近义词或易混淆词、重叠结构、词类序列等皆难以查询，无法为教学与研究提供帮助。

（四）数据问题

语料库中成百万字、上千万字的语料及其标注信息和元信息，可以形成非常丰富的统计信息，例如字、词、句的统计信息，不同国家或地区、不同母语、不同年龄、不同汉语水平、不同学习目的的学习者所产出的语料的分类统计信息，不同语体、不同文体、不同性质、不同类型语料的分类统计信息，等等。这些数据可以反映汉语教学与习得的多方面情况，因而非常重要。然而语料库所提供的相关统计数据常常不够全面，不够准确：有些方面有数据，有些方面则没有；有些数据准确或比较准确，有些则明显不大准确；有些方面的统计信息用此种检索方式查询是一个数据，用彼种检索方式查询则是另一个数据。对这些数据，有些用户持怀疑态度，不敢相信，不予使用；有些用户则不予考察，盲目相信，有可能形成错误的结论。不论哪种态度与做法，都没能恰当而充分地使用语料库的相关数据资源，这是非常可惜的。而这样的情况之所以产生，并非语料库中不存在这些信息，而是软件系统忽略了对相关情况的统计，是系统设计的问题。

（五）下载问题

从语料库中获取语料进行教学与相关研究是用户使用语料

库的基本目的之一，软件系统应精心设计下载方式，最大限度地为用户提供使用方便。而实际上有些语料库并未设置这样的功能，用户检索到相关语料后，只能手工复制，逐页下载。这样的软件设计很不友好，极不人性化。

（六）维护问题

语料库中的一些问题，例如录入、转写错误或标注错误等在所难免。由于语料规模大，试图通过少数语料库建设者或管理者的一次性、短时间的集中审核与修改加以全面改进颇为不易。因而一般来说在语料库建成之后，对这些错误与问题也就听之任之了。

（七）沟通问题

语料库的实际使用者是广大用户，即汉语教师、二语习得和中介语研究人员、语言学各相关专业领域的研究生，以及广大的汉语学习者。语料库做得如何，能否满足教学和研究需要，应做哪些改进，广大用户最有发言权，最应听取他们的看法、想法、意见和建议。而有些语料库并未设置用户与语料库建设者、管理者便捷的沟通交流功能，以致双方无法及时、顺畅地交流信息，沟通意见。

（八）升级问题

以往的语料库只是一个封闭的系统，当其存在某种大的缺陷与不足时，只能重建新的语料库，而不能通过修改补充，将旧的语料库升级为新的语料库。例如当一个语料库中只有中高级阶段学习者的语料而无初级学习者的语料，可以做横向的静态分析而不能做纵向的习得过程考察的时候；或者只有偏误标注而无基础标注，可以做偏误分析而无法做表现分析的时候，就只能舍弃旧库而另建新库。这里所谓"只能"是说与其修补一个旧的语料库，就其所花费的时间、精力、人力、财力成本而言，还不如做一个新库更加简单、直接、迅捷。

（九）系统安全问题

互联网技术的发展一方面催生了包括语料库在内的众多网络产品，极大地方便了人们的工作、学习和日常生活。另一方面，也带来了网络安全问题，网络安全事件时有发生，甚至发生过语料库被黑客攻陷、闭锁、勒索的严重事件。当语料库系统出现中高危漏洞时，网管部门即会采取断然措施关闭语料库，保护其系统不受侵害。这必然会给广大用户带来无法使用语料库的困扰。因此，使语料库系统具有较高的安全性，确保其可以正常开放，持续不断地为用户提供服务，就成为语料库建设中一个不容回避的特别重要的问题。

三、原因与对策

（一）原因

导致软件系统存在问题的原因是多方面的，下面几项是潜在的主要原因：

1. 语料库建设主观随意，无建设标准。这是汉语中介语语料库建设中的一个老问题，是导致存在上述一系列问题的根本原因。在软件系统方面也是如此，这一点在第五章第 3 节已有详细论述。

2. 建库者内部人员专业背景不同，认识有差异，又缺乏及时有效的沟通，从而导致软件系统存在缺陷。汉语中介语语料库建设一般由语言学专业人员主导，这并无不妥，因为建库是汉语作为第二语言／外语教学与研究的需要，语料的收集与加工标注等也是语言学专业人员应该承担的工作。语料库软件系统的研发则由计算机专业人员承担，这也是很自然的。所谓术业有专攻，不同专业领域里的工作必须由不同专业的人员来做。问题在于，作为建库工作的主导者，语言学专业人员因为自己不懂软件设计与编程，对软件系统研发工作不予过问，疏于管理。而计算机专业人员则可能认为把经过加工的语料入库上网，大家可以检索使用，自己的工作就已完成。至于界面安排是否便于语言学专业人员理解，语料及其背景信息的呈现是否便于使用，检索方式能否满足查询需求，语料标注是否便于二次利用，标注代码是否采用了数据交换格式 XML 或 JSON，语料库采取了哪些安全措施等重要问题，两方面人员可能并未深入交流，因而并未得到恰当的处理。软件系统因此存在一些缺陷，甚至重大隐患，可能导致十分严重的后果。

3. 基础研究薄弱，尚无解决问题的有效方法。例如汉语中介语语料库并无专用的分词规范、词类系统和专用词表，实际使用的是汉语母语语料库建设用的分词规范和词性标注系统。由于中介语中字词偏误现象的存在，会导致分词和词性标注的错误。字方面的偏误例如"【景】［Zb 影］响""一【赶】［Zb 起］""习【贯】［Zb 惯］""【愿】［Zb 盼］望""【一】［Zb 以］来""女【人】［Zb 人］"等别字，词方面的偏误例如"【相当】［Cb 相同］""【发展】［Cb 发达］""【除外】［Cb 例外］""【珍稀】［Cb 珍惜］"等词语误用，"【费花】［Cx 花费］""【蕉香】［Cx 香蕉］""【后以】［Cx 以后］""【兴高】［Cx 高兴］"等错序词，"【情格】［Cz 性格］""【特己】［Cz 自己］""【内边】［Cz 里边］""【亲目】［Cz 亲眼］""【电行车】［Cz 电动车］"等生造词，都会造成分词、词性标注方面的错误。目前对这些中介语中的偏误现象并没有制定一个统一、可行的处理方法，而供母语语料库建设用的分词和词性标注系统是无法处理中介语的这些特有问题的。又如广泛采自国内外众多高校和汉语教学单位的语料有些没有汉语水平信息，或者来自不同学校或教学单位的语料所评定的水平等级之间缺乏可比性，应使用统一的语料水平分级系统重新对之进行分级，但目前尚无可以公开使用且效度较高的汉语中介语语料分级系统。

4. 在解决老问题过程中出现了一些新问题，需要在深入研究基础上予以解决。在前文中提到，由于采用"同版多层面标注"的方式，标注员对标注内容没有选择余地；用户除当次研究的内容之外，还要承受其他层面标注信息的干扰，因而以往的标注工作客观上造成了不便标注、不便阅读、不便使用的后果。为了解决这些问题，全球库采取了"在线标注＋多版／分版标注"的方式，标注员可以根据自己的意愿选择标注内容，从而解决了以往标注中存在的一些问题。然而，解决了旧问题，却出现了新问题：因为标注内容可以自选，出现了不同层面的语料标注数量不均的问题。而不同的检索方式对应的标注层面不同，这就使采用不同的检索方式对同一个语言现象的查询结果数量不一致，影响到统计数据的准确性。

（二）对策

1. 语料库建设包括语言学和软件编程两方面工作，需两方面专业人员参与，彼此互相需要，缺一不可。双方既需明确分工，更要充分合作。其间的重要条件是语言学专业人员和软件技术人员必须加强沟通，彼此深入了解，相互认识对方工作的特点、作用与价值。语言学专业人员应积极主动地关注、过问，乃至参与、融入软件系统研发工作；要使软件技术人员深入了解语料库在汉语教学和研究中的具体作用和重要意义；理解语言学研究要查询什么、为什么要查询；查询到的语料为什么要附带某些背景信息；为什么要从某些角度设置检索条件；语言学研究为什么那么强调用不同检索方式查询到的同一个语言现象的相关数据必须一致。例如双方经沟通研讨即可认识到，按词性检索方式如果把检索项从 4 项增加到 6 项即可大大提高把字句下位句式的查准率。语言学专业人员还要向软件技术人员学习并理解软件系统设计的思路、方式与特点；底层结构设计与后期开发的关系；软件系统对多个问题的逐一修改和成批修改的繁简程度与工作量上的差异；软件工程的特点，等等。例如认识到任何软件产品都有一个从 bug 的爆发期到收敛期的过程，当软件系统开发完成后出现各种各样的问题时就能坦然面对，耐心检查与不断修改。毫无疑问，彼此的有效沟通和相互理解所换来的将是更加融洽的合作，更加完善的语料库。例如全球库在建设过程中，双方人员通过沟通与合作，把检索方式从一般语料库具有的两种增加至七种；又根据学界需求，再增加到九种，较好地满足了汉语学界的使用需求。

　　2. 语料库的软件系统研发应制定相应的标准，以促进软件系统研发的规范化、标准化、科学化。从建库实践的角度看，该标准可以指导软件系统的研发，使建库者按照一个比较成熟而统一的程序来进行软件系统的研发操作，从而避免新的语料库建设者开始建库时的茫然无措和主观随意性。就语料库建设本体研究而言，则可以拓展其研究范围，深化理论探讨，从而促进语料库建设理论水平的提高。针对语料库建设的随意性问题，我们设计并提出了"汉语中介语语料库建设标准研究"项目，获得北京市社会科学基金项目重点项目立项（项目编号：15WYA0172020），并已于 2021 年 1 月通过结项。其第八部分即"语料库软件系统研发标准"，从语料库整体结构、网络安全、检索功能、界面友好、沟通反馈、开放维护等方面制定了标准，规定"语料库软件系统应设计周密，功能强大，能够满足教学与研究的多方面需求。就语料库整体功能而言，应具备语料查询、背景信息呈现、数据统计、自动下载等基本功能，还可以增设语料分析、可视化图形设计、论文写作等服务功能"（张宝林等，2020）。目前该研究成果尚未对外发布，更没有成为国家标准或行业规范，并未形成广泛的学术影响。期待尽快推动其成为国家标准或行业规范，使其发挥实际作用。

3. 加强基础研究，改进语料库建设。首先应开展语料分级系统的研究，按照同一个标准为语料库中不同来源的所有语料重新划分水平等级，以使不同的语料之间具有可比性，便于研究使用。其次是研制汉语中介语语料库建设专用的分词规范、词类系统和专用词表，这是一项非常重要的基础性工作，可以使分词和词性标注系统适合汉语中介语的特点，对其进行可靠的分词和词性标注。这也将为其他层面的标注和语料检索奠定坚实基础，提高一些层面的标注乃至自动标注和语料检索的准确率。

4. 其他措施。针对语料库建设在软件系统方面存在的实际问题，可以进行专项研究，采取具体措施加以改进。例如组织语料各层面的平行标注，使采用各种检索方式查询到的语料数量具有一致性；搭建语料库建设平台，使语料库建设环节集约化、规范化、标准化，以及一定程度的自动化，优化语料库建设流程；设置语料库建设者、管理者和用户的沟通反馈功能，及时了解用户的问题、意见和建议，持续改进语料库；设置众包维护功能，使语料库质量能够得到持续改进；对整个语料库定时自动异地备份，确保语料库系统安全，等等。

第 2 节　检索系统透视

一、现状与问题

信息检索系统的主要目的就是帮助查询必要的信息内容。（曾照华，2020）语料检索也是一种信息检索，在语料库建设中具有十分重要的地位与作用，关系到一个语料库能否满足广大用户的使用需求，能否实现语料库的价值，也标志着语料库的建设水平。随着学界对语料库性质与作用认识的不断深入和计算机存储技术、运算能力和互联网技术的迅速发展，语料库（包括中介语语料库）的建设规模问题应该说已经解决，"但对当前超大规模的语料加工和检索，现有工具仍然滞后，这意味着即便有了极大丰富的语料文本，利用起来却依然很困难"（熊文新，2015：18）。在当前的语料库建设中，语料标注特别是自动标注问题日渐凸显；语料的查询能力不强，语料库中存在的语言现象尚不能完全有效检索，甚至"库中存有档案却无法检出的情况屡屡发生"（李琳，2019），直接影响语料库应用研究的效率与水平，语料检索已成为语料库建设与应用研究急需解决的瓶颈问题。

就汉语中介语语料库而言，以往的语料库检索方式均可进行字符串一般检索和对加工标注语料的检索。对库存语料中具体的字、词、短语、句等的检索，对经过标注的各层面语言现象的检索，一般来说都是可以实现的。例如"看""观看""看电视""他喜欢看电视"，都可以通过字符串一般检索的方式查询到；"【景】［Zb 影］""【颗】［Zb 棵］"等别字，"【文化】［Cb 文明］""【提高】［Cb 增长］"等词语误用，"有一些软件会帮你直接翻译中文成你的母语［JSba］""父母把礼物摆在床上｛JSba｝"等偏误或正确的把字句，也都可以查询到。这些检索功能使语料库在作为第二语言或外语的汉语教学研究、中介语研究、习得研究中发挥了很大作用。当然，这是就只有一个检索对象的语言现象的检索而言；上述语言现象的查询，均只有一个检索对象。

　　而对于有两个检索对象的语言现象，例如"是……的"句、半固定结构"不……不……"、两个词（例如"清楚"与"清晰"）的对比，以往的中介语语料库是无法检索的。按词性检索词类组合、对重叠结构、离合词"离"的用法、存现句、重动句等的检索，也都无法实现。而这些语言现象在语料库中都是存在的，只是不能查询到，这表明以往语料库的检索功能不够健全，尚不能满足汉语教学与研究的使用需要。

　　针对上述情况，本节将梳理汉语教学与研究领域对汉语中介语语料库检索系统的具体业务需求，探讨现有语料库检索系统的得失及原因，提出检索系统的改进策略，以加深对检索系统设计与设置的认识，助力于研发功能强大且简便易用的语料库检索系统。

二、学界需求与设计理念

（一）学界需求

对具体字、词、短语、句子和加工处理过的各种语言现象的查询是汉语教学与研究的基本需求，因而字符串一般检索和分类标注检索（即对语言各层面标注内容的检索）是非常需要的，此系语料库检索系统的必备功能。此外，其他检索需求包括：

1. 半固定结构的检索，例如"边……边……""非……不可"。

2. 自由组合结构的检索，例如"在……看……""用……做……"。

3. 某些特殊句式的检索，例如"是……的"句、"连"字句。

4. 复句检索，例如"不但……而且……""或者……或者……"。

5. 词的对比检索，又可分为 2 种：同一来源的两个词的对比检索，例如笔语语料中"文化"与"文明"的检索；同一个词在不同类型语料中的对比检索，例如"觉得"在笔语和口语语料中的使用情况的检索。

6. 某词与其前或其后的词语搭配情况的检索，包括能够搭配的词语及其频次，例如"应该""喜欢"。

7. 按词性对词的检索和按词性组合对某些句子和短语的检索，例如"把 /p"（介词"把"）、"d＋n"（副词＋名词）、"比 /

p＋n＋a"（"比"字句或"比"字结构）、"给/v＋n＋n"（双宾语句或双宾结构）。

8. 离合词"离"的用法的检索，例如"帮……忙""见……面"。

9. 重叠结构检索，例如"AA"式重叠、"AABB"式重叠。

10. 对某些句类及其下位句类的检索，例如疑问句、是非问句、特指问句、感叹句。

在上述 10 项检索需求中，1～4 都是有两个检索对象的语言现象，可以用同一种检索方式查询，可将该检索方式命名为特定条件检索。需求 5 虽然也涉及两个检索对象，但其语料呈现方式可以包括词云、词表、柱状图等形式，与前 4 种需求直接呈现查询到的语料的方式完全不同，因而需使用不同的检索方式，即对比检索。需求 6 呈现不同词语之间的搭配共现及其频次，直接显示词语的用法，可以起到搭配词典的作用，对二语学习来说具有重要意义。在分词与词性标注准确的前提下，需求 7 具有十分重要的使用价值，例如可以按照不同词性检索兼类词，根据词类序列查询把字句、"连"字句、兼语句、存现句、重动句等特殊句式。需求 8 通过在离合词的两个构成成分之间加空格的方式实现查询；这种方法本来在字符串一般检索中也是可以实现的，但为了更明显，更便于用户使用，仍将其单独列为一种检索方式。需求 9、10 也需分别单独设置检索方式。

上述需求及相关检索方式涉及词、短语、单句、复句等语言层面，是词汇、语法教学与相关研究的重要内容，也是汉语学习者常常出现偏误之处。能够对这些层面的正误语言现象进行有效查询，对汉语教学和相关研究具有非常重要的实用价值。

（二）设计理念

1. 检索功能强大，满足查询需求。即凡是库存语料中有的、用户需要查询的语言现象，通过检索系统所设置的检索方式，均可查到。

2. 检索方式丰富，且针对性强。即根据查询需要设计开发多种检索方式，每种检索方式都有其适宜的查询对象，每种语言现象亦有与之对应的检索方式。例如对比检索适用于近义词、易混淆词的查询；特殊句式则可以通过分类标注检索中的句子检索、特定条件检索和按词性检索进行查询。

3. 设计合理，便于使用。指各种检索方式的设计应符合人的一般认知规律，易于理解，无须背记很多使用规则，一般不需过多学习即可理解与掌握，顺利使用。

4. 根据需要，随时补充。即可以有针对性地随时研发、补充新的检索方式，完善检索系统。例如发现教学与研究中有对重叠形式的查询需求时，可以立即研发重叠结构检索方式并补充到检索系统中，满足学界的使用需求。

三、检索系统的研发思路与实现途径

（一）检索系统的基本设计思路

目前语料库检索系统的研发思路与做法大致有两种。其一，检索界面只有一个对话框，需要查询什么即输入什么，与浏览器略同。其优点是非常简洁，且符合人们一般浏览网页时的查询习惯。其不足则是能够查询到的语言现象非常有限，只能做字符串一般检索，上文的 10 项检索需求皆无法满足。如要增强检索功能，则需增加很多规则。例如北京语言大学 BCC 语料库，要查询离合词"离"的用法，即需设置 7 项规则，包括"洗 * 澡"（表示"洗"后接"澡"）、"洗 . 澡"（表示"洗澡"中间有一个字）、"洗 .. 澡"（表示"洗澡"中间有两个字）、"洗 ... 澡"（表示"洗澡"中间有三个字）、"澡 * 洗"（表示"澡"后接"洗"）、"洗 ~ 澡"（表示"洗澡"中间有一个词（不论多少字））、"洗 @ 澡"（表示"洗澡"中间有一个词。在统计时按照词性归并）；其常用检索式和高级检索式也有很多规则。而 BCC 的检索对话框是十分简洁的。①

　　为了顺畅地进行检索，这些规则是需要背记的。而上面引述的规则还只是很小的一部分，在 BBC 的"帮助"中还有更多规则。显而易见，要将这些规则背下来，并不是很容易，在一定程度上增加了使用难度。

　　检索系统的另一种研发思路是设置类型丰富的检索方式，不同类型的检索方式有不同的查询功能，可以满足不同的查询需求。其优点是不需要繁复的规则，避免了背记的麻烦。例如全球汉语中介语语料库的检索系统有 9 种检索方式，包括字符串一般检索、分类标注检索、离合词检索、特定条件检索、词

---

　　①　参见网址：bcc.blcu.edu.cn/help。

语搭配检索、按词性检索、按句末标点检索、对比检索、重叠结构检索。其中离合词"离"的用法只需在两个构成成分之间插入空格即可，且不论插入一个还是几个空格，其检索效果都是一样的，使用方便；需要检索两个对象的语言现象，例如"是……的"句，在"前词"后的框里填入"是"，在"尾"后的框里填入"的"即可检索，易于操作。

对比两种研发思路可以看到，前者是检索对话框简单而规则相对复杂，后者是检索方式较为繁复但无须附设很多规则。两者可谓各有千秋。

（二）语料检索的一般实现途径

1. 采用的技术手段。

不论是母语语料库，还是中介语语料库，在设置检索方式时都会用到多种计算机程序语言和逻辑公式，这是计算机设置检索方式的基本技术手段。下面举例说明。

（1）正则表达式。

正则表达式是对字符串（包括普通字符，如 a 到 z 之间的字母，和特殊字符，称为"元字符"）操作的一种逻辑公式，就是用事先定义好的一些特定字符及这些特定字符的组合，组成一个"规则字符串"，这个"规则字符串"用来表达对字符串的一种过滤逻辑。正则表达式是一种文本模式，该模式描述在搜索文本时要匹配的一个或多个字符串。（胡军伟等，2011）所谓"过滤"，实为"选取"。

给定一个正则表达式和另一个字符串，可以达到如下的目的：

第一，给定的字符串是否符合正则表达式的过滤逻辑（称作"匹配"）；

第二，可以通过正则表达式，从字符串中获取想要的特定部分。

由于正则表达式主要应用对象是文本，因此它在各种文本编辑器场合都有应用，小到 EditPlus，大到 Microsoft Word、Visual Studio 等大型编辑器，都可以使用正则表达式来处理文本内容。[①]

使用正则表达式，离合词"离"的检索方式为：

regexp '/.* 关键字 1.{1,8} 关键字 2.*/'

该式表示要查找目标内容（即离合词），用正则匹配：

（前面若干个字符）+（关键字 1）+（中间 1 ~ 8 个字符）+（关键字 2）+（后面若干字符）

其中"关键字 1"表示离合词的前一个构成成分，例如"洗澡"的"洗"；"关键字 2"表示离合词的后一个构成成分，例如"洗澡"的"澡"。

---

① 百度百科（2020.10.10）正则表达式［OL］，网址：https://baike.baidu.com/item/ 正则表达式。来自百度百科的内容已经计算机专业资深人士审读。

（2）属性的精确匹配和模糊匹配。

精确匹配检索是指检索词与资源库中某一字段完全相同的检索方式。模糊匹配是指无论词的位置怎样，只要出现该词即可。精确匹配是指将输入的检索词当固定词组进行检索，而模糊匹配则会自动拆分检索词为单元概念，并进行逻辑运算。精确匹配可以精确找到定位信息，但是仅仅通过精确匹配是很难满足所有的情况的。[①]

使用精确匹配和模糊匹配，特定条件检索的检索方式为：

正则匹配＋属性精确匹配＋部分属性模糊匹配（语料名称）

检索条件 1：regexp "\^(首)(.*)(开始){ 间隔个数 }(结束)(.*)(尾)(。|! |?) $"

and 条件 2：题目名称 like '% 题目名称 %'

and 条件 3：其他属性 = 其他属性

其含义是先过滤精确匹配的属性（带 "=" 的属性），再过滤题目名称为关键字的模糊匹配（带 "like" 的属性），然后用正则表达式检索。检索条件 1 所呈现的正则表达式，是以 "首" 开始的句子，内容中包含关键字 "开始"；后面紧跟着 "间隔个数" 的字符，再后面紧跟着带有关键字 "结束" 的句子；最后

---

① 百度百科（2020.10.10）. 精确匹配检索［OL］. 网址：https://baike.baidu.com/item/ 精确匹配检索。

是以"尾"关键字结尾的句子。

实际使用过程中不一定输入全部条件，程序做了判断，每种输入组合生成的正则不一样，上面的正则是最复杂的一种情况。

（3）SQL（Structured Query Language）。

SQL（Structured Query Language）是具有数据操纵和数据定义等多种功能的数据库语言，这种语言具有交互性特点，能为用户提供极大的便利，数据库管理系统应充分利用 SQL 语言提高计算机应用系统的工作质量与效率。SQL 语言不仅能独立应用于终端，还可以作为子语言为其他程序设计提供有效助力，该程序应用中，SQL 可与其他程序语言一起优化程序功能，进而为用户提供更多更全面的信息。（张春波、李晓会，2018）

全球库的词语搭配检索即主要采用 SQL 字符串定位，进行模糊匹配和精确匹配，通过 SQL 存储过程实现所有检索逻辑。其检索方式为：

SQL 脚本函数处理＋SQL 查询缓存＋全文索引＋属性精确匹配[①]

即先通过 SQL 字符串定位，找到关键词、关键词前词和关键词后词，然后对前后词的同类数量进行计算，根据前词或后词的数量进行倒序排列。词语定位，关键词检索用到了数据库

---

① 存储过程主要代码从略。

的全文索引。按照背景信息属性过滤，用到了数据库的精确匹配和模糊匹配。（郝振斌，2020）

2. 检索方式的"文科化"与简化。

上面举例介绍了语料库检索方式的技术原理。从计算机相关专业人士的角度看，这些内容非常基础，卑之无甚高论。而对大部分语言学出身的文科生来说则可能过于专业，不大容易理解。因此，检索系统应采取便于广大文科背景用户理解与使用的"文科化"的处理方式，把比较复杂的技术条件呈现得尽量简单，基本上无须学习即可了解、掌握与使用。例如离合词"离"的用法的检索，只需在输入的离合词的两个构成成分之间加上空格，即可查询到库存语料中离合词"离"的用法的用例。且所加空格的个数不受限制，为用户提供了最大的便利。

按词性检索、词语搭配检索也十分简单，只要在检索栏中输入"nl＋v＋了/u＋n"或"nl＋v＋着/u＋n"，即可查询到存现句。只要在关键词选项中填入要查的词，确定查该词的左、右方向的搭配词语后，即可查到某词左边或右边带有相关词语的句子。点击要查询的词，会出现列表形式的该词左、右可以出现的词及其频率。操作简单，非常适合文科背景用户的使用需求。

这些检索方式之所以能够取得这样的效果，主要是做到了两条：一是对检索方式做了从理工科到文科的跨学科转换，适应了文科生的思考和认知习惯。这种转换是非常必要的，因为从事汉语教学与研究的广大语料库用户大多数是文科生，对正则表达式、SQL 语言及其使用一般不是很了解。二是把复杂的技术条件与原理加以简化呈现，便于文科生理解和使用。其实，"在现实生活中，真正能够通用的工具在形式上必定是简单的"（吴军，2020：273）。对任何专业背景的人来说，这一规律都同样适用。

四、检索系统存在的问题与原因

目前的语料库检索系统已取得长足进步，很多以往不易查询乃至不能查询的语料，现在已经可以查询了。然而由于基本的查询方式尚属形式检索而非人工智能查询、分词和词性标注的不准确等原因，检索结果还存在一定的局限性。

1. 形式检索会选入大量不合要求的语料。目前的语料库检索一般都是形式检索，形式检索是一种"基于词匹配的信息检索"（王灿辉等，2007），即根据所查询的词形进行检索。其结果是只要语料中存在与检索式中相同的词，就会被检索出来，因而"产生很多与信息内容相关但又并非是需要查找的内容，产生大量的数据冗余，造成数据资源的浪费，也会占用许多的系统资源"（曾照华，2020）。例如在全球库中用特定检索方式检索有两个检索对象的半固定结构"一……就……"，要检索的是"一看就懂、一学就会、一起床就去锻炼"等，实际检索到的有符合要求的，例如下面例（2）（3）（7）[①]；也有不符合检索要求的，例如下面例（1）（4）（5）（6）。

---

① 尽管存在偏误，但确实是所要查询的语料。

（1）罗兰和吴天玉相发送邮件信了<u>一</u>会儿，<u>就</u>变成上网 QQ 聊天。

（2）罗兰的父母<u>一</u>听了，<u>就</u>坚决反对。

（3）<u>一</u>到煤场，<u>就</u>自动卸煤。

（4）但是我还以为我已经完成了<u>一</u>个队员的任务，<u>就</u>是指出他的过错得以帮他更进步。

（5）除了星期<u>一</u>到星期五，周末时我在家里不是看电视<u>就</u>是打扫房间。

（6）我三点<u>一</u>刻<u>就</u>出发了。

（7）<u>一</u>小李听他的话<u>就</u>觉得好。

一般来说，形式检索可以保证要查询的语料一定在检索结果之中，但不能保证检索到的都是想要查询的语料。用户在使用查到的语料之前可能要付出很多时间进行甄别，这会给用户带来麻烦。

2. 只有过滤（选取）条件，没有排除条件，也会导致不合要求的语料进入检索结果。下面是在全球库中用"按词性检索"查询"有 /v＋n＋v"结构得到的"有"字兼语句[①]：

（8）历史上<u>有不少英雄</u>，也<u>有不少人佩服</u>他们。

（9）因为有爸爸付出的努力。

（10）其实，可能每个人差不多，在青春期不听父母的而且

---

① 也有可能是连动句或主动宾句。

觉得<u>没有人理解</u>自己。

　　上面语料中的例（8）（10）是符合要求的，"不少人""人"皆为兼语；例（9）的"有爸爸付出的努力"中多了一个"的"，结构式为"有＋n＋v＋的＋n"，系"有＋定语＋n"的动宾结构，不符合查询条件，应予删除。如能设置有效的排除条件，查询的准确性将会得到很大的提升。

　　3. 检索时能够查询的词项数目会影响检索结果。例如在全球库中用"按词性检索"查询带形容词补语的把字句，最初只能查4个词项，见例（11）～（14），检索到的把字句比较杂乱：有带"得"的，有不带"得"的；有带"了"的，有不带"了"的；动词后有结果补语，也有情态补语。对教学与研究而言，这样的检索结果显然是不方便使用的。后来把可检索的词项增加到6个，见例（15）～（19），对语料的查询就细致了很多，准确了很多。

　　带有4个词项的例句，检索式为"把/p＋n＋v＋a"：

　　（11）我一定要把/汉语/学得/最好/。

　　（12）爸爸很生气了，所以他骂了儿子然后把/花盆/摔/碎/了/。

　　（13）她让其他员工把/碎片/打扫/干净/，却给她一点责备都没有。

　　（14）这时，老农就把/口袋/闭/好/，抢下锄子打死了狼。

带有 6 个词项的例句，检索式为"把 /p＋n＋v＋得 /u＋d＋a"：

（15）坚信自己的观点和坚持自己的观点很重要，学会听别人的观点，会把 / 事情 / 了解 / 得 / 更 / 全面 /，更准确。

（16）不过我来到中国留学［L］跟几个朋友住在一起时，他们老是把 / 房子 / 弄 / 得 / 很 / 乱 /，每次都是我一个人收拾，才知道我这么爱干净是从我父母来的。

（17）现在，全世界各个国家都把 / 保护 / 环境 / 看 / 得 / 很 / 重要，人们在发展经济的时候也做了很多保护环境的事。

（18）每当选手把 / 球 / 打 / 得 / 很 / 远 / 的时候观众都呐喊。

（19）现在学生们把 / 这 / 问题 / 看 / 得 / 太 / 轻易 /，犯不上练习口语。

4. 分词和词性标注不准确会影响检索结果。例如在全球库中用"按词性检索"查询动词为"玩儿"的重动句，见例（20）～（22），其中例（20）（21）是正确的，确属重动句；例（22）则不是。错选的原因在于分词系统错误地把表示儿化的"儿"与动词"玩"切分开，并将其标为名词，使例（22）在形式上与检索式"玩 /v＋n＋玩 /v"一致。例（11）也属此种情况，分词系统错误地把"学得""最好"视为两个词，实际上应切分为"学""得""最""好"4 个词，应该在 6 项检索中被查询到。例（13）本来是 4 个词项，但形容词"干净"被错误地切分成了两个词，变成了 5 个词项，结果造成了检索结果的不准确，不纯净。

（20）地是有的汉子玩/手机/玩/得/太多/，忘记学习。

（21）去年，我的一个玩/儿/长/板/玩/儿/得/很/好/的朋友跟我说了他要弄一个长板活动和比赛，又向我问你要不要参加。

（22）一天我跟哥哥一起骑自行车去公园玩/v 儿/n 玩/v 儿/n。

5. 原因

（1）目前汉语中介语语料库的基本检索策略是形式检索，凡与检索式中的词词形相同的语料就会被检索出来；而由于中介语存在词的回避或缺失偏误，要查询的语料也会因此而无法被检索到。这是自然语言处理的现实水平所导致的缺陷，需随着自然语言处理水平的不断提高才能逐步得以弥补。

（2）由于汉语中介语语料库建设本体研究的不足，汉语中介语语料库建设尚无自身专用的分词与词性标注系统。在建库实践中，只能采用汉语母语语料库建设用的分词与词性标注系统，而面向母语的分词和词性标注系统是无法处理中介语中的偏误现象的，例如"【译翻】［Cx 翻译］、【致细】［Cx 细致］"等错序词，"【钱人】［Cz 富人］、【招候】［Cz 招呼］"等生造词，"一【赶】［Zb 起］、【直】［Zb 值］得"等别字，"下【讠果】［Zl 课］、图书【饣官】［Zl 馆］"等拆分字，均会造成分词与词性标注方面的错误，进而导致语料检索方面的问题与错误。

（3）语料库建设者内部的沟通交流问题。语言学专业人员和软件技术人员缺乏深入沟通，对彼此的工作过程与特点未能完全了解，致使检索系统不能满足教学与研究的实际需求。语言学专业人员由于一般并不掌握软件开发技术，以为收集并加工语料、处理其相关背景信息之后，其他诸如语料入库上网、开发语料库系统、研制检索方式等均为软件技术人员的工作。而软件技术人员一般并不十分了解语言学研究方面的具体业务需求，以为能够把语料中具体的字、词、短语、句子和各种标注过的语料检索出来即可。双方的认识与想法存在差异，在一定程度上处于盲人摸象的状态，最终导致了语料库检索系统功能不强、无法满足汉语学界需求的后果。

五、检索系统的改进策略

首先，检索系统与具体检索方式的设计与设置直接影响着汉语中介语语料库作用的发挥，关系到用户使用语料库进行汉语教学和研究的实际效果和效率，在语料库建设中具有十分重要的地位和作用。而这一问题尚未引起学界应有的关注，具体研究更是几近于无。这种情况与目前汉语中介语语料库建设蓬勃发展的形势极不协调，急需改变，应从提高认识开始，积极开展广泛而深入的相关研究。

其次，语料库建设者之间深入、充分、有效的沟通、交流、探讨十分重要。语言学专业人员应在广泛调研的基础上，把教学与研究的具体业务需求向软件技术人员解释清楚，提出对检索系统、检索方式的要求、设想和建议。软件技术人员应在充分了解汉语学界需求的前提下，说明软件编程的技术手段、满足学界需求的思路与方式、软件工程的特点等，以达到双方较为深入的相互理解，进而实现深度合作，取长补短，研制出好用易用的检索系统。例如软件工程的特点之一是有一个从 bug 的爆发期到收敛期的过程，因此软件系统研制完成之后存在各种各样的问题是很正常的，需要尽可能多地使用，发现问题并告知软件技术人员加以改进。这样系统才能逐步完善，满足汉语学界的使用需求。

第三，汉语中介语语料库建设专用的分词和词性标注系统对提高检索功能具有重要作用，也是语料库建设本体研究的重要内容之一，包括分词规范、词类系统和词表的研制，系语料库建设的重要基础工程。中介语中影响分词和词性标注的各种字词偏误，例如别字、拆分字、错序词、生造词等，应依据现有的汉语中介语语料库（例如 HSK 库和全球库）对之进行整理汇总，作为一个子集加入分词系统，以增强分词系统的效能，提高分词和词性标注的准确性，进而提高检索系统的功能。

第四，语料检索涉及多种因素，设计与设置好的检索系统颇为不易。首先是自然语言处理水平的限制，这个问题不解决，形式检索策略造成的问题就难以解决。其次是不同类型语料的检索问题，例如"由于多模态语料的复杂性，标注和检索又是多模态语料库建设的难点"（周忠浩，2020）。目前"文字是最主要的检索手段，图像和多媒体文件检索往往通过详细的文字描述检索实现"，要实现真正意义上的多媒体检索，"比如在音视频中做到帧检索、帧定位、帧播放，结合语音检索、图像检索等先进技术，直接可以检索并定位音视频中的语音内容，或根据某个图片检索出音视频中的相应人像或物体"（李琳，2019），不是短时间内可以做到的，目前还只能"沿用文本语料库的检索方式"（周忠浩，2020）。再次，语料元信息的完备性对语料检索功能也有重大影响，例如对研究来说非常重要的语料产出者的母语、汉语水平等相关信息如果不完整，就无法从这些角度对语料进行检索。因此，语料及其背景信息的收集对语料检索也是有很大影响的。

第3节　检索方式

一、检索的作用与现状

（一）作用

语料库建设是一项十分复杂的跨学科系统工程，从提出建库任务、进行总体设计，到语言学专业人员收集语料和背景信息、进行语料的录入、转写与标注，再到计算机软件专业人员进行需求分析、制定软件开发蓝图、开发语料库管理与检索系统，乃至语料的入库、统计、试运行、调试维护等，每一步都包含着大量艰苦繁重的工作过程，可谓默默付出，艰辛备尝。以至于英国著名语言学家、语料库语言学奠基人利奇（Leech，1998：xvii）教授不无感慨地指出："只有对收集与建立计算机语料库有第一手经验的人，才能充分理解建库过程中的艰苦。

建立一个对质量、设计标准等给予恰当注意的语料库，比起预先估计的复杂程度，总是要多花费一倍的时间，有时甚至多花费10倍的时间。"（转引自王建新编著，2005：57）由此可见，语料库建设者不仅要有扎实的专业基础知识，更要有严谨的工作态度和坚韧不拔的意志品质。

　　然而，语料库建设者的这些付出与艰辛，作为语料库最终用户的研究者可能并不知晓，可能也并不留意。他们所关注的是对语料库的使用，即如何从语料库中获取他们在教学与研究中所需要的语料。这就和语料库的检索方式产生了十分密切的关系，用户正是通过检索方式来使用语料库的。应该说，检索方式是用户使用语料库的基本方式。而从语料库建设角度来看，根据用户的使用需求研制与开发检索方式是一个十分重要的问题，关系到语料库的功能、价值与建设水平，具有十分重要的意义。过去的语料库建设对此关注不够，只有最基础的检索方式，远远不能满足用户的使用需求。从汉语中介语语料库建设标准的角度看，建设语料库的根本目的与宗旨就是满足用户的使用需求，为汉语教学与研究服务。因此，制定语料库建设标准必须充分关注语料库的检索方式，并判定相应的规范，研制开发多种检索方式，以便从多种角度检索语料，更好地发挥语料库的作用。

（二）现状

　　从汉语中介语语料库的实际情况看，检索方式一般有两种：字符串一般检索和标注内容的检索。前者可以对库存语料按照具体的汉字、词汇、短语、句子进行检索，例如要查询"学""学习""学习汉语""我喜欢学习汉语"，可在检索框里先后输入这些检索对象，回车即可检索到相应的语料。

后者是对标注内容的检索，即对依据标注规范进行了各层面标注的语言文字现象的查询；对语言的哪些层面做了标注，即可检索到相应的内容。例如对语料做了字、词、语、句、句子成分、语篇、语体、语义、语用、修辞格、标点符号、语音、体态语等层面的标注，对汉字进行了包括错字、别字、错序字、繁体字、异体字、拼音字等在内的偏误标注，即可对这些标注内容进行检索。

存在的问题是，仅有这两种检索方式查询语料的功能不强，甚至可以说十分薄弱，导致库存语料中存在的很多语言现象无法查询，因而严重影响了语料库功能的发挥，不能很好地为汉语教学与研究服务。例如"是……的"句、"连"字句等句式，"一……就……""爱……不……"等半固定结构、某词前后词语的搭配情况、近义词或易混淆词的对比用法、离合词"离"的用法等均无法查询，而这些语言现象在汉语二语教学与研究中是非常重要的。建设语料库的目的既然是为汉语教学与研究服务，就应该解决这些问题，提高语料库的建设水平，更好地为教学与研究服务。

二、检索方式

语料检索是用户使用语料库的基本方式，对用户而言具有十分重要的意义；对语料库建设来说，则直接影响着语料库功能的发挥，标志着语料库的建设水平。因此，对语料检索系统应进行周密设计，便于用户从各种角度查询所需要的语料，从而最大限度地发挥语料库的功能，实现其使用价值。

从使用需求出发，并结合汉语汉字的特点，除上面提到的两种检索方式之外，还可以有其他七种检索方式。

（一）特定条件检索

字符串一般检索可以对"学""学习""学习汉语""我喜欢学习汉语"等具体的字、词、语、句进行检索，其检索对象不论长短，都只是一个检索单位。而"爱……不……""一……就……""是……的"句、"连……也……"等却有两个检索单位，字符串一般检索对这种语言现象无能为力，无法查询。检索单位的数量不同是这两类检索对象的根本区别。而对这两种不同检索对象的不同处理能力，也充分表现出字符串一般检索这种检索方式的缺陷和不足。

"特定条件检索"这种检索方式是针对具有两个检索单位的语言现象而专门研制开发的，可以解决"是……的"句、"连"字句等特殊句式，"越……越……""不……不……"等半固定结构，"用……做……"等自由组合结构，以及成对使用关联词语的复句等特定语言现象的检索问题。例如：

图 6-1　特定条件检索示例（1）：“是……的”句

图 6-2　特定条件检索示例（2）：“半……半……”

图 6-3　特定条件检索示例（3）："不但……而且……"

　　需要注意的是，"是……的"句的"的"位于句尾，在检索框中应填写在"尾"后的方框中，"尾"表示"句尾"之意。而检索框中的"后词"表示两个检索单位中后一个检索单位，只是与填写前一个检索单位的"前"相对而言，并不在句尾。检索前一个检索单位时的"首"和"前词"表达的意思类同。检索时要予以充分注意。

（二）词语搭配检索

　　即对某词语左、右能够和哪些词语组合及其具体组合频次的检索。这种方式的检索结果能够体现一个词语的具体用法，和词语搭配词典的作用类似，对以掌握语言工具为目的的实用汉语教学来说，具有非常重要的参考作用和使用价值。例如：

图 6-4　搭配检索示例（1）："看"的左搭配

　　点击用例中的检索词，会弹出搭配词的数据统计表。该表以降序方式列出了可以在"看"的左侧与其搭配的词语及其频次，其中的高频搭配体现了学习者使用该词的偏好与倾向，应予以充分关注。右侧的词语搭配情况类似，不再赘述。

词语	数量	词语	数量
我 看	856	继续 看	13
去 看	734	不敢 看	13
喜欢 看	569	以后 看	12
你 看	448	看书 看	12
看	325	还要 看	12
可以 看	322	父母 看	12
一 看	305	有时候 看	12
要 看	220	又 看	12
一边 看	191	上海 看	12
我们 看	191	方面 看	12

图 6-5　搭配检索示例（2）："看"的左搭配统计数据

（三）按词性检索

可以按词性查询某词，例如"把 /p"（介词"把"）；可以查询某类词，例如"d"（副词）；可以查词性组合的短语，例如"d + n"（副词 + 名词）；可以按词性查某词与其他词类的组合，例如"把 /p + n + v"。详见下图。

图 6-6　按词性检索示例（1）："勤奋"的形容词用例

图 6-7　按词性检索示例（2）："副词 + 动词"的用例

图6-8　按词性检索示例（3）："给"字双宾语句的用例

　　按词性检索具有十分重要的意义，除可以更细致、准确地查询语言现象，例如"把"的介词、名词、量词、动词的用法；还可以查询某词的词类组合，例如"把／介词＋名词＋动词"，进而可以简化，甚至替代语料的基础标注，即对某些特定的正确的语句可以直接检索而无须标注。例如把字句、被字句、"比"字句、"给"字双宾语句、"使"字兼语句、某些连动句等，从而提高语料库的建设效率与水平。

（四）对比检索

　　这种检索方式分为"单来源对比检索"和"两个来源的对比检索"。前者可以查询同类语料中两个词的具体使用情况，例如笔语语料中"立即"和"马上"的使用情况的对比检索。后者可以查询在异类语料中某词的使用情况，例如在笔语语料和口语语料中查询"什么"的使用情况。查询结果可以词云、列表、柱状图形式呈现。下面仅以单来源对比检索为例。

图 6-9　对比检索示例（1）：以词云形式呈现的"努力"
"勤奋"使用情况

字符串一般检索　分类标注检索　离合词检索　特定条件检索　词语搭配检索　按词性检索　按句末标点检索　两个来源对比检索　单来源对比检索　生语料检索

标注来源　笔语　　　关键词1　努力　　　关键词2　勤奋　　　匹配位置　前

搜索

词云显示　列表显示　柱状图显示

展示	数量	展示	数量
很努力	33	的勤奋	1
要努力	27	和勤奋	1
的努力	22	他们勤奋	1
我努力	19		

图 6-10　对比检索示例（2）：以列表形式呈现的"努力"
"勤奋"使用情况

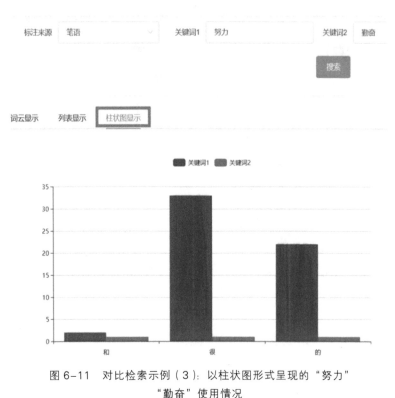

图 6-11　对比检索示例（3）：以柱状图形式呈现的"努力"
"勤奋"使用情况

　　两个来源的对比检索所呈现的查询结果相同，不再赘述。

（五）按句末标点检索

　　可以查询到以句号、问号、叹号结尾的句子，从而方便不同句类的查询。句尾还可以加上不同的语气词，可以对某些句类做进一步的下位查询。例如检索叹号，可以查询到感叹句；检索问号＋吗，即可查询到是非疑问句；检索问号＋什么／谁／哪里等，则可查询到特指疑问句。详见图 6-12、6-13。

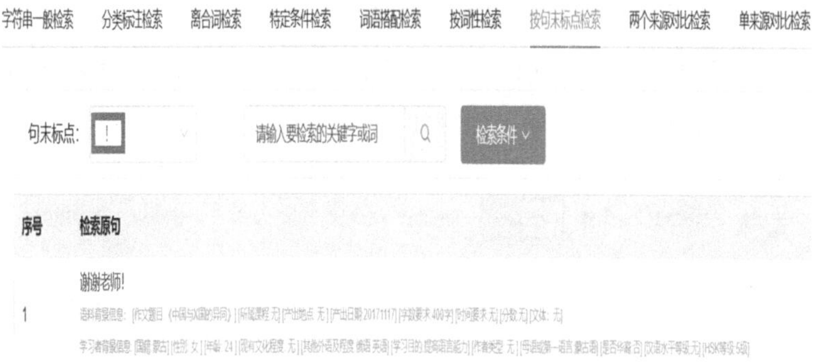

图 6-12　按句末标点检索示例（1）：感叹句

图 6-13　按句末标点检索示例（2）：是非疑问句

　　显而易见，这种检索方式也具有简化甚至替代部分句类标注的功能。

　　需要说明的是，按句中标点检索可以在特定条件检索中实现：逗号、分号、顿号等句中标点可以放在"前词"或"后词"

的位置，查询到的是前边或后边的句中标点；如果同时把句中标点放置在"前词"或"后词"的位置，则可以同时查询到前边和后边的两个句中标点。例如：

图6-14 按句中标点检索示例

（六）离合词检索

有些语料库可以检索到离合词"合"的用法，却不能检索到"离"的用法，例如HSK动态作文语料库的1.0版和1.1版；而其2.0版则通过在离合词的两个构成成分之间加空格（空格数目不限）的方法实现了"离"的用法的查询。全球汉语中介语语料库更是将离合词检索做成了一个专门的检索方式，更加突出了这一功能。例如：

图 6-15　离合词检索示例

　　这样的改进对教学与研究来说意义重大，直接关系到对中介语中离合词使用情况的认识。根据 HSK 库 1.1 版，离合词偏误只有 86 条，在 424 万字的库容总量中占比约为十万分之 2.03，可谓微乎其微，完全可以忽略不计。进一步分析，这 86 条离合词偏误中有 5 条偏误实际上是 5 个使用正确的离合词；19 条偏误并非离合词，涉及 5 个词和 5 个短语；真正的离合词偏误只有包括 28 个离合词的 62 条，在 424 万字中占比约为十万分之 1.46。因为 1.1 版不能考察"离"的用法，这些只是"合"的用法的偏误。而在 HSK 库 2.0 版中，由于可以考察"离"的用法，可以进行更为细致的考察，看到更加具体的情况，得出更为客观的结论。28 个离合词"合"的用法共计 6345 例，其中正确用例 5930 个，占比 93.46%；偏误用例 415，占比 6.54%。"离"的用法共计 1490 例，其中正确用例 1465 个，占比 98.32%；偏误用例 25，占比 1.68%。"合""离"相加，正确用例为 7395 个，占比 94.38%；偏误用例为 440

个，占比 5.62%。5.62% 的偏误率并不高，即使按 90% 的标准衡量，也可以视为已经习得。但与十万分之 1.46 相比，差距可谓天壤之别。显而易见，"合""离"用法分别考察要比只看"合"的用法精细得多，准确得多，使我们对中介语的认识更加准确、全面。而这样的考察效果正是检索方式的改进带来的效益。

（七）重叠结构检索

重叠是汉语中一种较为重要的构词和语法手段。据相关研究，汉语中动词的 12% 可重叠，其重叠方式有 AA 和 ABAB；形容词的 15% 可重叠，重叠方式有 AA、AABB、ABAB；而量词则有 56% 可重叠。（郭锐，2002：190-203）因此，设置重叠检索方式很有必要。例如：

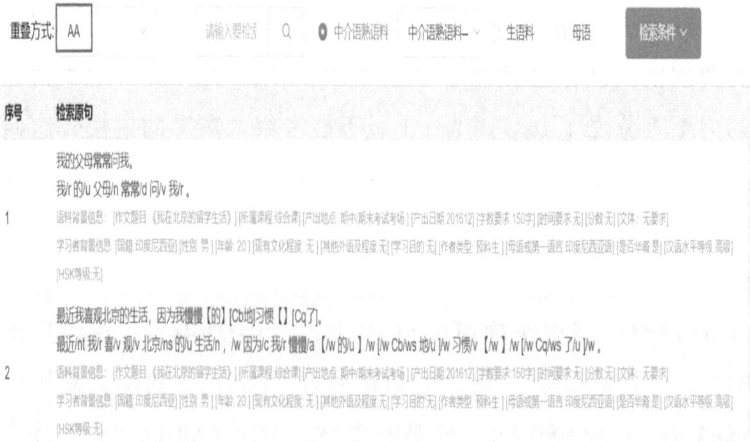

图 6-16　重叠结构检索示例（1）：AA

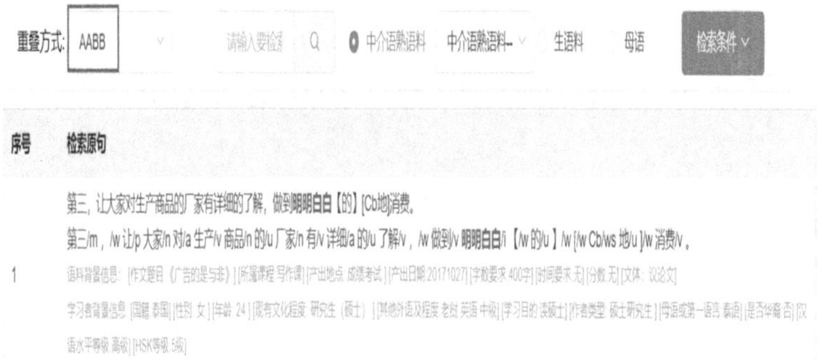

图 6-17　重叠结构检索示例（2）：AABB

上述检索方式还可以针对中介语的生语料和汉语母语者语料进行检索。目前全球库中这两类语料只做了机器自动分词和词性标注，而未做其他标注，因此分类标注检索方式不能用于这两类语料，其他检索方式则皆可使用。

查询时可以设置相应的检索条件，使查询更有针对性。查询到的语料可以自动下载，方便用户研究使用。见图 6-18。

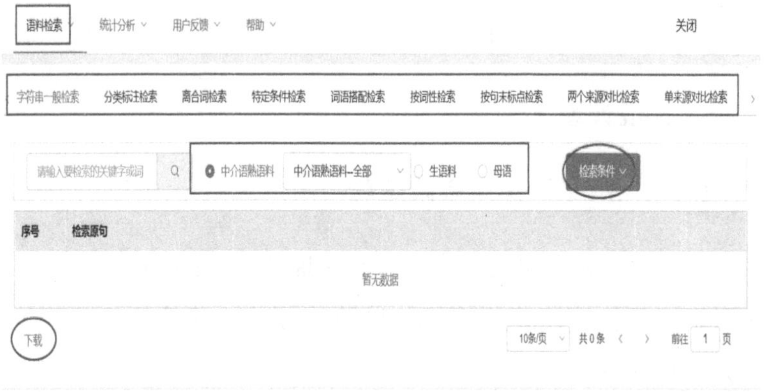

图 6-18　检索方式、检索条件、下载示例

第4节　语料库建设与应用综合平台的设计

一、设计目标和宗旨

（一）研究目标

本节所谓"语料库建设与应用综合平台"指汉语中介语语料库建设与应用综合平台，是一个包括语料库建设与应用两大功能的计算机软件系统。本节对该平台系统的功能与结构进行全面设计。

（二）设计宗旨

推动语料库建设的科学化与标准化，提高其建设效率和水平，更好地为汉语教学与研究服务，满足教学与研究的多方面需求。

二、设计理念

（一）系统安全，确保运转

平台系统须确保没有高危、中危漏洞，严格控制低危漏洞，能够通过安全检查，从而保证语料库能够正常运转，对外开放，满足用户的使用需求。

（二）功能强大，满足需求

对基于语料库的研究而言，语料库的功能，或者说使用价值，取决于标注内容的全面性，即语言的各个层面（词、短语、句、语篇、语体、语义、语用、辞格等）、文字、标点、语音、体态语都进行标注，才能满足用户在教学与研究中的多方面需求。

（三）界面友好，使用方便

语料库界面简洁，用法简明，易于上手，便于使用；不仅能进行一般字词句的检索，还能做多种特殊语言现象的检索，乃至多种角度的组合检索；用户可以自主决定呈现语料的同时是否呈现作者和语料的背景信息，以及呈现多少；具备自动下载功能，等等。

（四）开放维护，实行众包

语料库建设过程中语料的录入与标注难免存在一些疏漏，乃至错误，语料入库上网之后，这些问题一般来说很难再予修正，特别是大规模的修正，因而语料库质量的改进与提高很难实现。倘若用户能在检索、使用语料过程中对其中的错误进行修改，依据众包理念把对语料库的维护变为人人可为之事，则会从根本上改变这种状况。

（五）动态建设，边建边用

语料规模小、标注内容简单的语料库可以在较短时间一次性建成，而语料规模相对很大、标注内容相对很多的通用型语料库则建设周期要长得多，难以满足用户及时使用的现实需求。因而可以采用"搭积木"式的动态建设策略（张宝林、崔希亮，2013），语料逐步添加，标注内容逐渐丰富，把一个很长的建设周期变为若干个较短的建设过程，边建设边开放，以最大限度地满足用户的使用需求。

这样做的另一个好处是，可以在建库过程中随时听取用户的意见、建议与要求，随时改进，更好地满足教学与研究的实际需要。

（六）建设自动化，推动标准化

语料库建设自动化目前还是一个愿景，除自动分词与词性标注具备使用价值并被广泛使用之外，其他层面的标注都处于实验室水平。通过训练语料进行自动标注的思路早已提出，但实践者罕有，不但汉语中介语语料库建设领域尚无，母语语料库建设中也很少见。然而这是方向，需要不断探索，向前推进。

语料库建设的标准化尚属冷僻话题，也有一些不同看法。但从存在低水平重复现象的情况看，语料库建设流程的标准化是迫切需要的，语料的收集、录入、标注中的基本原则也是需要明确的。由此来看，语料库建设的标准化是十分需要、无可非议的。

三、设计方案

为了解决上述问题，我们提出汉语中介语语料库建设与应用综合平台的研发计划，并进行了周密的设计。

（一）软件系统基础架构

系统构架包括应用层、业务逻辑层、基础应用、公用模块等 4 部分。各部分的功能与相互关系详见图 6-19。

图 6-19 平台基础架构图（郝振斌，2019）

（二）详细业务流程

业务流程包括语料上传、录入与转写、标注、入库，每个环节都需要审核通过，以确保工程质量。各环节的内容、执行人与顺序关系详见图 6-20。

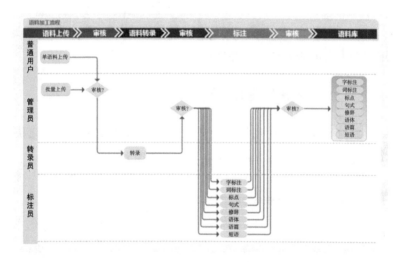

图 6-20　业务流程图（郝振斌，2019）

四、平台功能与特点

（一）界面与网址

语料库建设与应用综合平台的网址：qqk.blcu.edu.cn。登录页如图 6-21。

图 6-21　平台登录页

（二）特点

1. 软件系统集约化。

集约化，也可以称之为集成化，指该平台集中了多个软件系统，实现了诸多功能的集成。首先是语料库建设与应用的集成，该平台既可以进行语料库建设，也可以进行语料的检索与查询，乃至分析、归类、统计等应用。其次，平台集语料的上传（包括语料的单篇上传和批量上传）、录入与转写、标注、统计、检索、管理、众包维护、升级迭代等八大功能于一体，集中体现了其集约性。在标注方面，采取了全面标注（包括字、词、短语、句式＋句子成分、语篇、语体、修辞格、标点符号、口语和视频语料的语音标注、视频语料的体态语标注，以后还会增加语义、语用标注）、分版标注、自动标注，采用了"偏误标注＋基础标注"的标注模式。检索方面，除一般的字、词、句检索和按标注内容检索，还有特定条件检索（包括特定句式检索、半固定结构检索、复句检索）、词语搭配检索、按词性检索、对比检索（含单一语料来源的对比和两个语料来源的对比）、重叠结构检索、按句末标点检索、离合词检索等。上述做法均在不同程度上体现了集约化。

2. 建设流程标准化。

语料库建设是否需要标准化？能否标准化？怎样标准化？这些问题既应该在语料库建设的本体研究方面加以讨论，更需要在建库实践中进行探究与实验。平台在全球汉语中介语语料库的建设中对此进行了尝试，取得了很好的成果。具体表现在：

（1）步骤环节标准化，从图 6-20 的"业务流程图"可以看到，语料的上传、录入与转写、标注、入库是固定的程序，每个步骤都要经过审核才能进入下一个环节，从而保证了流程的严谨，也在一定程度上保证了工程质量。

（2）标注内容标准化，从图 6-22 可见，在平台中标注内容是明确的，也可以说是标准化的；当然这些内容尚不够全面，以后还拟增加语义、语用标注；而根据不同的建设目的与目标，删减一些标注内容也是完全可以的。

图 6-22　标注内容 ①

---

①　置灰表示已标注，标注员不能再次提取；深色表示未标注，标注员可以提取并标注。

（3）标注方法标准化，平台在系统中嵌入标注工具，采用"一键 OK"的方式进行标注，不但简洁方便，而且保证了标注代码的完整性和一致性，这是标注方法上的标准化；而"多版标注"又使标注员可以根据自己的意愿、特长与研究兴趣选择相应的标注内容，在标准化基础上又保证了一定的灵活性，有利于调动标注员的工作积极性。

（4）检索方式标准化。语料检索是用户使用语料库的最基本方式，是语料库发挥其功能与作用的最重要环节之一，强大的检索功能可以在很大程度上提升语料库的使用价值，具有十分重要的意义。

第一，语料库应具备"一般检索"功能，按照具体的字、词、短语、句子进行查询，例如查询"学""学习""学习汉语""他学习汉语两年了"。

第二，应能按照标注内容进行查询，例如按照字、词、句、篇、语体、辞格等进行查询。

第三，设置"特殊条件检索"功能，以便查询一些特殊句式、半固定结构和离合词等，例如"是……的"句、"连"字句、"爱……不……""一……就……""睡了一个踏实觉""鞠了一个九十度的大躬"等。

第四，组合搭配检索，即可以查询某字、词前后搭配的字、词及其频率与排序。

第五，按词性检索，即在机器自动分词和词性标注、手工审核修正以确保质量的基础上，可以实现按词性检索、考察不同词语与词类的搭配情况，这项查询功能可以替代部分标注工作。例如按照"把 /p（介词）、把 /m（量词）、把 /v（动词）、把 /n（名词）""a（形容词）、u（助词）、d（副词）""a＋n（形容词＋名词）、d＋v（副词＋动词）、d＋n（副词＋名词）"等方式进行查询。

需要注意的是，这里所说的"检索方式标准化"并非要求任何一个语料库都要具备这 9 种检索方式，而是告知大家可以有这些检索方式。至于在不同的语料库中究竟设置哪几种检索方式，是要根据语料库的建设目的，具体情况具体分析的。

总体来看，平台的突出效益是：使新的建库者可以充分了解语料库的建设内容、过程与环节，并据此设计相应的建库方案，按部就班地进行语料库建设；而无需从头摸索，避免其再走弯路。

3. 建设方式网络化与自动化。

平台是一个计算机网络系统，把语料库建设的所有内容与步骤环节都放到了互联网上，在最大程度上实现了语料库建设的网络化。课题组任何成员不论在世界上的哪一个角落，只要有一台可以上网的电脑，就可以参加语料库建设。这种建库方式特别适合于多单位参与的超大型语料库的建设。

平台把语料库建设的内容和所有步骤环节做成了一个由程序控制的自动化过程：语料的上传、录入与转写、标注、入库程序上都是自动控制的，每个环节只要通过审核就自动进入下一个环节，入库之后自动进行各类数据的统计；用户查询到的语料也是实时自动统计。繁体字与异体字标注、分词与词性标注、词层面的语体标注也都是先由机器自动标注，再由人工审核修正。

语料库建设与应用中的自动标注与流程的自动化设置具有重要意义，不但可以减少人工标注的辛劳，而且可以减少标注的不一致性，提高语料库的建设效率与水平，是语料库建设发展的方向。正如谷歌搜索引擎的网页排名 PageRank 算法，不但能够保证网页排名的估计值收敛到排名的真实值，而且这种算法不需要任何人工干预。（吴军，2020：100-101）"不需要任何人工干预"而是由机器自动处理，这也应该是语料库建设的最高境界。当然，语料库建设做到这一步还需要付出长期的艰巨努力，但我们今天就应该具备这种意识，并一点一点地积累落实，逐步向前推进。

4. 移植推广灵活化。

平台并非只能用于全球汉语中介语语料库的建设，而是具有广泛的适用性，任何语料库原则上都可以使用该平台进行建设，前提是对标注内容与代码进行相应的修改。

平台同样具有良好的开放性，任何学界同人或汉语教学单位只要承认并接受平台中的标注规范，都可以把自己持有的汉语中介语语料上传到平台，经过一系列的加工，成为全球汉语中介语语料库的组成部分之一。当然，通过语料来源进行检索，也可以查到某人或某单位提供的语料，相当于某人或某单位的专属语料库。

语料库建设是一个非常复杂的跨学科系统工程，从设计到施工，从语料的收集整理、录入转写、附码标注、数据统计到语料的检索、呈现、下载，从软件系统的开发、调试、维护到改进、升级、迭代，从遇到、发现一个个出乎预料的具体问题到分析、解决这些问题，从 bug 的爆发期到收敛期，从项目组织到子课题协调，环节繁多，工程巨大，须投入极大的决心、耐心与时间、精力。而一个优质的语料库建设平台则会在其中发挥十分重要的作用，助力语料库建设。

本章小结

一、软件系统研发具有十分重要的地位和作用，承担着语料库管理、语料检索与呈现、背景信息查询、信息统计与查询、语料下载、留言反馈、众包维护、升级迭代等多方面工作职能，从某种意义上可以说占据着语料库建设工作的半壁江山。语言学专业人员应提高认识，深入了解软件系统在语料库建设中的重要地位与作用；积极参与、主动配合软件技术人员进行软件系统研发工作，加强对软件系统研制的理论探讨和应用研究，解决软件系统研发方面存在的各种实际问题，不断提高软件系统的研发水平。

语料库软件系统研发的理论研究应从语言学和计算机科学两个学科领域展开，标准的研制也必须从这两个领域进行。两个领域的研究应相互配合，彼此补充，这样研制出的标准才有可能是实事求是的，全面的，可行的，对软件系统的研制才能有实际的指导意义。

软件系统的研究在汉语中介语语料库建设及其本体研究中

尚属冷门话题，尽管是一个既有学术性又有实践性的非常值得研究与探讨的问题，但目前还非常缺乏研究。笔者由于专业所限，对该论题只能从语言学角度做一个粗浅的探讨，结论远未完善，需要更多的研究探讨。希望能够抛砖引玉，引起学界的广泛关注，有更多的专家学者加入研究与讨论，促使相关问题尽快得到妥善的解决。

二、语料检索是用户使用语料库的基本方式，直接影响着应用研究的实际效果，在语料库软件研发中占有重要地位。检索方式从 2 种发展到 9 种，丰富了语料查询的角度与功能，可以更好地满足用户查询语料的实际需求，进而可以使对汉语中介语的考察、研究更加细致、深入、客观、方便，从而助力汉语教学与研究的发展。同时丰富了语料库建设的本体研究内容，提高了语料库的建设水平，促进了汉语中介语语料库建设的发展。

不同的检索方式有不同的功能与针对性，可以满足不同的使用需求。例如对比检索、搭配检索更多地针对词汇查询，而特定条件检索、按词性检索、按句末标点检索更多地便于进行短语和句子的查询。过去有用户指出语料库对语法的教学与研究很有帮助，对词汇的教学与研究的帮助则十分有限。语料检索方式的丰富切实改变了这种状况，提升了语料库的功能与使用价值。

汉语中介语的语料需要进行全面标注，标注内容应尽可能丰富。尽管可以采取分版标注的方法，使每版标注内容得以清晰、简化，但从总体上看，特别是句标注，仍然比较繁复。而标注方法限于中文信息处理的现实水平，目前只能以人工标注为主，不但费时费力，标注员之间标注的一致性也不理想。而检索方式的增加与进步则可以在很大程度上简化、甚至在一定程度上取代语料标注，尤其是短语和句的基础标注，从而大大减轻了语料标注的压力，可以加速语料库的建设进程。

三、高度综合化的语料库建设与应用综合平台具有软件系统集约化、建设流程标准化、建设方式网络化与一定程度的自动化、移植推广灵活化等特点，不但可以充分发挥网络优势，贯彻众包与合作理念，集中力量建设大型语料库，而且能够大大促进语料库建设的自动化、规范化和标准化，提高语料库的建设效率与水平，应成为新一代语料库建设的主要方式。

参考文献

北京大学中文系现代汉语教研室（1993）《现代汉语》，北京：商务印书馆。

本刊记者（1995）"汉语中介语语料库系统"研制成功，《世界汉语教学》第 4 期。

曹大峰（2019）《面向日语学习者的语料库建设与应用研究》，面向日语学习者的语料库建设与应用研究国际研讨会论文，北京。

曹贤文（2013）留学生汉语中介语纵向语料库建设的若干问题，《语言文字应用》第 2 期。

曹秀玲（2000）韩国留学生汉语语篇指称现象考察，《世界汉语教学》第 4 期。

陈晨（2005）英语国家学生中高级汉语篇章衔接考察，《汉语学习》第 1 期。

陈小荷（1996a）"汉语中介语语料库系统"介绍，载本书编辑委员会主编《第五届国际汉语教学讨论会论文选》，北京：北京大学出版社。

陈小荷（1996b）跟副词"也"有关的偏误分析，《世界汉语教学》第 2 期。

陈小荷（2021）留学生汉语语料库杂谈，《语料库语言学》第 15 辑。

储诚志、陈小荷（1993）建立"汉语中介语语料库系统"的基本设想，

《世界汉语教学》第 3 期。

崔刚、盛永梅（2000）语料库中语料的标注，《清华大学学报（哲学社会科学版）》第 1 期。

崔希亮（1995）"把"字句的若干句法语义问题，《世界汉语教学》第 3 期。

崔希亮、张宝林（2011）"全球汉语学习者语料库"建设方案，《语言文字应用》第 2 期。

戴维·S·穆尔（2003）《统计学的世界》（第 5 版），北京：中信出版社。

戴媛媛（2016）"非汉字文化圈国家学生错别字数据库"网络应用平台建设研究，载林新年、肖奚强、张宝林主编《第三届汉语中介语语料库建设与应用国际学术讨论会论文选集》，北京：世界图书出版公司。

道格拉斯·比伯、苏珊·康拉德、兰迪·瑞潘（2012）《语料库语言学》，北京：清华大学出版社。

丁声树等（1961）《现代汉语语法讲话》，北京：商务印书馆。

丁信善（1998）语料库语言学的发展及研究现状，《当代语言学》（试刊）第 1 期。

范晓（2001）动词的配价与汉语的把字句，《中国语文》第 4 期。

方淑华、陈庆华、杨惠媚、陈浩然（2016）口语语料库为本的发音偏误分析：以日籍汉语学习者的韵母为例，载林新年、肖奚强、张宝林主编《第三届汉语中介语语料库建设与应用国际学术讨论会论文选集》，北京：世界图书出版公司。

房玉清（1992）《实用汉语语法》，北京：北京语言学院出版社。

冯胜利（2005）汉语书面语法的形成与模式，载冯胜利、胡文泽主编《对外汉语书面语教学与研究的最新发展》，北京：北京语言大学出版社。

冯胜利（2006）《汉语书面用语初编》，北京：北京语言大学出版社。

冯胜利、胡文泽主编（2005）《对外汉语书面语教学与研究的最新发展》，北京：北京语言大学出版社。

冯胜利、施春宏主编（2018）《汉语语体语法新探》，上海：中西书局。

冯志伟（1998）标准通用置标语言 SGML 及其在自然语言处理中的应用，《当代语言学》（试刊）第 4 期。

冯志伟（2001）《计算语言学基础》，北京：商务印书馆。

冯志伟（2002）中国语料库研究的历史与现状，*Journal of Chinese Language and Computing*, Vol.11, No.2: 127-136。

冯志伟（2006）《应用语言学中的语料库》导读，载 Susan Hunston《应用语言学中的语料库》，北京：世界图书出版公司，伦敦：剑桥大学出版社。

冯志伟（2009）语料库与计算语言学研究丛书·序，载 Wolfgang Teubert Anna Cermaková《语料库语言学简论》，北京：世界图书出版公司。

冯志伟（2013）语料库的标注和它的局限性，载崔希克、张宝林主编《第二届汉语中介语语料库建设与应用国际学术讨论会论文选集》，北京：北京语言大学出版社。

付巧（2016）维基百科检索系统研究，《图书情报工作》第 23 期。

高玮（2016）《中介语语料库篇章偏误的标注研究》，第四届汉语中介语语料库建设与应用国际学术研讨会论文，扬州。

郭锐（2002）《现代汉语词类研究》，北京：商务印书馆。

国家对外汉语教学领导小组办公室编（2002）《高等学校外国留学生汉语言专业教学大纲》，北京：北京语言大学出版社。

国家对外汉语教学领导小组办公室汉语水平考试部编（1992）《汉语水

平词汇与汉字等级大纲》，北京：北京语言学院出版社。

国家对外汉语教学领导小组办公室汉语水平考试部编（1996）《汉语水平等级标准与语法等级大纲》，北京：高等教育出版社。

郝振斌（2019）《汉语中介语语料库的技术实现及未来展望》（未发表稿）。

郝振斌（2020）《QQK 语料库各类检索方式算法汇总》（未发表稿）。

何婷婷（2003）《语料库研究》，华中师范大学博士学位论文。

侯敏（2013）《对汉语中介语语料库标注规范研究的一些意见》（未发表稿）。

胡军伟、秦奕青、张伟（2011）正则表达式在 Web 信息抽取中的应用，《北京信息科技大学学报（自然科学版）》第 6 期。

胡明扬（1996）现代汉语词类问题研究综述，载《词类问题考察》，北京：北京语言文化大学出版社。

胡晓清、许小星（2013）国别化汉语中介语语料库的基础标注和偏误标注，载崔希亮、张宝林主编《第二届汉语中介语语料库建设与应用国际学术讨论会论文选集》，北京：北京语言大学出版社。

胡晓清、许小星、毛嘉宾（2011）韩国留学生汉语中介语语料库的标注研究，载肖奚强、张旺熹主编《首届汉语中介语语料库建设与应用国际学术讨论会论文选集》，北京：世界图书出版公司。

胡裕树主编（1981）《现代汉语》（增订本），上海：上海教育出版社。

黄伯荣、廖序东主编（2002）《现代汉语》（增订三版），北京：高等教育出版社。

黄昌宁、李涓子（2002）《语料库语言学》，北京：商务印书馆。

黄伟（2015）多模态汉语中介语语料库建设刍议，《国际汉语教学研究》第 3 期。

季羡林（2008）《忆往述怀：我的人生哲思录》，北京：北京联合出版公司。

贾益民（2007）海外华文教学的若干问题，《语言文字应用》第 3 期。

教育部语言文字信息管理司（2007）关于宣传实施《中国通用音标符号集》《信息处理用现代汉语词类标记规范》的通知，教语信司函［2007］28 号。

教育部中外语言交流合作中心编（2021）《国际中文教育中文水平等级标准》，北京：北京语言大学出版社。

菁灼（2004）"汉语语料检索系统 CCRL"通过专家鉴定，《世界届汉语教学》第 1 期。

李斌（2007）中介语语料库建设中的语言错误标注方法，《暨南大学华文学院学报》第 3 期。

李大忠（1996）《外国人学汉语语法偏误分析》，北京：北京语言文化大学出版社。

李航（2013）口语文本语料库检索系统的建立与功能呈现，载崔希亮、张宝林主编《第二届汉语中介语语料库建设与应用国际学术讨论会论文选集》，北京：北京语言大学出版社。

李建涛（2019）泰国勿洞市孔子学院教学与文化传播活动研究，《钦州学院学报》第 6 期。

李琳（2019）关于大数据时代档案检索的几点思考，《资源信息与工程》第 6 期。

李宁、王小珊（2001）"把"字句的语用功能调查，《汉语学习》第 1 期。

李启虎等（2014）《抓住信息时代机遇，促进人文计算发展》（未发表稿）。

李泉（2003）基于语体的对外汉语教学语法体系构建，《汉语学习》第 3 期。

李泉（2004）面向对外汉语教学的语体研究的范围和内容，《汉语学习》第 1 期。

李文玲、张厚粲、舒华主编（2008）《教育与心理定量研究方法与统计分析——SPSS 使用指导》，北京：北京师范大学出版社。

李文中（2012）语料库标记与标注：以中国英语语料库为例，《外语教学与研究》第 3 期。

李杨（1993）《中高级对外汉语教学论》，北京：北京大学出版社。

梁爱民、张秀芳（2017）复杂系统理论视角下二语动态发展研究综述，《鲁东大学学报（哲学社会科学版）》第 6 期。

梁茂成（2012）语料库语言学研究的两种范式：渊源、分歧及前景，《外语教学与研究》第 3 期。

梁茂成、李文中、许家金（2010）《语料库应用教程》，北京：外语教学与研究出版社。

林君峰（2014）《基于 XML 的汉语中介语语料库集成标注模式》，第三届汉语中介语语料库建设与应用国际学术研讨会论文，福州。

刘德联、刘晓雨编著（2005）《汉语常用口语句式例解》，北京：北京大学出版社。

刘开瑛（2000）《中文文本自动分词和标注》，北京：商务印书馆。

刘连元（1996）现代汉语语料库研制，《语言文字应用》第 3 期。

刘珣（2000）《对外汉语教育学引论》，北京：北京语言文化大学出版社。

刘月华、潘文娱、故韡著（2001）《实用现代汉语语法》（增订本），北京：商务印书馆。

刘运同（2013）汉语口语中介语语料库建设刍议，载崔希亮、张宝林主编《第二届汉语中介语语料库建设与应用国际学术讨论会论文选集》，北京：北京语言大学出版社。

刘运同（2016）常用口语转写系统的比较，载林新年、肖奚强、张宝林主编《第三届汉语中介语语料库建设与应用国际学术讨论会论文选集》，北京：世界图书出版公司。

刘喆（2013）基于语音识别的 HSK 口语语料库研究，载崔希亮、张宝林主编《第二届汉语中介语语料库建设与应用国际学术讨论会论文选集》，北京：北京语言大学出版社。

鲁健骥（1993）中介语研究中的几个问题，《语言文字应用》第 1 期。

鲁健骥（1999）《对外汉语教学思考集》，北京：北京语言文化大学出版社。

陆庆和、陶家骏（2011）小型外国学生口语中介语语料库的建立与价值，载肖奚强、张旺熹主编《首届汉语中介语语料库建设与应用国际学术讨论会论文选集》，北京：世界图书出版公司。

吕必松（1992）《华语教学讲习》，北京：北京语言学院出版社。

吕叔湘（1979）《汉语语法分析问题》，北京：商务印书馆。

吕叔湘（1983）武汉大学语言自动处理研究组编《现代汉语语言资料索引·第一辑老舍〈骆驼祥子〉》序，成都：四川人民出版社。

吕叔湘、饶长溶（1981）试论非谓形容词，《中国语文》第 2 期。

吕文华（1994）《对外汉语教学语法探索》，北京：语文出版社。

孟凯（2008）成组属性词的对应性及其影响因素，《中国语文》第 1 期。

缪小放（1988）说属性词兼说与其他词类的区别，《北京师范学院学报（社会科学版）》第 1 期。

穆雅丽、骆健飞（2016）《商务汉语信函写作的语体特点及其产出研究》，北京语言大学第十一届科研报告会论文，北京。

彭小川（2004）关于对外汉语语篇教学的新思考，《汉语学习》第 2 期。

人民教育出版社中学语文室（1984）《中学教学语法系统提要》（试用），《语文教学通讯》第 3 期。

任海波（2010）关于中介语语料库建设的几点思考——以"HSK 动态

作文语料库"为例,《语言教学与研究》第 6 期。

邵敬敏主编(2001)《现代汉语通论》,上海:上海教育出版社。

施春宏、张瑞朋(2013)论中介语语料库的平衡性问题,《语言文字应用》第 2 期。

施燕斌、刘春红(2002)XML 简介及其应用浅析,《高校图书馆工作》第 2 期。

宋柔(1997)关于分词规范的探讨,《语言文字应用》第 3 期。

宋柔(2010)《文本语料库建设同语言教学和语言研究》(讲座课件)。

孙德金(2002)外国留学生汉语"得"字补语句习得情况考察,《语言教学与研究》第 6 期。

孙德坤(1993)中介语理论与汉语习得研究,《语言文字应用》第 4 期。

孙茂松、王洪君、董秀芳(2003)《信息处理用现代汉语分词词表》规范,全国第七届计算语言学联合学术会议论文,哈尔滨。

谭晓平(2014)近十年汉语语料库建设研究综述,载《第七届北京地区对外汉语教学研究生论坛论文文集》,北京:北京大学对外汉语教育学院。

田然(2014)"对外汉语语篇语法"研究框架的探索,《宁夏大学学报(人文社会科学版)》第 1 期。

童盛强(2020)中介语与汉语作为二语教学,《教育现代化》第 20 期。

王灿辉、张敏、马少平(2007)自然语言处理在信息检索中的应用综述,《中文信息学报》第 2 期。

王建勤(1997)"不"和"没"否定结构的习得过程,《世界汉语教学》第 3 期。

王建新(1999)我国在语料库语言学研究方面的部分进展(概述),《外语与外语教学》第 3 期。

王建新编著(2005)《计算机语料库的建设与应用》,北京:清华大学出版社。

王洁（2008）《汉语中介语偏误的计算机处理方法研究》，北京语言大学博士论文。

王洁、宋柔（2008）《HSK 动态作文语料库偏误标注方法研究》，第四届全国学生计算语言学研讨会论文，太原。

王魁京、张秀婷（2001）浅论对汉语学习者的"句群表达能力"的培养，《语言文字应用》第 4 期。

维克托·迈尔－舍恩伯格、肯尼思·库克耶（2013）《大数据时代：生活、工作与思维的大变革》，杭州：浙江人民出版社。

吴春相、许慧玲（2016）从语法和修辞的界面看相关语言结构的创新和演化——兼谈对外汉语教学语法体系的动态调整，《国际汉语教学研究》第 3 期。

吴军（2020）《数学之美》（第三版），北京：人民邮电出版社。

吴双（2016）二语学习者仿写对偶修辞格对其汉语作文影响分析，载北京语言大学科研处编《北京语言大学第十届科研报告会论文选》，北京：北京语言大学出版社。

吴伟平（2010）《语言习得汉语口语语料库（LAC／SC）的建设与实用研究》，首届汉语中介语语料库建设与应用国际学术讨论会论文，南京。

肖奚强（2011）汉语中介语研究论略，《语言文字应用》第 2 期。

肖奚强等（2009）《外国学生汉语句式学习难度及分级排序研究》，北京：高等教育出版社。

肖奚强、周文华（2014）汉语中介语语料库标注的全面性及类别问题，《世界汉语教学》第 3 期。

邢福义主编（1991）《现代汉语》（全一册），北京：高等教育出版社。

邢晓青（2018）多模态语料库建设研究，载张亚军、肖奚强、张宝林、林新年主编《第四届汉语中介语语料库建设与应用国际学术讨论会论文选集》，北京：世界图书出版公司。

熊文新（1996）留学生"把"字结构的表现分析，《世界汉语教学》第1期。

熊文新（2015）《语言资源视角下的语料库建设与应用研究》，北京：外语教学与研究出版社。

徐永川（2004）SGML、HTML与XML的比较，《情报科学》第1期。

许希阳、吴勇毅（2015）复杂动态系统理论：对二语习得研究的反思，《语言教学与研究》第2期。

许智坚、高登亮（2008）语料库资源共享的可行性研究，《漳州师范学院学报（哲学社会科学版）》第2期。

苟恩东（2012）《基于Web的中介语语料库协同标注子系统》（未发表稿）。

焉德才（2016）试论汉语中介语语料库偏误标注的层次及其偏误类型，载林新年、肖奚强、张宝林主编《第三届汉语中介语语料库建设与应用国际学术讨论会论文选集》，北京：世界图书出版公司。

杨春（2004）英语国家学生初级汉语语篇照应偏误考察，《汉语学习》第3期。

杨惠中主编（2002）《语料库语言学导论》，上海：上海外语教育出版社。

杨石泉（1984）话语分析与对外汉语教学，《语言教学与研究》第3期。

杨翼、李绍林、郭颖雯、田清源（2006）建立汉语学习者口语语料库的基本设想，《汉语学习》第3期。

殷雪、刘伟民、吕国光（2011）哲学国家社科基金项目立项课题研究，《陇东学院学报》第3期。

于根元主编（1999）《应用语言学理论纲要》，北京：华语教学出版社。

于康（2016）"TNR汉语学习者偏误语料库"的开发与实践，载林新年、肖奚强、张宝林主编《第三届汉语中介语语料库建设与应用国际学术讨论会论文选集》，北京：世界图书出版公司。

语信司（2007）语言信息处理国家标准《信息处理用现代汉语词类标记规范》发布出版，《语言文字应用》第2期。

约翰·辛克莱（2000）关于语料库的建立，王建华译，《语言文字应用》第2期。

曾照华（2020）自然语言处理与信息检索系统分析，《数字技术与应用》第6期。

张宝林（1996）唯谓形容词的鉴定标准与语法功能，载胡明扬主编《词类问题考察》，北京：北京语言文化大学出版社。

张宝林（2006）"HSK动态作文语料库"的标注问题，载张普、徐娟主编《数字化汉语教学的研究与应用》，北京：语文出版社。

张宝林（2008a）"外国留学生汉语学习过程语料库"总体设计，载张普、徐娟、甘瑞瑗主编《数字化汉语教学进展与深化》，北京：清华大学出版社。

张宝林（2008b）对外汉语语法知识课教学的新模式，《语言教学与研究》第3期。

张宝林（2008c）基于"HSK动态作文语料库"的外国人汉语词汇学习考察，第九届国际汉语教学研讨会论文集（光盘版），北京。

张宝林（2009a）"HSK动态作文语料库"的特色与功能，《国际汉语教育》第4期。

张宝林（2009b）《汉语中介语语料库建设的现状与对策》，第六届全国语言文字应用学术研讨会论文，连云港。

张宝林（2009c）《汉语句式习得研究的现状与对策》，第四届韩汉语言对比国际学术研讨会论文，苏州。

张宝林（2010a）汉语中介语语料库建设的现状与对策，《语言文字应用》第 3 期。

张宝林（2010b）基础标注的内容与方法，载张普、宋继华、徐娟主编《数字化对外汉语教学实践与反思》，北京：清华大学出版社。

张宝林（2010c）回避与泛化——基于"HSK 动态作文语料库"的"把"字句习得考察，《世界汉语教学》第 2 期。

张宝林（2011a）外国人汉语句式习得研究的方法论思考，《华文教学与研究》第 2 期。

张宝林（2011b）《现状与对策——汉语作为第二语言的教学研究》，北京：北京语言大学出版社。

张宝林（2012a）"HSK 动态口语语料库"总体设计，载张旺熹、王佶旻主编《语言测试的跨学科探索》，北京：华语教学出版社。

张宝林（2012b）《国家社会科学基金项目申请书·课题论证》（未发表稿）。

张宝林（2013）关于通用型汉语中介语语料库标注模式的再认识，《世界汉语教学》第 1 期。

张宝林（2019a）关于汉语中介语语料库的应用问题，《语言教学与研究》第 2 期。

张宝林（2019b）从 1.0 到 2.0——汉语中介语语料库的建设与发展，《国际汉语教学研究》第 4 期。

张宝林（2021a）"语料库建设与应用综合平台"的设计，载 Weiqun Wang、Lili Chen、Shejiao Xu 编 *Applied Chinese Language Studies X*，Sinolingua London Ltd.

张宝林（2021b）汉语中介语语料库检索系统透视，《天津师范大学学报（社会科学版）》第 6 期。

张宝林（2021c）汉语中介语语料库的检索方式，载张宝林、靳继君、胡楚欣主编《汉语中介语语料库建设与应用研究》（第一辑），北京：中国书籍出版社。

张宝林（2022）关于汉语中介语语料库软件系统的思考，《天津师范大学学报（社会科学版）》第 4 期。

张宝林、崔希亮（2013）"全球汉语中介语语料库建设和研究"的设计理念，《语言教学与研究》第 5 期。

张宝林、崔希亮（2015）谈汉语中介语语料库的建设标准，《语言文字应用》第 2 期。

张宝林、崔希亮（2018）关于汉语中介语语料库标注规范研究的新思考——兼谈"全球汉语中介语语料库"标注规范的设计，载张亚军、肖奚强、张宝林、林新年主编《第四届汉语中介语语料库建设与应用国际学术讨论会论文选集》，北京：世界图书出版公司。

张宝林、崔希亮（2022）"全球汉语中介语语料库"的特点与功能，《世界汉语教学》第 1 期。

张宝林、崔希亮、任杰（2004）关于"HSK 动态作文语料库"的建设构想，载中国应用语言学会编《第三届全国语言文字应用学术研讨会论文集》，香港：香港科技联合出版社。

张宝林等（2014）《基于语料库的外国人汉语句式习得研究》，北京：中国书籍出版社。

张宝林等（2019）《汉语中介语语料库标注规范研究》，北京：北京大学出版社。

张宝林等（2020）《"汉语中介语语料库建设标准研究"研究报告》（未发表稿）。

张博（2008）《HSK 动态作文语料库用户意见》（未发表稿）。

张博等（2008）《基于中介语语料库的汉语词汇专题研究》，北京：北京大学出版社。

张春波、李晓会（2018）SQL Server 数据库性能优化研究，《信息与电脑（理论版）》第 5 期。

张舸（2008）《程度副词结构作状语、谓语和补语的语义及句法差异》，第二届中青年学者汉语教学国际学术研讨会论文，北京。

张蕾（2016）汉语口语中介语口语语料转写规则初探，载林新年、肖奚强、张宝林主编《第三届汉语中介语语料库建设与应用国际学术讨论会论文选集》，北京：世界图书出版公司。

张莉萍（2013）TOCFL 作文语料库的建置与应用，载崔希亮、张宝林主编《第二届汉语中介语语料库建设与应用国际学术讨论会论文选集》，北京：北京语言大学出版社。

张莉萍（2016）TOCFL 学习者语料库的偏误标记，载林新年、肖奚强、张宝林主编《第三届汉语中介语语料库建设与应用国际学术讨论会论文选集》，北京：世界图书出版公司。

张普（1999）关于大规模真实文本语料库的几点理论思考，《语言文字应用》第 1 期。

张普（2008）《基于动态流通语料库的现代汉语词语研究》（讲座课件）。

张瑞朋（2013）三个汉语中介语语料库若干问题的比较研究，《语言文字应用》第 3 期。

张旺熹（1992）语言学习理论研究座谈会纪要，《语言文字应用》第 4 期。

张旺熹（1999）《汉语特殊句法的语义研究》，北京：北京语言文化大学出版社。

张迎宝（2011）对外汉语篇章教学的研究现状与存在的问题，《汉语学习》第 5 期。

张勇（2008）样本量并非"多多益善"——谈抽样调查中科学确定样本量，《中国统计》第 5 期。

张志公主编（1956）《语法和语法教学》，北京：人民教育出版社。

赵焕改、林君峰（2019）关于汉语中介语语料库标注代码的思考，《海外华文教育》第 1 期。

赵金铭（2013）国际汉语教育的本质是汉语教学，载北京语言大学对外汉语教学研究中心编《汉语应用语言学研究》（第 2 辑），北京：商务印书馆。

赵金铭主编（2004）《汉语口语与书面语教学》，北京：北京大学出版社。

赵金铭等（2008）《基于中介语语料库的汉语句法研究》，北京：北京大学出版社。

甄凤超（2004）2003 语料库语言学国际会议纪要，《外语界》第 3 期。

甄凤超、张霞（2004）语料库语言学发展趋势瞻望——2003 语料库语言学国际会议综述，《外语界》第 4 期。

郑家恒、张虎、谭红叶、钱揖丽、卢娇丽（2010）《智能信息处理——汉语语料库加工技术及应用》，北京：科学出版社。

周宝芯（2011）汉语中介音研究综述——兼谈汉语自然口语语料库的建立，载肖奚强、张旺熹主编《首届汉语中介语语料库建设与应用国际学术讨论会论文选集》，北京：世界图书出版公司。

周宝芯（2013）基于口语语料库的中级阶段留学生汉语韵律研究，载崔希亮、张宝林主编《第二届汉语中介语语料库建设与应用国际学术讨论会论文选集》，北京：北京语言大学出版社。

周文华（2009）基于语料库的外国学生兼语句习得研究，《语言教学与研究》第 3 期。

周文华、肖奚强（2011）首届汉语中介语语料库建设与应用国际学术讨论会综述，载肖奚强、张旺熹主编《首届汉语中介语语料库建设与应用国际学术讨论会论文选集》，北京：世界图书出版公司。

周小兵、洪炜（2010）中高级留学生汉语中介语辞格使用情况考察，

《世界汉语教学》第 4 期。

周忠浩（2020）国内自建多模态语料库的标注和检索方式述评，《考试
　　与评价（大学英语教研版）》第 2 期。

朱德熙（1982）《语法讲义》，北京：商务印书馆。

Bassett, L.（2016）《JSON 必知必会》，北京：中国工信出版集团、人
　　民邮电出版社。

Gries, S. (2010) Corpus linguistics and theoretical linguistics: A love-
　　hate relationship? Not necessarily …. *International Journal of Corpus
　　Linguistics* 15: 327-343.

Howe, J. (2006) The rise of crowdsourcing. *Wired Magazine* 14 (6): 1-5.

Leech, G. (1993）Corpus annotation schemes. *Literary and Linguistic
　　Computing* 8 (4): 275-281.

Leech, G. (1998) Preface in: Granger S.ed. *Learner English on Computer*.
　　London / New York: Longman, xiv-xx.

McEnery, T. & A. Hardie. (2012) *Corpus Linguistics: Method, Theory
　　and Practice*. Cambridge: Cambridge University Press.

McEnery, T. & A. Wilson. (2001) *Corpus Linguistics*. Edinburgh: Edinburgh
　　University Press.

Svartvik, J. (1992) *Directions in Corpus Linguisitics*, Berlin: Mouton de
　　Cruyter.

Tognini-Bonelli, E. (2001) *Corpus Linguistics at Work*. Amsterdam: John
　　Benjamins.

后　记

一

　　本书讨论汉语中介语语料库（以下简称"语料库"）建设方面的相关问题，是我 20 年来从事语料库建设与研究工作的经验、教训、认识、观点、体会、感悟的总结。全书共分六章21 节，包括五个方面的内容：语料库的发展、现状与对策研究；语料库的总体设计与功能研究，分别以 HSK 动态作文语料库和全球汉语中介语语料库为例；语料标注规范研究；语料库建设标准研究；语料库软件系统研究。

　　书中试图表达下列主要观点：

　　1. 语料库建设的根本目的与宗旨是积极主动、全心全意为全世界的汉语教学与研究服务。

　　2. 语料采集的基本原则是真实性、系统性、随机性、代表性、平衡性。

　　3. 语料背景信息是观察分析语料的视角，凡对观察分析语料有价值的信息应全面收集。

　　4. "偏误标注 + 基础标注"是语料标注的基本模式。

　　5. 语料标注应贯彻全面性、准确性、系统性、规范性、有限性、简洁性、开放性、自动化、标准化、渐进性等10项原则，其中全面性是语料标注的基本原则之一，可以保证通用型语料库功能的全面。

6. 研制语料库建设标准可以克服建库实践中存在的主观随意性和低水平重复现象，提高语料库建设的效率和水平。

7. 软件系统研究可以拓展语料库的功能，改善用户体验，提升语料库的功能和使用价值。

8. 学术是天下公器，作为学术资源的语料库也是天下公器。语料库建成后应向海内外学界，乃至社会各界免费开放，实现最充分的资源共享。

9. 语料库建设历程分为开创时期、简单粗放的1.0时代、精细而丰富的2.0时代。

书中部分章节曾作为单篇论文先期发表，收入本书时均有所改动，有些标题和内容做了较大改动乃至改写，书中不再标明原题和原出处。

第二章第1节作为单篇论文发表时署名为张宝林、崔希亮、任杰；第三章第1至3节、第四章第2节署名张宝林、崔希亮。此次收入本书已征得他们同意，文中不再一一注明。

二

我从事语料库的建设与研究工作实出偶然。

2002年9月，经过较长一段时间的纠结，我最终离开从教十多年的一线教师岗位，从北语汉语学院调入汉语水平考试中心（简称"汉考中心"），从事汉语水平测试的命题和研究工作。次年春，正值非典肆虐之时，时任汉考中心主任的崔希亮教授把他主持申报的国家汉办科研项目 HSK 动态作文语料库的建设任务交给我，让我负责建设。当时我只闻语料库之名，对之并无深入的了解，更未实际使用过，是纯粹的语料库"小白"。而且有过想从"汉语中介语语料库系统"（首个汉语中介语语料库，1995 年由北语建成）获取语料却被有关部门"查一条几毛钱"之规定吓退的"惨痛经历"，以致对语料库的最初印象并不好。由此看来，我并非承担这项工作的合适人选。然而，崔教授不但是我的领导，也是我读研时的老师，不论从哪个角度说，我似乎都无法推辞，于是硬着头皮"痛痛快快"地接受了任务。现在想来，当时未尝没有"干不干是态度问题，干得好坏是水平问题"的苟且心理。而"受人之托，忠人之事"是我的为人准则之一，凡应承下来的事情，一定要尽最大努力做好。

完全出乎意料的是，由此机缘，我一脚踏入了语料库语言学领域，在该领域中渐行渐远，视野越来越宽阔，研究越来越深入，设计与主持或负责建设的语料库越来越大，越来越完善，以至于语料库建设与研究和基于语料库的汉语教学与习得研究竟然成为我职业生涯后 20 年中研究工作的一个重要方面，乃至主要方面。

2014 年 7 月，在国内的一次学术会议期间，在和时任北京第二外国语学院汉语学院院长的潘先军教授交谈时，他评价我的研究工作是"语料库——学"，即从建设语料库开始，逐渐深入到对语料库的学术研究与探索。我十分认同潘教授的概括，他非常准确地勾画出了我从事语料库建设与研究工作的轨迹。其中主要包括：

先后设计了多个语料库或数据库：1.HSK 动态作文语料库；2.HSK 动态口语语料库；3.外国留学生汉语学习过程语料库；4.首都外国留学生汉语文本语料库；5.全球汉语中介语语料库；6.少数民族 HSK 作文语料库；7.澳门多语多态平行语料库；8.世界各国语言政策数据库。

先后主持上述第 4、8 两项，受项目负责人委托具体负责第 1、5 两项语料库建设项目，建成 HSK 动态作文语料库、首都外国留学生汉语文本语料库、全球汉语中介语语料库、世界各国语言政策数据库。

先后设计、提出多项科研项目选题：1."基于语料库的外国人汉语句式习得研究"（2008，教育部一般项目）；2."通用型汉语中介语语料库标注规范研究"（2011，国家社科一般项目）；3."语言学用语料库建设与应用情况调查研究"（2014，国家语委重点项目）；4."汉语中介语语料库建设标准研究"（2015，北京市重点项目）；5."全球汉语中介语语料库建设和研究"（2012，教育部重大攻关项目）；6."汉语中介语语料库建设创新工程"（2017，语言资源高精尖创新中心项目）。主持并完成其中第 1、2、4、6 项，受首席专家委托负责并完成第 5 项的研究与建设工作。

先后出版《现状与对策——作为第二语言的汉语教学研究》（北京语言大学出版社 2011 年 6 月第 1 版；其下编为"语料库与习得研究"）、《基于语料库的外国人汉语句式习得研究》（张宝林等著，中国书籍出版社 2014 年 12 月第 1 版，获第八届高等学校社会科学优秀成果奖二等奖）、《汉语中介语语料库标注规范研究》（张宝林等著，北大出版社 2019 年 9 月第 1 版）等相关著作。主编《汉语中介语语料库建设与应用研究》（第一辑，中国书籍出版社 2021 年 8 月第 1 版）。

先后开设"汉语中介语语料库专题研究""语料分析研究""现代汉语句式习得研究——语料库视角"等硕博研究生课程。提出语言学及应用语言学专业博士生研究方向"中介语研究与资源建设"（最初称为"汉语中介语语料库建设与研究"），并担任该研究方向导师。

和学界同人先后发起并组织举办第一至六届"汉语中介语语料库建设与应用国际学术研讨会"，并作为主编之一参与会议论文选集的编辑出版工作。参与组办第一至三届"汉语中介语口语语料库建设与应用国际学术研讨会"，提出并实现了该会议与前一会议的合并举办。

对我的语料库建设与研究工作，我自己还有另一种概括：工作任务→兴趣爱好→家国情怀。语料库的相关工作最初只是我勉为其难的工作任务之一，准确地说，是在汉语水平考试的命题与相关研究、考务、阅卷等本职工作丝毫不减的情况下的一项附加或"业余"工作。随着在建库与研究过程中不断遇到困难，发现问题，进而研究问题，最终解决问题，不同的语料库在我们的工作中不断建成与完善，为学界同人的教学与研究工作提供越来越多的支持与帮助。我自己的研究与认识越来越深入，想法与观点越来越丰富，并不断将这些认识、想法与观点融入语料库建设实践，不断提高语料库的功能与建设水平。由此，语料库的建设与研究越来越使我感到新鲜、奇妙、有趣、有用，使我越来越"深陷"其中而难以自拔，实实在在地变成了我的兴趣爱好。而在关于语料库的建设目的与宗旨、使用原则与资源共享的研究与讨论中，我深深认识到：中国是汉语的故乡；汉语国际教育／国际中文教育是新时代中国最重要的语言政策之一；我们是中国人，是汉语教师，是语料库建设者，规模最大、质量最好、功能最完善的汉语中介语语料库无疑应出自中国人之手，由中国人建设；语料库建成之后，即应向全世界免费开放，为全世界的汉语教学与研究服务，这是我们中国、中国人义不容辞的责任与使命。这种认识使我对语料库的建设与研究从兴趣爱好提升至家国情怀的崭新境界。

三

　　我在从事语料库建设与研究工作的过程中得到众多领导、师长、学界同人和朋友们的关心、指导、支持、鼓励、帮助。

　　如上所言，我与语料库结缘始于崔希亮教授的委派。我具体负责建设的两个最重要的语料库 HSK 库和全球库都是在他的领导下完成的。崔教授不论是在担任汉考中心主任时，还是担任北语校长期间，都用人不疑，给予我最充分的信任；对我的工作设想和建库方案，也总是给予热情的支持和真诚的鼓励。在接受 HSK 库建设任务时我提出的唯一要求是："语料库建成后要免费开放，让大家用。"这是我出于个人经历推己及人而形成的一个朴素认知。崔教授当时的回答是："对！我们不搞'小农经济'。"令我铭记至今。在课题组内外的多次会议和其他许多场合，他都不吝褒奖"宝林他们做得很好"，还谦逊地表示"语料库是宝林他们做的，我没做什么"。其实他在背后为我们做了很多工作，为我们创造了很好的工作条件、氛围与环境。如果不是崔教授的委派，我应该不会进入语料库建设与研究领域；假使没有他的信任、支持与鼓励，我不可能带领团队建成这两个语料库。

我曾经通过阅读论著向国内外汉语学界、外语学界、自然语言处理学界的众多专家学者学习语料库语言学的相关知识，逐步走进语料库语言学的学术大门，领略其中的精彩与奥妙。其中英国兰卡斯特大学杰弗里·利奇（Geoffrey Leech）、教育部语言文字应用研究所冯志伟、清华大学黄昌宁、北京语言大学张普、上海交通大学杨惠中、北京邮电大学王建新等先生的论著都曾引领我在语料库这一方学术天地中畅游，给予我深刻的启迪。

我在从事语料库建设与研究、组办与参加语料库相关学术会议等学术活动中，曾得到国内外众多专家学者的指教、支持、鼓励和帮助。其中包括北京语言大学崔希亮、李宇明、刘利、鲁健骥、吴振邦、张博、冯胜利、张旺熹、邢红兵、赵日新、宋柔、苟恩东、杨尔弘、聂丹、吴应辉、王治敏、姜丽萍、梁彦民、郑艳群、孟凯、王鸿滨、玄玥、曹文、彭恒利、施家炜、杨玉玲、林艳、杨峻、任杰、李航、黄伟、李桂梅、陆晓曦、苏向丽、李小丽、赵果、张伟、贾钰、王静、金海月、刘雪春、杨天麟、武玉洲、别红樱、黄柏林、王小玲、肇群、李艳华、朱世芳，北京大学陆俭明、王洪君、李晓琪、袁毓林、郭锐、詹卫东、李红印，北京师范大学张维佳、宋继华、朱瑞平，教育部语言文字应用研究所冯志伟、靳光瑾、叶青、肖航，中国人民大学贺阳、李泉，中央民族大学刘玉屏、娄开阳、张海威，北京航空航天大学卫乃兴、梁茂成、张懂，北京外国语大学许家金、熊文新、徐一平、费晓东，北京第二外国语学院潘先军，北京华文学院李嘉郁、张江丽，上海交通大学陆汝占、郭曙纶，浙江师范大学曹志耘，浙江工商大学李文中，南京师范大学肖奚强、周文华，南京大学曹贤文，福建师范大学林新年、林君峰，鲁东大学胡晓清、许小星，中山大学周小兵、张瑞朋、宋贝贝，同济大学刘运同，四川大学刘荣、罗艺雪，广西民族大学张小克、彭臻、蒲春春，西北师范大学武和平、杨同军、赵焕改，浙江科技学院杨同用，暨南大学华文学院王茂林、刘华、宗世海、李计伟、王洁、文雁，渤海大学陈雷、程迎新，大连海事大学冯浩达，四川外国语大学谭代龙、周文德、黄劲伟、屈梅娟，对外经济贸易大学季瑾，首都经贸大学栾育青，首都体育学院田旭红，北京建筑大学梁海燕，香港中文大学吴伟平，澳门大学靳洪刚，台湾师范大学张莉萍，美国加州大学戴维斯分校储诚志，洛杉矶加州大学陶红印，哥伦比亚大学刘乐宁，莱斯大学 Rafael Salaberry、叶萌，英国诺丁汉大学王维群，韩国外国语大学孟柱亿，日本大阪大学古川裕，东京外国语大学望月圭子，金泽大学大泷幸子，越南河内国家大学下属外国语大学阮黄英、何黎金英，泰国兰实大学慈伟民，埃及艾因夏姆斯大学伊斯拉，瑞士日内瓦大学谢红华，奥地利维也纳大学李严等先生。

我的硕博学生和校内外众多知道姓名或不知姓名的学生们在语料收集、整理、标注、标注质量审核修改等语料库建设工作中曾给予我宝贵的支持和帮助。

HSK 动态作文语料库、全球汉语中介语语料库的众多用户在使用语料库过程中所提出的问题、意见与建议促使我深入思考与不断改进。

北京语言大学汉语国际教育研究院为本书提供出版资助。

承蒙冯志伟教授、崔希亮教授为本书作序。

商务印书馆为本书出版提供了十分专业、高效的意见和指导；责任编辑华莎老师付出了许多辛劳。

回顾来路，能够从事这样一项有意义、有意思的事业，幸甚！

人海茫茫，能够遇到并结识如此众多的领导、师长、同道、朋友、学生，幸甚！

感谢！感激！感恩！

张宝林

2022 年 2 月 27 日

于北语补拙轩